Ein Steirerherz für die Berge

Spannende Abenteuer und humorvolle Geschichten eines Alpinisten

Inhalt

Eine Liebesgeschichte	4	Langer Tragösserweg	92
Das fehlende Bäumchen	16	Born to live	106
Gilt auch für Radfahrer	20	Seilschaften & Erschließer	116
Hopp, hopp, hoppala	29	Südseiten-Genusskletter-Marathon	122
Der Klappspaten	41	Der „Ferdl"	131
Kletter-Giro Österreich Ost	48	Gesäuse-Express	136
Seelen-Winter	56	Liquid Sunshine	144
Wie vor 125 Jahren!	64	Schnitzelträume...	156
Gipfel oder Herzinfarkt	72	Don Kamille & Pepperone	168
Die Glücklichen sind neugierig!	76	Wie die Zeit vergeht... 10 vor 5	179
Deus lux est lux!	83	High Noon - Duell am Berg	188

Vorwort

Was wären die großen Abenteuer ohne die kleinen? Was wären die großen Berge ohne die kleinen? Und was wären die großen Bergsteiger ohne die kleinen? Wären die großen überhaupt groß? Habt ihr euch diese Fragen schon einmal gestellt?

Nein? OK. Dann ein anderer Versuch: Was wäre eine Fußball-Champions League ohne die verschiedenen Bundesligen darunter? Und welchen Wert hätte überhaupt eine Fußball-Bundesliga ohne die vielen kleinen Amateurligen? Ohne die Landesligen, Oberligen und Unterligen. Oder ohne die Kreisligen, um es mit den Worten unserer deutschen Nachbarn auszudrücken. Ohne die Kleinen wären die Großen nicht groß, denn ohne Breite, keine Spitze.

Bergsteigen ist aber eine echte Breitenbewegung. Eine (zumeist) absolut gesunde Breitenbewegung. Die Bezeichnung „Breitensport" wäre dafür sicher gut passend, wenn, ja wenn der Berg ein Sportgerät wäre. Ist er aber nicht. Ätsch! Zumindest ist er das nicht für die meisten von uns. Ähm…statistisch nachgerechnet, sind Berge für nahezu alle, also für fast 100 Prozent von uns, etwas ganz anderes. Berge sind kleine Paradiese, kleine Rückzugsorte, und jeder, der in die Berge geht, findet seine Seelenlandschaften und sein Seelenheil woanders. Jeder hat seine eigenen Lieblingsplätze und Lieblingsberge.

Klar, es schadet nicht, wenn man viel von der Welt gesehen hat, um die Wertigkeit der eigenen Heimat für sich selbst „einnorden" zu können. Ganz im Gegenteil! Um den Wert seiner jeweiligen Heimatregion, seiner Hausberge, wirklich erkennen zu können, muss man schlicht und einfach zuvor auch andere erlebt haben. Es ist doch in Wahrheit völlig egal, was man in der freien Natur, am Berg macht. Jeder hat die gleiche Berechtigung bei seinem Tun, Freude zu empfinden. Jeder, egal, ob Wanderer oder Kletterer. Egal, ob Schitourengeher oder Steilwandfahrer. Egal, ob Mountainbiker oder Rennradfahrer. Und ja, es ist auch egal, ob Jäger oder Tourist.

Kommt mit auf eine kleine, lustige Lesereise. Lasst euch inspirieren, lasst euch mitreißen! Denn es gibt sie, für jeden von euch: Die kleinen Abenteuer vor der Haustür warten doch nur darauf, entdeckt zu werden. Ihr werdet sie bestimmt auch finden. Denn dafür braucht man in Wahrheit nur eine gesunde Mischung aus Kreativität und Freude am Tun!

Denn das, worum es wirklich geht, ist der „gewonnene Tag"!

Peter Pesendorfer, im Februar 2022

Zum Autor

Der studierte Montanist und Familienvater lebt in Kindberg im Mürztal. Seit seiner Schulzeit ist er in den Bergen der Welt unterwegs - neben seinem Fulltimejob in der obersteirischen Stahlindustrie und zu jeder Jahreszeit. Er ist das, was man als einen klassischen „Berg-Allrounder" bezeichnen würde: Mountainbiker, Rennradfahrer, Schitourengeher, Steilrinnenfahrer, Eiskletterer, Felskletterer und natürlich auch Wanderer.

Eine Schibefahrung der *Pallavicinirinne* am Großglockner steht ebenso in seinem Tourenbuch, wie die eine oder andere alpine Sportkletterroute im 9. Schwierigkeitsgrad und Klettergartenrouten bis 10-. Die legendäre *Blechmauernverschneidung* auf der Rax kletterte er seilfrei im Alleingang. Als größten Erfolg bezeichnet er aber die Tatsache, dass er seine alpinen Jugendsünden überlebt hat.

Seine Lust, immer wieder Neues zu entdecken, machte ihn zu einem der erfahrensten Erschließer Ostösterreichs in den letzten 25 Jahren. 1996 eröffnete er mit der Route *Made in Styria* an der Stangenwand im Hochschwab seine erste lange Kletterroute. Im Herbst 2021, ein Vierteljahrhundert später, gelang ihm mit der Route *Terra Incognita* im kroatischen Biokovogebirge seine bislang letzte lange Neutour. Dazwischen lagen viele andere. Und es werden wohl noch weitere folgen!

Aber am allerliebsten ist er in seinen Heimatbergen unterwegs. Und das stets mit einem Lächeln im Gesicht :-)

Eine Liebesgeschichte

Die Vorgeschichte

Es ist ein sonniger Frühlingstag. Ich liege inmitten eines wahren Blumenmeeres, umgeben von Enzian und Petergstamm, im warmen Berggras. Ich blicke in den blauen Himmel. Ganz leicht und sanft streichelt der Nordwestwind durch mein Haar.
Dann drehe ich meinen Kopf zur Seite und blicke dich an. Wahnsinn, wie gut du mir immer noch gefällst! Und das nach all den Jahren. Du erwiderst meine Blicke. Es gibt wohl in den meisten Beziehungen viel Unausgesprochenes, vieles, worüber nicht diskutiert wird. All dies ist und war uns stets fremd.
Bevor wir uns vor vielen Jahren zum ersten Mal persönlich trafen, hat man mir schon so einiges über dich erzählt. Und die Bilder, die ich von dir sah, das muss ich gestehen, diese Bilder haben mir wirklich gefallen. Und ich muss zugeben, wenn mir die Bilder von dir nicht so gefallen hätten, dann hätte ich wohl nie den ersten Schritt gewagt. Dann wäre ich nie auf dich zugekommen. Denn von mir wusstest du damals ja noch ganz wenig, bis eigentlich gar nichts.
Schließlich lernten wir uns endlich persönlich kennen. Ein erstes Kennenlernen, das hat schon was. Es gibt nun einmal keine zweite Chance für einen ersten Eindruck. Es sind die ersten Momente einer Begegnung, die darüber entscheiden, wie es gemeinsam weitergehen könnte. Unser erstes Kennenlernen verlief auch ausgesprochen lustig und sehr angenehm. Ich weiß noch, ich hatte mich verspätet, aber das hat dir nichts ausgemacht. Es war ein durch und durch schöner Tag und wir stellten danach beide erfreut fest, dass wir uns wirklich gut verstanden. Es hatte einfach Spaß gemacht mit dir, und es machte Lust auf „mehr". Die Freitagstouren wurden legendär. Schon gegen Wochenmitte freuten wir uns auf den gemeinsamen Tag. Auf unsere nächste Freitagstour.
Langsam wurde aus der lockeren Sportbeziehung aber mehr. Ungeplant, und ursprünglich auch ungewollt. Du hattest mich zu Beginn unserer Beziehung noch mit den Worten „Verliebe dich nicht in mich!" gewarnt. Und das zu einem Zeitpunkt, wo du in Wahrheit selbst schon Hals über Kopf in mich verliebt warst. Du liebtest all meine Berührungen. Meine Worte. Du hast jedes unserer Treffen genossen. Jedes. Manche Beziehungen scheitern, weil man nicht mehr über alles gemeinsam spricht. Manche scheitern, weil einer mehr für den anderen empfindet als umgekehrt. Andere wiederum scheitern auch, weil einer nicht mehr das anspricht, was ihm wichtig ist.
Und wenn man sich in einer Beziehung voneinander zu entfernen beginnt, dann sollte man nachdenken, welch schöne gemeinsame Zeit und Erlebnisse es gab. Wie viele unwiederbringliche Momente es gab. Wenn beide wollen, dann kann man Alles mit vereinten Kräften wieder ins Gleichgewicht bringen, sodass beide wieder glücklich sind.
Eine Beziehung einfach wegzuschmeißen, ohne es wirklich ernsthaft nochmal miteinander zu versuchen, das ist kein guter Weg. Man darf, soll und muss auch bereit sein für eine Liebe zu kämpfen!
Immer noch blicken wir uns an. Es sind immer noch dieselben verliebten Blicke, die wir austauschen wie zu Beginn unserer Beziehung. Wir haben es uns versprochen, stets offen und ehrlich miteinander über alles zu reden. Und so beginne ich unbeobachtet, fernab der Menschen, unser Gespräch.

Winter

„Kannst du dich noch erinnern daran, wie wir uns kennenglernt haben? Ich wusste viel von dir und hatte durchaus sowas wie Respekt vor dir. Unsere ersten gemeinsamen Erlebnisse? Erinnerst dich noch an unsere erste gemeinsame Nebelabfahrt?"

„Sicher erinnere ich mich noch. Ich wusste damals ja noch wenig von dir. Dachte mir, du seist einfach so ein ‚Sporthampler'. Ein Sportkletterer. Einer, der zwar beim Klettern gut aussieht, aber alpin nicht unterwegs ist. Und natürlich erinnere ich mich noch an unsere erste gemeinsame Nebelabfahrt. Ich dachte mir noch „Oh Gott, Schifahren kann der Sporthampler auch nicht! Aber gefallen hast mir damals schon."

„Ja, aber sind wir ehrlich, derjenige, der die erste Spur im Whiteout

runter macht, wird nie eine gute Figur abgeben. Aber es war der Beginn einer wunderschönen gemeinsamen Zeit. Der Winter wurde unsere Jahreszeit. Wie viele verschiedene Abfahrten gelangen? Es gab für uns kein schlechtes Wetter. Und wir gingen… naja… gut und umsichtig miteinander um. Fast immer. Meistens."

„Ja, ich geb's zu. Der erste Eindruck, den ich von dir beim Schifahren hatte, war falsch. Aber da, wo du überall runtergefahren bist, darüber sollte man in der Öffentlichkeit gar nicht zu viele Details preisgeben. Du hast dich bei manchen Abfahrten mittendrinnen abgeseilt und in manche Rinnen reingeseilt! Abseilpunkte im Herbst eingerichtet. Du hast geglaubt, unverwundbar zu sein. Du hast geglaubt, nur anderen könne etwas passieren. Du warst eigentlich schon ein klein wenig überheblich! Ein freches Peserl!"

„Überheblich? Na geh, das ist unfair!"

„Unfair? Wer hat gesagt, die ‚Schallerrinne' ist flach? Wer hat geglaubt, er müsse die ‚Goassteign' in Hocke runterfahren? Wer ist die ‚Schallerrinne', ohne eine einzige Kehre zu machen, mit den angeschnallten Tourenschiern gerade bis aufs Plateau hinaufgestiegen? Und wer hat letztendlich im ‚Hundsschupfenloch' im Volltempo auf eisigem Untergrund urplötzlich einen Vorderbacken bei einer Schibindung verloren? Wer ist dann fast an den Folgen dieses Unfalles verstorben? Ha, wer denn?"

„Naja, wenn du das so sehen willst, dann ist das eben deine Sicht der Dinge. Aber ich mag mich bitte wirklich nicht streiten mit dir! Ja, ich geb's zu, das im ‚Hundsschupfenloch' war schon knapp. Ich hab meine Schi eben immer selbst eingestellt. Bindungen immer selbst montiert. Als Student war Geld nun mal Mangelware!"

Goassteign

Hundsschupfenloch

"Zahmer Mann" vor dem Wildkamm

„Mangelware? Gepfuscht hast du! Richtig gepfuscht! Sparmeister! Lieber einmal weniger gespart als ein Leben lang tot!"

„Jetzt sei doch nicht so nachtragend! Ich war's ja auch nicht! Ich bin wieder auf die Beine gekommen und hab' meinen Unfall aufgearbeitet. Dir als Berg habe ich die Schuld für diesen Unfall nie gegeben! Mir natürlich auch nicht! Zumindest nicht im Hauptaspekt. 43 Mal bin ich dort zuvor schon runtergefahren. 43 Mal ist nichts passiert. Ich bin damals eben wie üblich mit Pickel und Steigeisen hoch und hab' mir dabei die Bedingungen angesehen, welche mich bei der Abfahrt erwarten würden. Ich hab' die Schi seinerzeit eben viel zu lange extrem belastet. Sie regelrecht ‚hergeprügelt'. Jahrelang. Da musste einfach mal was passieren. Ich habe aus diesem Unfall gelernt. Heute macht alles rund ums Thema Schi der Fachhandel. Und jetzt bitte reden wir über was anderes als über den Unfall! Du warst und bist immer noch meine große Liebe. Mein Schitourenberg. Meine Veitsch. Und das weißt du!"

„Du, das höre ich gern! Sehr gern sogar! Ich meine, welcher Berg hört sowas nicht gerne? Danke fürs Kompliment… Auch wenn's aus dem Munde eines Alpincasanovas ist! Ich sag' aber

Aufstieg zum Veitschgipfel bei Sonnenaufgang

eh nicht, dass du so einer bist. Im Prinzip warst du mir immer recht treu. Über deine außeralpinen Gschichteln und deine Ausflüge in andere Länder sehe ich eh hinweg. Du hast dir eben fremde Regionen ansehen müssen, um zu sehen, wie es dort ist. Damit stieg ich ja in Wahrheit in deiner Wertigkeit. Denn du lerntest zu schätzen, was du vor der Haustüre hattest! Aber deine Beziehung zum Hochschwab, die ist doch auch da? Die kannst du nicht leugnen! Sagst du auch zum Hochschwabgebirge, dass es deine große Liebe ist?"

„Du, meine Beziehung zum Hochschwab ist eine andere. Wie oft stand ich bei dir am Gipfelkreuz? Wie oft bin ich von dir abgefahren? Also bitte bleib bei den Fakten! Über 1000 Mal bin ich von dir schon abgefahren. Bei dir hab ich an einem Tag sogar mal acht Steilrinnen befahren. Alle bin ich raufgegangen und danach abgefahren. Ich hab' immer gesagt, das Verhältnis zwischen Aufstiegsmetern und herrlichen Abfahrtsmetern ist bei dir das allerbeste! Zu dir kam ich wochentags. In der Mittagspause. Nach der Arbeit. Und selbst im Mondschein. Meistens allein. Aber auch oft mit guten Freunden! Und ich hab' zu allen Bergkameraden stets gesagt, die Veitsch is die Veitsch, is hoit die Veitsch! Meine große Liebe."

Gipfelflanke

Bärentalwand

„Ok. Stimmt schon. Ich geb's zu. Ich glaub's dir sogar. Ich erinnere mich ja auch an Wochen, wo du täglich bei mir warst. An deine Abfahrten durch die Bärentalwand. Jede der dortigen Rinnen hast gemacht. Burgschlucht. Teufelssteig. Weitengrund. Kleiner Bär. Sokrates. Breitriegel Ost. Banane und Co. Überall warst du. Oft bist übers Plateau gegangen. Bei jedem Wetter. Bei Mondlicht und Nebel, bei Sturm wie bei Windstille. Bei Firn wie bei Pulver. Du warst fast schon so was wie unersättlich. Du wurdest im Laufe der Jahre aber, Gott sei Dank, nicht nur älter, sondern auch umsichtiger und besonnener. Hast die Schneesituationen und Lawinensituationen stets gut im Auge gehabt. Du hast mit meinen Wechten gespielt. Meine steilsten Flanken mit deinen schönen Abfahrts- und Aufstiegslinien geziert. Schön war's mit dir. Im Winter!"

Abfahrt Richtung Breitriegel im letzten Abendlicht

Frühling, Sommer und Herbst

„Du, aber ich war dir immer treu! Nicht nur im Winter. Da tust du mir unrecht! Das zu hören, stimmt mich traurig, mein Schatz!!"
„Na, jetzt schau nicht so mit deinen blauen, treuherzigen Augen! Alpincasanova, echt auch noch! Denn, was war mit deiner Beziehung zu mir, als der Schnee weg war? Schnee weg, Beziehung aus? Ha? Was war in der schneelosen Zeit? Da hast dich rar gemacht. Selten hast mich besucht."

„Naja, du weißt, der Wanderer war ich nie. Und dennoch, zu dir kam ich. Auch als Wanderer! Also auch dann, wenn es keinen Schnee gab! Nirgendwo wanderte ich lieber als auf dir! Wirklich!"

„Jaja, Pinocchio! Ich sehe deine Nase wachsen! Stimmt schon. Du kamst auch in der schneelosen Zeit zu mir. Aber als Wanderer? Das glaubst du ja selbst nicht! Du kamst in Leggings aus den achtziger Jahren. Meist ohne jeden Rucksack. Eine Nierentasche und darin ein Getränk, dein Handy und ein Schokoriegel. Naschkatze! Bergschuhe hattest du nie am Fuß! Turnschuhalpinist! Und wenn du einmal länger als eine Stunde vom Scheickl bis zum Gipfel gebraucht hast, dann warst so was von grantig! Ich kam mir vor wie ein Sportgerät! Du hast mich benutzt!"

„Was bist'n heute gar so ungerecht zu mir? Bist du eine Diva? Du führst dich nämlich jetzt gerade so auf wie eine! Weißt, ich bin ja nur so schnell auf dir unterwegs, weil ich dich so gern hab. Weil, ich muss ja ein wenig trainieren. Und Training gemeinsam mit der großen Liebe macht einfach mehr Spaß! Aber manches Mal bin ich auch langsam unterwegs. Schlendere über dein Plateau und freue mich immer noch über jede einzelne Gams, die ich sehe, und über jede Blume, die du mir zeigst!"

„Charmeur! Langsam gehst du doch nur, wenn du eine Regenerationseinheit machst! Lassen wir das Thema ‚Wandern'. Da kommen wir sowieso auf keinen grünen Zweig. Aber es stimmt schon, hin und wieder warst auch wandernd bei mir. Aber wenn ich mir deine Wanderungen retrospektiv so ansehe… dann hab' ich dich in Verdacht, dass du nur Steilabfahrten ausgekundschaftet oder Klettermöglichkeiten gesucht hast!"

„Ja und wenn? Hallo? Ist das nicht ein Liebesbeweis? Überall auf der Welt war ich schon klettern. An vielen Bergen, in vielen Gebirgen. Du weißt, ich war nie der Nordseiten-Liebhaber. Ich war immer ein sonniger Mensch. Nur ganz selten war ich in deiner Burg zum Klettern. Ich wollte immer schon südseitig an dir klettern! Und du? Wie garstig warst du eigentlich zu mir, wenn's ums Klettern ging?"

Eifersucht

„Ja lass mich! Ich bin die Veitsch! DIE. Also die Diva, das Mädchen, die Frau. Und ich war eifersüchtig! Überall hast du neue Routen erschlossen! Mich hast du verschmäht! Im In- und Ausland hast du Routen eröffnet. Und von wegen sonniges Gemüt! Du warst und bist einfach ein richtiger Sonnyboy! Meine Burg-

Wanderung abseits bekannter Wege - Im Hintergrund Hochschwab, Staritzen, Ringkamp und Hohe Weichsel

wände waren dir als Sportkletterer nur zu schattig, weil du da nicht im Muskelshirt posen konntest! Biokovo. Grazer Bergland. Hochschwab. Selbst in Italien und Griechenland hast du gebohrt. Du…Fremdgänger du! Ganz schlimm ging's mir, als du am ‚Hohen Gamskircherl', auf meiner Nachbarin, der Schneealpe, Route um Route eröffnet hast. Und wie du nur geschwärmt hast von ihr! Pfff…Schneealm. Hat sie so viele Steilabfahrten wie ich? Ha? Und überhaupt: Ich bin höher als sie!!!! Nebenbuhlerin. Pfff. Die Schneealm. Das ist kein Berg, sonst hieße sie ja Schneeberg. Pfff…Eine Alm, mehr ist sie nicht! Ja, von mir aus, ich geb's zu, ich bin die Veitsch. DIE. Das ist nun mal weiblich. Und ich bin eine Diva! Und ich war eifersüchtig! Aber so was von eifersüchtig."

"Soso. Diva. Darf ich dich daran erinnern, wie du zu mir warst, als ich den mächtigen Pfeiler direkt unterhalb der Materialseilbahnstütze als erster Mensch durchstiegen habe? Du hast mich dort hingelockt! Unter Vorspiegelung falscher Tatsachen! Ich kam. Mit Seil und Haken. Und was war dein Dank? Dass du mich am Leben gelassen hast?! Ich wollte dir ernsthaft eine lange Mehrseillängenroute schenken. Ich hätte sie sicher ‚Liebesbeweis' getauft, wenn der Fels gut gewesen wäre. So kannst du froh sein, dass ich darüber den Mantel des Schweigens gehüllt habe. Oder wärst du stolz auf eine Route namens ‚Totaler Bruchhaufen'?"

"Jaja, du Alpincasanova! Den Dämpfer hast du dir redlich verdient! Aber irgendwie hat mir das schon auch ein bisschen imponiert. Du hast um unsere Beziehung gekämpft! Du hast nicht aufgegeben. Du hast weitergesucht. Das musste ich doch einfach belohnen. Was sagst du nun zu dem Geschenk, das ich dir als Kletterer südseitig gemacht habe? All deine Sportkletterrouten am Breitriegel!! Also das war schon auch so etwas wie ein Liebesbeweis von mir an dich. Von mir - der Hohen Veitsch - an dich."

"Ja, da sag ich nun wirklich danke! Gerne und mit Leidenschaft habe ich an dir die vielen südseitigen Routen eingerichtet. Und

Peter in der Route *Brunnalm Tafoni* (7+)

dabei auch an jene gedacht, die nicht unbedingt schwer klettern wollen. So entstanden dann eben Routen mit passenden Namen. ‚Firnzeit'. ‚Wolkenlos'. ‚Brunnalm Geniale'"und Co. Danke, Schatzi! Ich hab' dich lieb!"

"Na siehst. Gut, dass wir uns das alles jetzt von der Seele geredet haben. In einer guten Beziehung spricht man eben über alles! Du, entschuldige bitte, ich sag auch nie wieder Alpincasanova zu dir. Das kam aus der Emotion!"

"Kein Problem. Du warst und bist meine große Bergliebe. Meine Hohe Veitsch. Und ich sag auch nie wieder Diva zu dir. Selbst wenn du dich so gibst. Das ist eben weiblich. Und irgendwie mag ich das auch an dir!"

Lange blicken wir uns noch gegenseitig an. Als dann die Sonne untergeht, schlendere ich zufrieden zurück ins Tal. Verliebt wie eh und je. Meine *Veitsch*.

INFO

Veitschalpe / Hohe Veitsch 1981 m

Das Massiv der Veitschalpe erstreckt sich über rund 30 km von Mürzzuschlag bis zum Seeberg und ist sowohl bei Schitourengehern als auch Wanderern sehr beliebt. Besonders begehrt ist vor allem das zentrale und freie Gipfelmassiv (siehe Kartenausschnitt) mit seiner höchsten Erhebung, der **Hohen Veitsch**. Hier bieten sich nach allen Seiten herrliche und alpine Schiabfahrten unterschiedlichster Steilheit u. Schwierigkeit an. Wanderer bevorzugen vor allem den südseitigen, klassischen Aufstieg über das Graf-Meran-Haus zum Gipfel, bzw. auch jenen über den Predigtstuhl u. das Hochplateau von Osten.

Höhenunterschied: Bis 1100 m (je nach Ausgangspunkt).
Aufstiegszeiten: Von Süden (Brunnalm od. Ghf. Scheikl) über das Graf-Meran-Haus: 2-2,5 Std. (ohne Lift), bzw. 3-3,5 Std. über die *Goassteign* und den Predigtstuhl von Osten.
Von Norden über die *Rodel* (3-3,5 Std.) od. Kl. u. Gr. Wildkamm (4 Std.) bzw. über das *Bärental* von Westen (3,5 Std.).
Schiabfahrten: Nach Süden: *Schaller* (II-III, klassische Abfahrt), *Hundsschupfenloch* u. *Rinne* (beide III-IV, Steilabfahrten), *Breitriegel* (III), *Predigtstuhlrinne* (III-IV), *Goassteign* (III).
Nach Norden: *Rodel* (II-III, klassische Abfahrt), *Kl. Wildkamm* Nordabfahrten (II bis III, sehr beliebt), *Gr. Wildkamm* Nord- (IV-V, extreme Steilabfahrt!) u. Süd-Abfahrt (III).
Nach Westen: *Bärental* (II, Klassiker - sehr beliebt), Gipfelflanke (IV, extreme Steilabfahrt), SW- bzw. W-Flanke + Rinnen (IV bis V).
Literatur: Schitouren-Atlas Österreich Ost (10. Aufl., Schall-Verlag 2021, 576 S.)
Bergwander-Atlas Steiermark (2. Aufl., Schall-Verlag 2017, 400 Seiten).

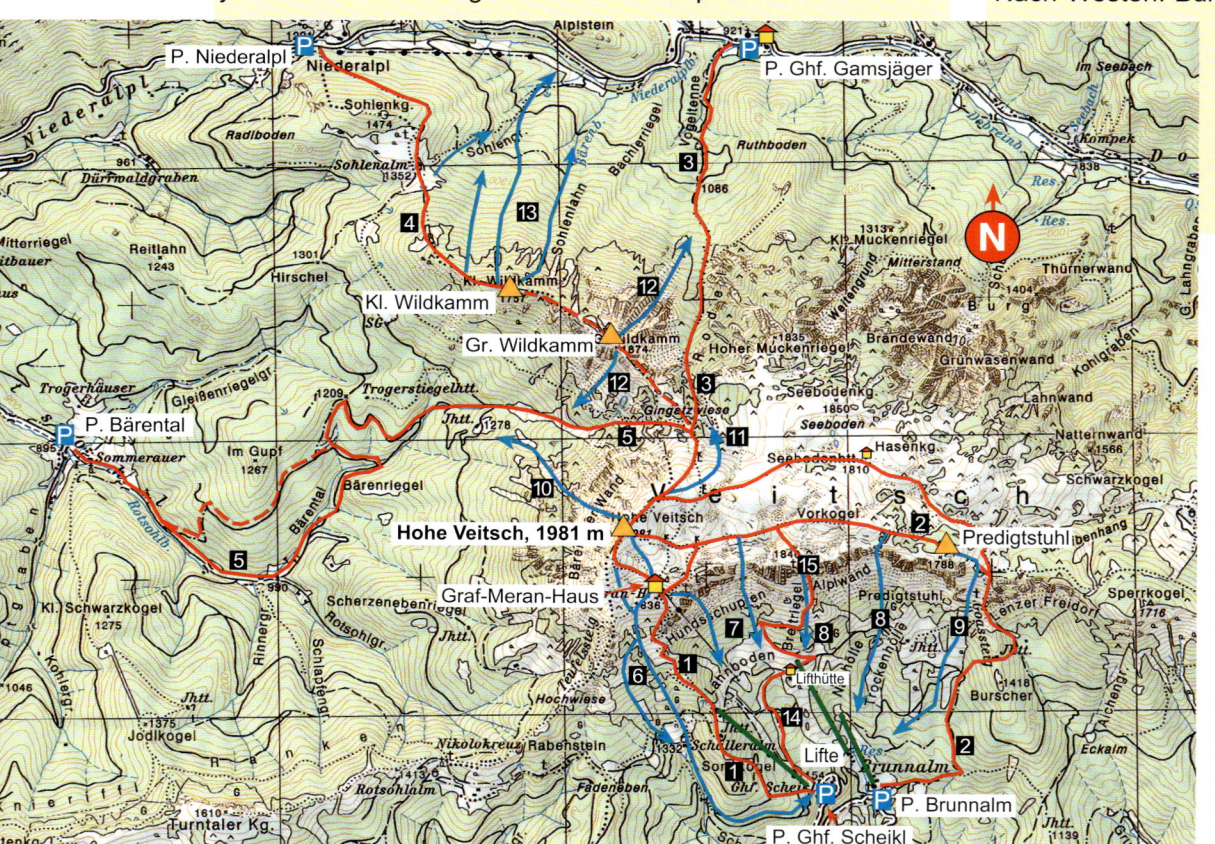

1. Sommer- bzw. Winter-Aufstieg v. Süden
2. Winter-Aufstieg über die *Goassteign*
3. Aufstieg (bzw. Abfahrt) über die *Rodel*
4. Aufstieg über *Kl.* u. *Gr. Wildkamm*
5. Aufstieg bzw. Abfahrt über das *Bärental*
6. *Schaller-Abfahrt(en)* nach Süden
7. Steilabf. *Hundsschupfenloch* u. *Rinne*
8. Steilabf. *Breitriegel* u. *Predigtstuhlrinne*
9. Abfahrt über die *Goassteign*
10. Steilabf. Gipfelflanke nach Westen
11. Abfahrt über die *Rodel* nach Norden
12. Steilabfahrten vom *Gr. Wildkamm*
13. Abfahrt vom *Kl. Wildkamm* nach Norden
14. Zustieg zum Südseiten-Klettergarten
15. Südseiten-Klettergarten

INFO

Hohe Veitsch, Südseiten-Klettergarten

Jahrelang wurde überlegt, wo es Sinn machen würde, auf der sonnigen Südseite der Veitsch Kletterrouten einzurichten. Etwas, das man perfekt mit einer Schiabfahrt kombinieren könnte. Etwas Lohnendes. Etwas in gutem Fels.

Lage: Dort, wo sich im Winter der schifahrende Gebietskenner entscheiden muss, ob er in die *Breitriegel Südrinne* oder in die *Breitriegel Ost* einfahren möchte.

Zustieg: Ideal bei ausreichender Schneelage im Winter direkt über den Breitriegel (vom Brunnalm-Liftausstieg ca. 30 Min.). In der schneefreien Zeit am besten vom Ghf. Scheikl zum Graf-Meran-Haus (ca. 1 Std.) und von dort aus weiter über den vorderen Plateausteig zu den Klettermöglichkeiten (20 Min., für Ortsunkundige allerdings schwer zu finden).

Der Direktaufstieg über den Breitriegel hat den Vorteil, dass man die Felsen immer sieht und nicht verfehlen kann: Der Almstraße östlich der Ausstiegs-Lifthütte des Brunnalm-Schleppliftes etwa 100 m weit folgen. Hier beginnt ein breiter Steig, welcher nach links ins *Hundsschupfenkar* führt. Von dort in einer Kehre nach rechts bis zu einer Salzlecke am Ende des Steiges (40 Min. vom Ghf. Scheikl). Ab hier den Steinmännern mühsam aufwärts folgen (weitere ca. 20 Min.).

Abstieg: Im Winter wirklich ein Hit: *Breitriegel Süd* oder *Ost*. In der schneelosen Zeit landschaftlich am eindrucksvollsten direkt oberhalb der Südabbrüche nach Osten und über die *Goassteign*. Wenn das Gras trocken u. kurz ist, direkt über den Breitriegel-Zustiegssteig (oder Geröllabfahrt im Kar).

Absicherung: Alle Routen sind mit 10-mm-Edelstahlbohrhaken sehr gut abgesichert und am Ende mit Umlenkern (redundant hintersichert) ausgestattet. 9 Express reichen aus. Der abschüssige Einstiegsbereich unterhalb der *Tafoniwall* ist zusätzlich mit mehreren Sicherungsbohrhaken in Bodennähe ausgestattet.

Brunnalm Geniale (7+)

ENJOYGRAT:
1. **Ferdl 2**, 4 (rauer Kalk!)
2. **Enjoy**, 4 (wie *Ferdl 2*)

FIRNTURM:
3. **Die Unterschätzte**, 6 (Nomen est Omen!)
4. **Firnzeit**, 6 (überhängender Einstieg)
5. **Genussspecht**, 6- (perfekte Felslöcher!)
6. **Feiner Aufrichter**, 6+
7. **Henkel-Boulevard**, 6+ (perfekter Fels!)

TAFONIWALL:
8. **Hole in one**, 7 (kleine Felslöcher)
9. **Wolkenlos**, 7- (Mut & Übersicht!)
10. **Brunnalm Tafoni**, 7+ (Toproute!)
11. **Brunnalm Geniale**, 7+ (Toproute!)
12. **Brunnalm Brutale**, 8-/8

Zw. *Firnturm* u. *Tafoniturm* (ohne Abb.):
13. **Panoramakante**, 5- (schön!) und **Gemeinheit**, 7 (Name!)

Panoramakante (5-)

Ich arbeitete im ersten Sommer nach meiner Matura als Ferialpraktikant in der Industrie. Im Schichtbetrieb. Gemeinsam mit Herbert. Zusammen waren wir in einem sogenannten Steuerstand eingeteilt. Mein damaliger Meister im Betrieb war der Meinung, dass ich perfekt zum mürrischen und sturen alten Bergsteiger passen würde. Ich war damals der junge Sportkletterer und er eben der ältere Alpinkletterer. Herbert war aber trotz seines Alters noch richtig gut in Form. Wobei Alter relativ ist.

Er war 55 und kletterte locker die wildesten alpinen Sechserrouten. Ich war zwar noch keine 20, hatte aber auch schon den einen oder anderen Neuner beim Sportklettern aufzuweisen. Gemeinsam mit einem meiner damaligen Seilpartner, Fred Schabelreiter, hatte Herbert unter anderem in der Hochschwab Südwand die wunderschöne Route *Rambos Dornröschen* erstbegangen. Die Route zählt mit ihren 10 Seillängen noch heute zu den schönsten in dieser markanten Wand. Kurzum: Wir kannten uns und akzeptierten uns. In jeder gemeinsamen Schicht ging es für uns beide ans „Klimmzug machen".

Dazu diente uns der Türstock. Lustig war das mit ihm. Ich notierte stets feinsäuberlich unsere täglich gemachten Klimmzüge. Herbert allerdings neigte zum Schummeln. Er zählte etwas eigenartig. Er war durch und durch ein Gauner. Ein liebenswerter Gauner.

Eines Tages zeigte er mir nach der Arbeit „seinen" Klettergarten. Nicht weit vom Arbeitsplatz entfernt lag dieser versteckt im Wald. Damals gab es etwa 15 eingerichtete Routen an diesen steilen Felsen. Ich hatte diesen Klettergarten davor nur ein einziges Mal besucht, denn irgendwie sah alles leichter aus als es sich anfühlte. Kurzum: Ich mochte diesen Fels damals ganz und gar nicht. Alle Routen dort stammten aber von Herbert. Seine Bewertungen waren obendrein recht „interessant". Es gab nur Fünfer und Sechser. Keine Vierer und auch keine Siebener. Ihm zuliebe kletterte ich alle Routen innerhalb kürzester Zeit. Natürlich alle völlig frei und sauber. „Rotpunkt" war für mich einfach normal. Ich kannte ja gar nichts anderes.

Nachdem ich Herbert täglich von meinen Begehungen berichtete, fand er immer wieder irgendwelche Ausreden, um nicht mit mir dort gemeinsam zu klettern. Das kam mir zwar komisch vor, aber ich dachte mir nichts dabei. Immerhin war er als sturer Mensch unter den Kletterern wohlbekannt.

In manchen Routen steckten seine Normalhaken blöderweise genau an Stellen, welche ich lieber als Griffe zum Freiklettern gehabt hätte. Darüber redete ich mit Herbert, und so fragte ich ihn ob ich nicht die Touren sauber sanieren dürfte. Er sagte dies zu und meinte, es würde ihn freuen. So kam es, dass ich die Routen an einem verlängerten Wochenende allesamt sanierte. So wurden dann aber eben zum Beispiel aus 20 alten Normalhaken 10 neue Bohrhaken. Altmetall raus – Edelstahl rein.

Auch das eine oder andere kleine Bäumchen in den Wänden entfernte ich. Genauso wie das Moos. Manche von Herberts Sechser kamen mir aber immer noch so richtig schwer vor. Irgendwie musste ich wohl oder übel die eine oder andere Route aufwerten. Ich hatte trotz meines geringen Alters bereits mehr Erfahrung mit Sportkletterbewertungen als Herbert. Beim Arbeiten redeten wir öfters darüber.

Aus Herbert wurde Peter, der Fels blieb derselbe

„Herbert, jetzt bin i die ‚Meteora' heute dreimal hintereinander rotpunkt geklettert. I komm mit deinem Fünfer dort ned z'samm. I täts auf Sechs aufwerten. Und der Einstiegszug is sogar no schwerer, außer man benutzt unelegant grabbelnd den grauslichen Riss. Aber das wirst du a ned machen, oder? Der Hias is sie auch geklettert und sagt auch, es is nie und nimmer a Fünfer!"

„Jo Bua, dann muasst hoit mehr trainieren. Des is a Fünfer und ned mehr! Do fehlt's dir an der Klettertechnik. Und der Hias, der träumt jo von warmen Eislutschern!"

„Herbert, i hob's so schön putzt und saniert, aber die is ganz sicher ka Fünfer. So wie i dir g'sagt hab, dass die Ostwand von Sechs auf Sieben aufgewertet gehört. Und selbst als Siebener is sie knackig. Und der Südostriss is ka Sechser, sondern mit 7- schon echt hart."

„Schwachmatiker bist, kleiner Peter! Ja so is es eben, wenn einem die Erfahrung fehlt. Wenig Erfahrung und schlechte Klettertechnik Bua!"

„Herbert, i hab' aus dem Riss 21 Hakln aussagschlogn und durch sieben neue Bolts ersetzt. Weißt eh, die Normalhakln hab'n die besten Griffe zum Freiklettern blockiert. Aber jetzt geht's super!"

„Jetzt hast so viel Bohrhakln gsetzt und tuast da immer noch so schwa Bua. Warum? Weilst afoch schwoch bist! Kumm, Bua - moch ma Klimmzüge. Du fangst an - ich zähle."

Am Türrahmen begann ich wie befohlen mit den Klimmzügen. Herbert zählte.

„13, 14, 15, 16, …der war ned sauber, 16, der war a ned sauber, der wieda ned, i kann de unsauberen ned zählen, 16, 17, wieder a schlampiger, und der zählt a ned!"

Nie kam ich bei seiner Zählweise über 20 Stück. Das war sein Beweis, ich war zu schwach. Vor allem technisch zu schwach, so wie er es immer betonte. Wir lachten gemeinsam und pumpten weiter. Klimmzug um Klimmzug. Herbert machte 10 Klimmzüge. Ehrliche. Von mir gezählte.

An einem schönen Samstagvormittag ging ich wieder einmal alleine in Herberts Klettergarten. Mittlerweile hatte ich auch schon so richtig Gefallen an diesem Felsen gefunden. Ich hörte bereits aus einiger Entfernung Stimmen. Herbert und sein Partner Haberl Ogris standen am Einstieg zur - von mir sanierten - Route *Meteora*. Am Rande der Felsen stand ein kleines Waldhüttchen. Gebaut von den Kindern des Grundbesitzers. Unbemerkt nahm ich darin Platz und beobachtete die beiden durch ein kleines Fenster im Hütterl. Herbert hatte sich mehrere Bandschlingen um-

Durch diese Öffnung wurde einst Herbert beim Seilwurf beobachtet.

gehängt. Und komischerweise auch eine Trittleiter.

„Hot der Lausbua do den ersten Hakl a aussagschlogn! Und sei Bohrhakl is vül zu hoch. Kruzefix!"

Als er den ersten Haken erreichte, hängte er seine Trittleiter ein. In diesem Stil ging es weiter.

„De Rotzpippn, de elendige! Olle Hakln heraussen. Nur no de Borhakln! Haberl, do kemma nie mehr mit an Fünfer auffe!"

„Repo" näherte sich dem Ausstiegsüberhang. Dort oben stand bis vor einer Woche ein kleines Bäumchen. Stand, wohlgemerkt. Denn das Bäumchen war Geschichte. Ich hatte es entfernt.

Aber stattdessen einen soliden Bohrhaken etwas tiefer gesetzt. Unterhalb des Überhanges stand nun Herbert souverän auf kleinsten Tritten. Einen Meter über dem letzten Bohrhaken und zwei Meter unterhalb des nächsten. Er nahm recht relaxt eine lange Bandschlinge von seinen Schultern und befestigte eine Expressschlinge darin. Dann hielt er dieses Gebilde in seiner rechten Hand und holte zum Wurf aus wie ein Cowboy mit seinem Lasso. Dabei blickte er nach oben und danach schrie er plötzlich lauthals: *„Wo is des Bamerl? Wo is der klane Bam!*

Überall fehlen nun die kleinen Bäumchen - und exakt hier an dieser Stelle war es einst - das Bäumchen.
In dieser Passage fiel der Freund fluchend aus der Wand!

Wo? De Rotzpippn, de elendige, hot unser Bamerl, wo wir immer die Schlinge auffewerfen, wegg'schnitten! Unser Steig- und Sicherungsbamerl fehlt! Wegg'schnitten hats der Bua!!"

„Wie soll i da jetzt mit der Schlinge in den Bohrhakl reintreffen? Lausbub elendiger! Rotzpippn!!!!!!!!!!!!! Wenn i den erwisch, hau i eam a paar Watschen owe!!!!!!!!!!!".

Wenig später stürzte er unspektakulär, aber doch verdammt laut fluchend ins Seil. Ich kannte Herbert und sein Gemüt nur zu gut und verließ deshalb rein sicherheitshalber den Klettergarten. Sein Fluchen begleitete mich während des gesamten Rückweges.

Montags darauf arbeiteten wir wieder gemeinsam. Ich war vor ihm am Arbeitsplatz und wartete neugierig auf seine Bemerkungen zum Klettern. Zum fehlenden Bäumchen. Er kam zu mir und begrüßte mich wie immer. Kein Wort aber verlor er über meine Sanierungen und mit keiner Silbe erwähnte er den Vorfall von Samstag. Nach vier Stunden Arbeit machten wir eine gemütliche Jausenpause.

„Herbert, warst jetzt schon amoi im Klettergarten und hast g'schaut ob dir die Sanierungen passen?"

„Jo, am Samstag war'n wir drinnen. Wetter war schön. Und herrlich ruhig war's."

„Und? Wie passen dir die Sanierungen?"

„Jo, hast eh gut g'macht, Bua. Super Bohrhaken hast g'setzt und gut geputzt. Fast schon wie der Meister Horich. Nur die ‚Meteora' is ka Sechser. Des is a Fünfer. Weil dir Rotzbua fehlt einfach die Technik!"

„Na Herbert. Die ‚Meteora' is ka Fünfer, sondern a Sechser. Und dir, du alter Lassowerfer, dir fehlt da jetzt wahrscheinlich das Ausstiegsbäumchen! I hab' euch nämlich zuag'schaut am Samstag und bin vor lauter Angst dann davong'laufen, weil du so geflucht hast."

Wir lachten, denn er wusste nun genau, dass ich ihn enttarnt hatte. Etwa 20 Jahre später kletterte ich mit Herbert eine lange Route im siebenten Schwierigkeitsgrad in Niederösterreich. Er kannte weder Wand noch Route und als immer noch fitter Mittsiebziger ließ er sich gerne von mir führen. Er war froh und dankbar, nachsteigen zu dürfen. Und immer noch konnten wir über den fehlenden Baum und die damalige Zeit gemeinsam lachen.

Mittlerweile hatte ich seinen Klettergarten schon längst als „Hausmeister" übernommen. Ich genoss es, vor der Haustüre so ein kleines, unscheinbares Paradies vorzufinden und bin ihm immer noch dankbar für seine Erschließungsarbeit.

In meinem Betrieb arbeitet gerade ein junger Ferialpraktikant. Ein Sportkletterer. Er fragte mich, ob ich ihm nicht einmal „meinen" Klettergarten zeigen möchte. Ich habe sicherheitshalber abgelehnt. Man weiß ja nie, was der Jugend so alles einfällt...

Gilt auch für Radfahrer

Die Vorgeschichte
Wer in die Berge geht, ist ein Bergsteiger. Diese Definition ist aber viel zu einfach. In Wahrheit ist das alles viel komplexer, als man zunächst annehmen könnte. Die Beziehungen der Bergsteiger zur Natur sowie das Verhalten der Bergsteiger in der Natur sind nun mal aber von Haus aus unterschiedlich.
Das hängt vom jeweiligen Typus des Bergsteigers ab. Da gibt es den reinen Sporthampler. Den Hallenfuzzi. Den Haubenboulderer. Den Sportwanderer. Den Normalwanderer. Den Schitourengeher. Den Kletterer. Den Sportkletterer. Den Alpinkletterer. Den sanften Erschließer. Den Rasterbohrer. Den Mountainbiker. Den Bike-Bergsteiger. Aber auch den Jäger und den Förster.
Im Prinzip aber wollen alle dasselbe. Eine schöne Zeit am Berg verbringen. Es gibt Gesetze, an die hält man sich. Es gibt gesunden Menschenverstand, den lässt man walten, sofern man diesen hat. Und es gibt ihn immer noch, den Unterschied zwischen Recht und Gerechtigkeit.
Als Allroundbergsteiger liebe ich mein Mountainbike. Es ist zum einen das Zustiegsoptimierungsgerät und zum anderen ein tolles Sportgerät. Während man sich die Grundlagenausdauer am Rennrad holt, kann man mit dem Bike auch in die Almregionen vorstoßen und sogar den einen oder anderen Gipfel besteigen. Ich nutze Forststraßen gerne. Ich nutze aber auch Wanderwege. Liebe technische Single-Trails genauso wie sanfte Almwiesen. Generell muss man aber anmerken, dass das Radfahren natürlich nicht überall erlaubt ist. Das Schieben von Fahrrädern hingegen ist überall zulässig. Natürlich soll man sich an die jeweiligen Gesetze schon halten. Aber in manchen Regionen wird es einem nicht leicht gemacht und man wird als Mountainbiker rasch zu einem kleinen Gesetzesbrecher.

Und hier liegt das Problem. Nämlich wörtlich im „Hier".
Denn meine Heimat ist Ostösterreich. Hier gab wahrscheinlich schon Erzherzog Johann vor über hundert Jahren an seine Jäger die Devise aus „Keine Leute auf den Bergen, wo gejagt wird!"
Die Alpingeschichte lügt nicht. Im Jahr 1892 war das Stuhleck (mit 1782 m die höchste Erhebung der Fischbacher Alpen in der Steiermark) der allererste Berg der Alpen, welcher mit Schiern im Winter erstiegen wurde.

In den Folgejahren wurden wahrscheinlich alle umliegenden Berge ebenfalls schon im Winter mit Schiern bestiegen. Einer dieser Nachbarberge ist die mit knapp 2000 m Seehöhe wesentlich alpinere Hohe Veitsch. Wie das Verhältnis zwischen Jägerschaft und Bergsteigern damals war, zeigt ganz eindrücklich folgende Aufforderung aus dem Jahr 1895 an die Gemeindeverwaltung der Ortschaft Veitsch als Grundeigentümerin der Almflächen am Veitschplateau: *„Von Seiten der Hofjagdleitung wird an die Gemeindevertretung der Veitsch das Ansuchen gestellt, das Schifahren auf der Hohen Veitsch zu untersagen, da das Wild verscheucht wird."*

Und diese Denkweise wurde wahrscheinlich genetisch vererbt. Von Altjäger zu Jungjäger. Bis heute hat sich an dieser Geisteshaltung wenig geändert: Aber Gott sei Dank ist die Mehrzahl der Jäger und Forstleute heute schon etwas offener eingestellt, was das Bergsteigen betrifft. Und so fahre ich seit vielen Jahren mit meinem Mountainbike in den Bergen herum. Die meisten Begegnungen mit Waidmännern oder Forstleuten verliefen stets freundlich und komplikationslos. Einige wenige aber auch recht kontrovers.

Nach meiner ersten unangenehmen Begegnung bildete ich mich fachlich und sachlich weiter. Ich las die Gesetze und prägte mir die wichtigsten Eckpunkte ein. Das wichtigste Gesetz ist das sogenannte Forstgesetz, dieses stammt aus dem Jahr 1975 und regelt den freien Zugang im Wald. Mein Erschließerkollege, Max Ostermayer, ist obendrein studierter Jurist und als Bike-Bergsteiger hatte er all das drauf, was Otto Normalbiker nie drauf hatte. Von ihm lernte ich somit nicht nur das richtige Putzen in den steilen Wänden des Grazer Berglandes, sondern auch das richtige Verhalten im Falle eines Konfliktes beim Biken oder Schitourengehen. Gut geschult radelt es sich leichter. Gut geschult ist halb gewonnen. Und es gilt natürlich: Wer nicht wagt, der nicht gewinnt.

So richtig willkommen ist man in manchen steirischen Regionen als Radfahrer offensichtlich nicht

Unterwegs im Hochschwab

Der Hochschwab. Das steirische Gamsgebirg. Forst und Jagd werden durch wenige Großgrundbesitzer und die Österreichischen Bundesforste bestimmt. Es ist dies wohl das einzige Wanderparadies, in dem es die Jagdlobby bis heute geschafft hat, dass manche Hütten zur Jagdsaison geschlossen bleiben. Offiziell heißt diese Zeit im Herbst „Jagdsperre". Klar, wenn die Hütte dem Jagdbetreiber gehört oder man als Pächter auf sein Entgegenkommen bei der Benutzung der Zufahrt angewiesen ist, dann verzichtet man freiwillig auf die Einnahmen im September und Oktober - denn Nötigung wäre ja strafbar.

Es war früh am Morgen an einem goldenen Herbsttag. An einem Samstag während der „Jagdsperre". Wir wollten südseitig, oberhalb des Nebelmeeres, klettern. Einen schönen Tag verbringen. Unser Ziel war die Höllmauer im östlichen Hochschwabgebirge. Ich hatte in den Jahren zuvor dort einige schöne Routen eröffnet und diese wollten wir genussvoll klettern. Die Höllmauer mochte

ich. Sie war für mich seit jeher nämlich recht rasch erreichbar. Denn ich ignorierte stets beim Schranken am Beginn des Seetales die Zusatztafel unter dem Schild des Allgemeinen Fahrverbotes, auf welcher stand „Gilt auch für Radfahrer!".
Ich holte jedes Mal mein Bike aus dem Auto, hob es über den Schranken und fuhr danach bergwärts los. So ersparte ich mir einen langweiligen Fortstraßenhatscher von einigen Kilometern Länge. Die Steigung war obendrein recht angenehm und auch nicht wirklich fordernd. Und zurück raus ging es ohne einen einzigen Tritt natürlich ganz besonders angenehm.
Am Parkplatz vor dem Schranken hatten wir auch an diesem Samstag unsere Bikes aus dem Auto geholt, und mit diesen radelten wir langsam hinein ins Seetal. Gerade hier gab es in den letzten Jahren einige Scharmützel zwischen dem Jagdpächter und dem Hüttenwirt der oberhalb gelegenen Voisthalerhütte. Darunter litten aber auch andere. Schlösser für die Schranken wurden getauscht und die Fahrberechtigungen wurden stark reduziert. Ruhig und einsam war es. Bis zu dem Zeitpunkt, wo am Horizont ein älterer Jeep, mit lokalem Kennzeichen, aus dem Nebel auftauchte. Uns war klar, was das bald heißen würde. Der Jeep stoppte vor uns und aus diesem stieg ein älterer Jäger aus. Wir wechseln in den Konversationsmodus. Killing them with friendlyness!

„Guten Morgen, glei wird der Nebel si auflösen und es wird herrlich! So an schönen Tog in unsere Berg muass ma nutzen, gell?"

„Jo eh - guten Morgen! Owa do is bitte Fohrverbot, do derfts bitte ned weiter eini fohrn!"

„Jo des wissen wir eh, aber heut hamma gsagt fohr ma langsam und leise mitn Radl bis zur Seilbahnstation und gengan dann in der Sonne klettern. Da stören wir eh niemand."

„Ah, wo wollts denn hingehen klettern? Weil wir ham a große Jagd mit vielen Gästen und des war blöd, wenn ihr do seids, wo wir sein."

„Höllmauer, weißt, da hab' i in den letzten Jahren schöne Touren g'macht und die wollen wir klettern."

„Auweh! Und genau im Stangenkar werd ma die Jagd machen. Also genau neben euch. Kennts ned woanders hingehen heut?"

„Aso. Jo kein Problem. Dann gemma halt weiter eini und klettern in der Südwand was. Passt dir des besser?"

„Jo super. Danke Burschen. Dann fahrts halt weiter eini mit eure Radln. Ihr wissts eh, dass ihr das eigentlich ned dürfts. Drinnen stellts bitte eure Radln so ab, dass einem ned glei ins Aug springen!"

„Ja sicher. Schönen Tag wünschen wir dir noch. A guade Jagd und Waidmannsheil!"

„Waidmannsdank! Und euch wünsch i an schönen Klettertag."

Wie man in den Wald hineinruft, so schallt es zurück. Wir waren freundlich. Er war freundlich. Man akzeptierte einander. Lokaler Berufsjäger versus lokaler Kletterer.

Eine Woche später plante ich alleine auf den Festlbeilstein zu gehen. Das ist ein kleiner, aber feiner reiner Kletterberg, dessen Gipfel nicht einmal 1800m hoch ist. Da ich den ganzen Tag Zeit hatte, erledigte ich die rund 40 km lange Anfahrtsstrecke bis zum eigentlichen Ausgangspunkt der Tour, dem Gasthof Bodenbauer, mit dem Bike. Ab dort herrschte Fahrverbot. „Gilt auch für Radfahrer."

Es gab aber natürlich einige Forststraßen und lockende Single-Trails. Ich hob mein Rad über den Schranken und fuhr bergwärts los in Richtung Festlbeilstein. Um zum südseitigen Wandfuss zu gelangen, waren natürlich nach dem Ende der Forststraßen mehrere Schiebe- und Tragepassagen nötig.

Diese nahm ich gerne in Kauf. Denn die Abfahrt würde es mir lohnen. An Kletterausrüstung hatte ich nur meine Kletterpatschen mit. Mehr brauchte ich auch nicht, um den Festlbeilstein zu überschreiten. Eine gutmütige, kurze Kletterei mit einer Passage im fünften Grad, der Rest war wesentlich leichter.

Nach getaner Kletterei machte ich mich an die Abfahrt. Schön waren die Single-Trails. Nur meine Bremsen quietschten störend und laut. Als ich auf der Forststraße bergab fuhr, sah ich etwa 100 m vor mir einen Jeep der Marke „Edelkarosse".

Frisch geputzt und wohl auch frisch gekauft. Neben der Edelkarosse standen zwei kleine, rundliche grüne Männlein. Bewaffnet mit Ferngläsern. Ich näherte mich ihnen unaufhaltsam. Nun erkannte ich ihr Autokennzeichen. „W" für Wien. Ich war mir sicher, die kleinen grünen Männlein waren sogenannte „Salonjäger". Ich würde ganz einfach freundlich grüßend an ihnen abwärts vorbeifahren. Doch das ging plötzlich nicht mehr, denn sie öffneten unvermittelt die Fahrer- und Beifahrertür ihres Autos, sodass ich zum Absteigen gezwungen wurde. Wir wechseln in den Konversationsmodus. Obersteirischer Erschließer versus Wiener Salonjäger. Wieder begann ich mit der freundlichen Gesprächsführung.

„Griass euch! So schöne Tage muss man nutzen, gell? Kann i euch wo helfen, weil i als Einheimischer kenn mi da gut aus, und i hab gsehn, dass ihr mit'n Fernglas was suchts und jetzt habts die Türen aufgmacht, weil ihr sicher was wissen wollts von mir?"

„Nein, nein, nein! Hier ist Radfahren verboten! Verboten! Wissen Sie das nicht?"

„Freilich weiß i des. I bin ja von do!"

„Ja warum tun Sie das dann? Das ist verboten!"

„Jo, einmal im Jahr fahr i immer do auffa. Das muass sein. Des hob i scho mit mein Vater gmacht. Do wo ihr grad hingschaut habts, des is das Schönbergkar. Und rechts is da Beilstein und dann kommt…"

Wenn man im Einklang mit der Natur unterwegs ist, dann spricht auch wirklich nichts gegen ein Mountainbike

„Das interessiert uns nicht. Warum tun Sie das? Es ist verboten!"

„Jo des weiß i eh. I bin jo von do. Aber einmal im Jahr…"

„Des hams scho gsagt!"

„Jo ‚des weiß i eh. I bin jo…"

Nun ließ mich der zweite, noch rundlichere Salonjäger auch nicht ausreden und unterbrach die niveauvolle Diskussion mit folgendem Satz:

"*Ach lass den Mann doch fahren, du merkst doch. Der Mensch ist ein Idiot!"*

Dann schloss er seine Beifahrertür und forderte mich auf vorbeizufahren. Ich stieg lächelnd auf und fuhr langsam los.

„Pfiat euch, schönen Tag no - und wenns was wissen wollts, könnts gern fragen, weil i bin jo von do und einmal im Jahr fahr i immer do mitn Radl!"

Wenig später rollte ich hinaus zum Bodenbauer. Dort hob ich mein Rad wieder über den Schranken und somit zurück in die Legalität. All das in dem Bewusstsein, dass das Leben als Idiot einem wohl gewisse Freiheiten erlaubt.

Unterwegs im Mürztal

Die Mürztaler Berge sehen aus der Luft aus, als ob zu jeder Fichte eine Autobahn hingehen würde. Forststraße reiht sich an Forststraße. Und zumeist steht unter dem Verkehrsschild des Allgemeinen Fahrverbotes die Zusatztafel „Gilt auch für Radfahrer". Dennoch war und bin ich gern hier mit dem Bike zum Selbstzweck unterwegs. Eine meiner Lieblingsrunden führt auf das knapp 1500 m hohe Troiseck. Von dort aus folge ich gerne einem Kamm etwa 15 Kilometer weiter bis ins Schigebiet der Brunnalm auf der Veitsch. Blöderweise muss man dabei auch die Liegenschaft eines Großgrundbesitzers durchfahren, welcher nicht gerade gut auf Radfahrer, Schwammerlsucher, Beerenpflücker oder Priester in Begleitung von Minderjährigen (Tatsache!) zu sprechen ist.

Der Besitzer hat an den Haupteinfahrtsforstautobahnen, welche in sein Revier führen, Kassen aufgehängt und auf Infotafeln steht klar geschrieben, unter welchen Bedingungen man sein hochheiliges Reich überhaupt befahren oder betreten darf. Hin und wieder kam ich von diesen Haupteinfahrtspunkten angeradelt und habe dann eben, um Konflikten vorzubeugen, vorschriftsmäßig meinen Namen und das Datum auf einen Zettel geschrieben, die geforderten zwei Euro dazugegeben und all das in eine seiner Kassen geworfen. Wilde Geschichten rankten sich um den Besitzer. Vorfälle. Gerichtsstreitigkeiten. Körperverletzungen. Er war unter den Mountainbikern, freundlich gesagt, nicht sonderlich beliebt. All das war mir ja wirklich egal, denn die zwei Euro war mir eine stressfreie Fahrt allemal wert. Nur wenn ich eben über den Troiseckgipfel auf Single-Trails in Richtung Brunnalm fuhr, kam ich dummerweise zuvor an keiner Kassa vorbei. Und blöderweise durchfuhr ich auf halber Strecke fast seinen Hof. Zwischen seinem Hof und dem Schigebiet quert man eine Landesstrasse genau auf einem Pass. Dem sogenannten Pretalsattel.

Als Minimalist kannte ich auf all meinen Bikestrecken auch die Trinkbrunnen, denn Wasser wog schwer und die Flaschen mussten ja laufend aufgefüllt werden. Einer dieser Brunnen befand sich am Forststraßenrand auf dem Weg zwischen dem Pretalsattel und dem Hof des gefürchteten Großgrundbesitzers. Ein strategisch wichtiger Brunnen für weite Ausfahrten. Nun, eines Tages kam es, wie es letztendlich einfach kommen musste.

Ich näherte mich dem Hof bergab auf einem anspruchsvollen Single-Trail und wurde dabei wohl gesichtet. Denn als ich in Rufweite zum Hof kam, vernahm ich laut und deutlich:

„Halt! Stehen bleiben! Halt, sag ich! Stehen bleiben!!!"

Diese höfliche Aufforderung ignorierte ich, indem ich heftig in die Pedale trat und so rasch als möglich davonfuhr. In Richtung Pretalsattel.

Die Schreie verstummten, aber der Ton ließ darauf schließen, dass ich hier jemanden wohl richtig genervt haben müsste. Mein Puls war auf 180, meine Trinkflaschen leer.

Als ich am Brunnen ankam, überlegte ich kurz, ob ich nicht doch auffüllen sollte. Ich tat es nicht, denn unter Umständen würde mir der Rufende sogar in einem Auto nachfahren. Als ich endlich am Pretalsattel ankam, wiegte ich mich in Sicherheit. Hier war sein Revier zu Ende. Rein sicherheitshalber fuhr ich auf meiner Strecke noch in den gegenüberliegenden Wald hinein, wo ich nach 100 Metern, mit verstecktem Blick zum Pretalsattel, müde vom Bike stieg.

Plötzlich kam ein Jeep angerast, genau aus der Richtung, aus der ich gekommen war. Eine Vollbremsung im Schotter brachte das Gefährt unmittelbar vor der kreuzenden Passstrasse zum Stehen. Die Tür ging auf und der Fahrer sprang heraus. Wie ein Berserker brüllte er:

„Wo is des Grippl!!! Wo is des Grippl! Wo???!!!!"

Ich will mir nicht vorstellen, wie unsere Begegnung enden hätte können, wenn er mich bemerkt hätte. Noch heute durchfahre ich sein Anwesen, und je nach Möglichkeit zahle oder sündige ich.

Unterwegs im Grazer Bergland

Eines meiner Lieblingsklettereviere ist gleichzeitig eines der bestbehütetsten Jagdreviere der gesamten Steiermark.

Die Rede ist vom Brunntal. Der Gegend mit den alpinsten und steilsten Wänden des Gebietes. Mehrere Routen konnte ich dort in den letzten 20 Jahren erstbegehen, und ich war und bin immer noch so was wie der Hausmeister in den Brunntalwänden.

Der Zustieg vom Tal bei Mixnitz aus ist für das Grazer Bergland weit und dauert wirklich lange. Rund 1,5 Stunden muss man dafür einkalkulieren. Und der Rückweg zieht sich auch gewaltig. Ich hingegen ziehe, je nach Route, die Bike & Hike zu- und abstiegsoptimierte Variante vor. Dabei starte ich etwa 20 Kilometer von Mixnitz entfernt auf der hoch gelegenen Teichalm und radle recht relax bis in die Gipfelregion der Oberen Brunntalwand.

Von dort aus seile ich mich über eine meiner Routen ab, um dann fröhlich von unten nach oben zu klettern. Und das Beste: Vom Ausstieg weg geht man nur maximal 10 Minuten und rollt dann entspannt zurück zur Teichalm, wo man den Tag gemütlich auf einer der Terrassen der dortigen Gasthäuser ausklingen lassen kann.

Natürlich führt der Weg nicht gänzlich über erlaubte Steige und Forststraßen. Der erste Abschnitt ist Teil einer ausgeschilderten und somit legalen Mountainbikestrecke. Doch bei einer allgemeinen Fahrverbotstafel und deren Zusatztafel „Gilt auch für Radfahrer" biegt meine Variante ab und führt quasi durch unerlaubtes Gelände weiter. So weit, so gut. Blöderweise hatte man

vor einigen Jahren die alte Jagdhütte im Brunntal, welche weit von meiner Zustiegsvariante entfernt stand, abgetragen und direkt am Rand meiner nicht ganz legalen Zustiegsstrecke neu aufgebaut. Blöd.

Es hieß nun eben vorsichtiger ans Werk zu gehen. Ruhig und leise am Jagdhaus vorbeizuschleichen. Gott sei Dank war es dort ohnehin recht steil, sodass ich mein Bike dort sicherheitshalber jedes Mal schob. Danach stieg ich natürlich wieder auf. Es heißt ja auch Fahrrad und nicht Schieberad.

Vor einigen Jahren deponierte ich nebst einer kleinen Säge und einem Putzpickel auch ein 100 Meter langes Statikseil im Gipfelbereich der Oberen Brunntalwand, welches ich zum Putzen der dortigen Routen verwendete. Damit konnte ich aber auch die oberen Seillängen mehrerer Routen völlig alleine, gesichert mit einer Steigklemme, im Toprope klettern. Das machte Spaß. Und ich kam somit natürlich öfters. Denn das Material lagerte ja am Gipfel. Eines Tages aber kam es auch hier, wie es wohl kommen musste.

Allerdings war ich auf die Kontroverse durchaus vorbereitet, denn wenige Wochen zuvor hatte ich schon eine Diskussion mit einem Jäger vor dem neuen Jagdhaus gehabt. Obwohl wir unsere Räder damals schon geschoben hatten, hatte mich sein selbstherrliches Getue geärgert. Da ich mich aber nicht streiten oder ärgern wollte, hatte ich ihn reden lassen und war ganz freundlich geblieben, ohne ihm etwas über die Rechtslage zu erklären. Großzügig hatte er zu uns damals gesagt: *„Na gut, ich hab' euch nicht gesehen!"*

Es war nun wieder an einem schönen Samstagvormittag. Und ich war am Bike unterwegs, um danach in der Oberen Brunntalwand einige Routen zu klettern. Als ich mich auf der steilen Forststraße dem neuen Jagdhaus näherte, sah ich einige Autos davor stehen. Die meisten waren leicht erkennbar als Jägerfahrzeuge. Jeeps und Pkws mit Geweihaufklebern. Vor der Hütte ging es rund. Ich zählte fünf Jäger. Lustig ging es zu. Die Bierkisten standen am Boden. Es wurde wohl was gefeiert. Und begossen. Ich schob mein Bike vorbei und wurde dabei natürlich wahrgenommen. Wir wechselten in den Konversationsmodus. Diesmal begann einer der Waidmänner.

„He, umdrehen! Umdrehen! Die Mountainbikestrecke is da drüben, wo du herkommst!"

„Guten Morgen. Danke, des weiß ich eh und i dreh do ned um. Warum auch?"

„Do is Radlfoan verboten! Do gibt's koa Radlfoan! Schau, dass du umdrahst. Aber flott!!!!!"

Einsam klettert der Mountainbiker in steiler Wand. Peter in der Route *La vida es sueno* im Grazer Bergland

Einer schrie mit mir und vier lachten dahinter. Ich ging den steilen Weg weiter und schob brav mein Rad.

„Heast, bist derrisch! Umdrahn, owa sofort!"

Nun musste ich wohl oder übel antworten.

„ I dreh da ganz sicher ned um. I schieb mei Radl wo und wann i will. Und i geh davon aus, dass ihr die Gesetzeslage genauso gut kennts wie ich. Und ihr wissts genau, dass i das darf und ihr mi ned nötigen dürfts. I wünsch euch noch an schönen Tag!"

Die fünf redeten nun untereinander. Ich schob mein Bike weiter bergauf. Oben setzte ich mich drauf und radelte weiter zum Klettern. In der Brunntalwand kletterte ich Seillänge um Seillänge. Und überlegte mir dabei genau, was ich machen und sagen würde, wenn ich am Nachmittag wieder vorbeikommen würde an den Waidmännern. Denn auch sie wussten, es gibt nur diesen einen Weg zurück. Wieder an ihnen vorbei. Und so kam es auch. Doch diesmal schob ich mein Rad auch bergab.

Die Runde der Waidmänner war größer geworden. Und man hatte mich wahrgenommen. Und natürlich schon erwartet.

„Schau, der schiebt sei Radl a wirklich bergob", hörte ich einen sagen. Als ich auf ihrer Höhe war, nahm ich mein Handy heraus und machte einige Bilder. Sodass sie es sehen konnten. Von ihnen und ihren Autos.

„Heast, wos fotografierst denn do deppat umadum! Hör sofort auf damit!"

„Keine Angst, i halt mi schon an die Datenschutzbestimmungen."

„Huck di auf dei deppats Radl und schleich di! Foa davon! Hopp, hopp, hopp!"

"Na, des mach ich ganz sicher nicht, denn i mach keinen Rechtsbruch, sondern halt mi an die Gesetze. Und i geh davon aus, dass auch Sie alle sich daran halten. Und sollte rein zufällig einer von Ihnen unten auf der Teichalm, wenn er mit seinem PKW auf die öffentliche Straße kommt, von einem meiner Kollegen bei einer Verkehrskontrolle angehalten werden, so geh i natürlich davon aus, dass alle ihre Warnwesten und Erste Hilfe Pakete mithaben und keiner mehr als 0,5 Promille Alkohol im Blut hat. Auf Wiedersehen, meine Herren!"

Bumm. Das hatte gesessen. So ruhig wie nun war es den ganzen Tag dort oben nicht gewesen. Ich weiß nicht, ob die Herren die Nacht auf der Jagdhütte verbracht haben oder ob sie sich von ihren Frauen nach Hause bringen ließen, aber eines weiß ich ganz sicher: Dass keiner von ihnen an diesem Tag danach noch auf der öffentlichen Straße hinterm Steuer saß.

Ja, als Bike-Bergsteiger hat man es nicht immer leicht. Besonders nicht in Ostösterreich. Man wird quasi dazu gezwungen, ein „Kleiner Outlaw" zu werden. Aber wenn man das Gesetz des „Kleinen Outlaws" annimmt, dann muss man darauf bedacht sein, als Sieger von der Forststraße zurückzukehren.

Nächste Woche kam ich wieder. Mein Fixseil und der Putzpickel am Gipfel waren weg. Die Säge war aber noch da. Kurz überlegte ich, ob ich damit nicht zum nächsten Hochsitz gehen sollte. Aber das ist eine andere Geschichte...

Hopp, hopp, hoppala

Klettern an der Stangenwand (*Gralsburg*)

Die Vorgeschichte

Bergsteiger sind auch nur Menschen. Und es ist nur allzu menschlich, wenn hin und wieder nicht alles so klappt, wie man sich das zuvor gedacht hat. Im Laufe meines Bergsteigerlebens ist mir immer wieder was passiert. Passiert nicht im Sinne von Unfällen, nein, vielmehr gab es das eine oder andere Gelächter, weil ich mal wieder etwas vergessen hatte. Das Schöne daran war, dass ich dabei eigentlich auch immer über mich selbst lachen konnte. So peinlich und blöde wie die einzelnen Situationen auch immer waren. Ich musste wirklich stets über meine Fehler lachen.

Da war auf der einen Seite meine unglaublich hohe Affinität zum Planen. Zeit-Weg-Diagramme. Topos. Zusatzbeschreibungen. Minuten je Seillänge. Höhenmeter je Stunde. Kilometer pro Stunde. Exakte Materialplanungen. Genaue Essensrationierungen. Bekleidungsmanagement. All das immer im Hinblick auf möglichst leichtes Gepäck und auf möglichst wenig Energieaufwand. Zwischenzeiten wurden geschätzt und zusammengerechnet. Kaum eine Schitour oder Klettertour ohne saubere Vorplanung. Radtouren wurden à la „Tour de France" durchgeplant. Und trotzdem verfuhr ich mich regelmäßig.

Meine Erstbegehungsplanungen könnten es wahrscheinlich sogar als Übungsbeispiel ins Fach „Supply Chain Management" an die Wiener Wirtschaftsuni schaffen.

Auf der anderen Seite gab es den leicht chaotischen, aber immer noch liebenswerten Peter. Den Peter, der an verschiedensten Orten Material gelagert hatte. Ein Materialdepot auf diesem Berg, eines auf jenem Berg. Mein nahezu schon bestandsgeführtes, sauberes Materialdepot im Kletterraum meines Hauses, und daneben leider auch mein vorhandenes „Schwarzlager" im Kofferraum meines Autos. Doch hin und wieder fuhr ich auch mit dem Auto meiner Frau, und somit gab es auch noch einen zweiten potentiellen Lager-Kofferraum.

Nicht zu vergessen meine vier oder fünf im Gebrauch stehenden Rucksäcke, welche ich zwar regelmäßig sauber strukturiert und geplant gepackt hatte, aber genauso schlampig oftmals aus Bequemlichkeit nicht mehr ausgepackt hatte. Kurzum, meine Schwarzlager wären in keinster Weise inventurtauglich gewesen.

Ein Paar Schi beim Service, eines im Auto und zwei im Wachskeller. Mehrere Paare an Steigeisen und Kletterschuhen, mehrere Pickel und darüber hinaus auch noch zwei Rennräder und zwei Mountainbikes.

Drei Einfachseile mit 60 m Länge. Eines mit 80 m. Eines mit 50 m Länge. Ein Doppelseil mit 60 m. Ein Statikseil mit 100 m Länge. Daneben noch zwei alte ausrangierte Putzseile mit recht undefinierten Längen, da sie als permanente Sanduhrschlingenspender benutzt wurden.

Zwei Bohrmaschinen, und diese blöderweise noch mit unterschiedlichen Bohrfuttern. Lange und kurze Bohrer. 10-mm-Bohranker und 12-mm-Bohranker. Ich habe es sogar geschafft, alle meine Erschließerkollegen ausnahmslos davon zu überzeugen, dass Klebehaken nachteilig gegenüber mechanischen Spreizankersystemen sind.

Selbst bin ich mir da gar nicht mehr so sicher, ob dies nicht auch vielleicht daran lag, dass ich mehrmals einen fast 20 Kilogramm schweren Rucksack zu entfernten Routensanierungen getragen hatte, um dann blöderweise festzustellen, dass entweder die Glaspatronen fehlten oder die Mischerkartusche. Oder dass ich anstatt des nötigen 14-mm-Bohrers doch nur die altgewohnten 10-mm-Bohrer mithatte.

Fehleranfällig war ich immer dann, wenn ich beim Packen meines Rucksackes gestört wurde. Oder wenn es ganz schnell gehen musste. Wenn meine Frau oder meine Kinder etwas fragten, etwas brauchten oder einfach nur etwas zu mir sagten.

Ich brauchte einfach Ruhe beim Packen. Im Laufe der Jahre wurde ich mir dieser Schwäche immer mehr bewusst. Doch bis heute fand ich kein Rezept gegen meine Packfehler.

Andererseits darf ich mir aber statistisch zugutehalten, dass ich meistens absolut fehlerfrei agierte. Denn meine Fehler fielen ja ohnedies nur auf, weil ich eben viel machte. Im Schnitt machte ich schon an fünf oder sechs Tagen pro Woche was.

Speziell in den Übergangszeiten war das natürlich so richtig blöd. Dann, wenn man auf der Veitsch schon Schifahren konnte und es im Grazer Bergland oder auf der Hohen Wand noch so richtig gut zum Klettern ging. Und ganz doof war es, wenn ich zu dieser Zeit auch noch an einer neuen Route bastelte und dafür mein Mountainbike als Zufahrtsoptimierungsgerät nutzte. Denn in jener Zeit waren die Schwarzlager in den Kofferräumen mehr als nur unübersichtlich. Aber wer viel macht, dem kann schon mal was passieren.

All das ist natürlich nur der von vornherein zum Scheitern verurteilte Versuch meiner Rechtfertigung, warum es immer wieder mal vorkam, dass ich doch nicht alles so wie geplant am Berg mithatte. Es gibt die kleinen Hoppalas, an die man sich nicht großartig erinnert. Und es gibt auch die anderen Hoppalas.

Die mit Erinnerungswert. Hoppalas, die mehr zu bieten haben als nur den vergessenen Ausrüstungsartikel. An manche dieser Geschichten erinnert man sich dann eben länger. Und an manche werde ich mich wohl mein Leben lang erinnern.

Made in Styria

Wir schreiben das Jahr 1997. Fred Schabelreiter war damals einer meiner alpinen Lehrmeister. Mit ihm gemeinsam konnte ich an der 450 Meter hohen Südwestwand der Stangenwand im steirischen Hochschwabgebirge meine erste wirklich ernstzunehmende alpine Erstbegehung verwirklichen.

Die Route *Made in Styria*. Ich war damals der junge Wilde. Fred der Erfahrene, ich der Student. Fred der Bergführer.

Ich war wahnsinnig gern mit ihm am Berg unterwegs. Jede Tour wurde für mich zu einer wahren Outdoorlehrveranstaltung.

Ich versuchte sein Wissen so gut es ging aufzusaugen und lernte schnell. Die Planung für diese Neutour hatte bereits ich übernommen. Natürlich fehlte es mir damals noch an Erfahrung, wie man am besten Erstbegehungen machen könnte.

Doch ich versuchte eben meine mangelnde Erfahrung durch ein Übermaß an Kraft und Moral wettzumachen. Die Route würde schwer werden und erforderte den Einsatz von Bohrhaken. So weit, so gut. Fred war zwar als Erstbegeher in alpinen Wänden bereits wirklich ein „alter Hase", aber er hatte dies bislang immer ohne den Einsatz von Bohrhaken geschafft.

Beim Projekt in der Stangenwand war uns aber bewusst, dass die geplante Linie wahrscheinlich nicht unter dem achten Grad realisierbar sein würde. Und ohne Bohrhaken für unser bescheidenes Klettkönnen unmöglich wäre. Somit gingen wir mit einer schweren Akkubohrmaschine ans Werk.

Wir kletterten im Vorstieg zumeist abwechselnd ins Neuland. Die Bohrmaschine zogen wir dann, wenn es zum Bohren ging, an einem Hilfsseil auf. All das war Schwerstarbeit. Wir wollten aber ohnedies nicht zu viele Bohrhaken hinterlassen. Getreu dem Spruch: Mut kann man nicht kaufen.

Vier Tage hatten wir letztendlich benötigt, um diese Route fertigzustellen. Vier lange Tage, an welchen wir stets im Finstern beim Gasthof Bodenbauer mit schwerstem Gepäck aufbrachen und erst wieder zurückkehrten, wenn es auch bereits wieder finster geworden war. Keiner der Rucksäcke wog jemals weniger als geschätzte 15 Kilogramm.

Die Stangenwand mit der eingezeichneten Route *Made in Styria*

Der rund zweistündige Zustieg zum Wandfuß bot, neben rund 1000 zu überwindenden Höhenmetern, auch noch ein richtig steiles und unangenehmes Schotterfeld zum Schluss hin.
Danach hieß es jedes Mal, sich neu zu sammeln. Ruhig zu werden, um anschließend möglichst fit durchzustarten. Denn danach ging es ans Eingemachte. Reinklettern ins Neuland stand auf der Tagesordnung. Fred war damals hauptberuflich als selbstständiger Elektrotechniker sehr eingespannt. Nebenberuflich führte er alte Stammkunden immer wieder in die Berge.
Weil der Tag ja ohnehin 24 Stunden hat und man eh in der Nacht schlafen konnte, war er noch als Ausbildner im Bergführerteam aktiv und weil das immer noch nicht reichte, war er auch noch ehrenamtlich als Landesausbilder für die Bergrettung tätig. Somit konnten wir unsere Erstbegehungstage auf Grund seiner begrenzten Verfügbarkeit nicht hintereinander machen und Material am Berg deponieren, sondern eben nur den einen oder anderen Tag an freien Wochenenden nutzen.
Ich als Student hätte fast immer Zeit gehabt. Aber ich musste mich damals eben nach Freds Verfügbarkeit richten. Und somit leider immer schwer schleppen. Und immer wieder von neuem meinen Rucksack packen.

Es war an einem Sonntag im September. Unser dritter Erstbegehungstag. 1997. Damals gab es noch keinen supergenauen Wetterbericht. Kein Meteoblue. Keine INCA-Analyse. Kein Internet. Tags zuvor saßen wir gespannt um 19.45 Uhr vor dem Fernseher, sahen die Nachrichten und lauschten der Prognose des staatlichen Wetterfrosches Carl Michael Belcredi.
Er war der TV-Meteorologe der Nation. *„Wolkenlos bis leicht bewölkt. Auf den Bergen leichter Nordwestwind. Eigentlich keine erkennbare Gewittergefahr."* Wir starteten somit am nächsten Tag wie gewohnt in absoluter Dunkelheit. Die Rucksäcke waren wie üblich unmenschlich schwer. Die Luftfeuchtigkeit war hoch und so kamen wir völlig durchschwitzt, nach über zwei Stunden elender Plagerei, endlich am Wandfuß an. Rasten war angesagt. Kurz natürlich nur. Gurte anziehen. Material aufnehmen. Seile vorbereiten... Fred kletterte danach die erste Seillänge unserer Neutour hoch.

„Stand, Peter. Superbedingungen!"

Nachdem ich mich eingebunden hatte, stieg ich aus meinen klobigen Bergschuhen und hängte diese an meinen Gurt. Dann nahm ich meine Kletterschuhe zur Hand und stellte fest: zwei

Linke! Ich hatte tatsächlich zwei linke Schuhe eingepackt! Peinlich. Sehr peinlich!

„Fred…ähm…du…ähm…du magst mich schon, gell?"

„Jo sicher, Peter. Zah an, heut werden wir lässige Längen im Neuland machen!"

„Fred…ähm…du…schimpf ned bitte, weil…ähm…ich hab' zwei linke Kletterschuhe mit, einen zieh ich an und…rechts probier ich's mit'm Bergschuh. Is eh nur a Sechser diese erste Seillänge. Die komm ich schon hoch…glaub' ich…vielleicht!"

An Freds Antworten und die folgenden Diskussionen kann ich mich noch genau erinnern, aber diese überfliegen wir lieber.

Im Nachstieg gab ich mir keine Blöße. Der Sechser fühlte sich zwar wie ein Siebener an, aber damals lag mein On-Sight-Niveau ohnedies im achten Grad. Ich führte die zweite, recht leichte Seillänge, aber danach beschlossen wir über eine alte Route die nächsten schweren Seillängen unserer Neutour zu umgehen. Später mussten wir allerdings wieder in unsere Linie reinqueren. Die Schwierigkeiten hatten nun merklich zugenommen. Ich stieg nach. Es gab nur kleinste Tritte und kleine Griffe. Kurzum, es war schwer. Meine Steigtechnik war zweigeteilt. Links stieg ich souverän, rechts ähnelte mein Antreten aber eher jenem eines absoluten Anfängers.

„Fred, des wird nix. I zieh den Bergschuh aus. Mit Socken geht das schon. Hoffentlich."

Und so stieg ich dann weiter nach. Links Kletterpatscherl, rechts Tennissocken. Am Stand war ich ziemlich fertig.

„Peda, die nächste Länge liegt mir nicht so! Die musst bitte du führen! Das ist eh die letzte bereits Fertige von uns. Danach geht's ab ins Neuland!"

„Fred, mein Socken besteht nur noch aus Löchern. Damit geht das nie! Aber i hab' a Idee! Du hast Schuhgröße 44 und ich 42. Du borgst mir einfach deinen rechten Schuh und am Hilfsseil lass ich dir den dann wieder runter, und dann ziehst du ihn an!"

„Naja. Welch andere Wahl haben wir? Keine! Wegen dir vergesslichem Chaos-Peserl! Probieren wir es. Wir sind eben eine Seilschaft. Bestehend aus einem, der mitdenkt, und einem, der immer irgendwas vergisst. Eine Seilschaft. Zwei Idealisten. Drei Schuhe."

Mit seinem großen Schuh war es viel angenehmer zu klettern als mit meinem löchrigen Socken. Die Seillänge fiel mir überraschend leicht. Das Gelände war steil und die Kletterei verlief nahezu in Falllinie. Das Beste folgte aber danach: Unsere Schuhseilbahn funktionierte wie geschmiert!

Nun stand ich also mit einem unbeschuhten Fuß am Stand, Fred stieg mit seinen beiden Kletterschuhen nach und widmete sich gleich darauf der nächsten Länge. Neuland. Aber auch diese Länge gelang ihm richtig gut! Schuhseilbahn „Folge Numero zwei" verlief anschließend genauso gut. Wir hatten es richtig drauf! Wir waren die Checker! Wer braucht schon vier Schuhe für zwei Kletterer? Wir nicht!

Am Stand angelangt, lag es somit an mir, gut beschuht weiterzumachen. Weiter ging es hinein ins steile Neuland. Es war richtig steil. Selten musste ich in dieser Länge bohren. Es war zwar schwer, aber der Fels war so was von rau und kletterfreundlich! Natürlich war ich froh darüber, Schuhe an meinen zarten Füßen zu haben. Vom Wasser zerfressener rauer Kalk und löchrige Socken wären keine angenehme Kombination gewesen.

Made in Styria - mit zwei Kletterschuhen ein Genuss!

Nachdem eine 40 Meter lange, raue Risskletterei hinter mir lag, starteten wir erneut das Projekt „Schuhseilbahn". Doch blöderweise verklemmte sich diesmal der Schuh beim Ablassen im Riss. Nichts ging mehr. Rien ne va plus.

„Was is los da oben, wann kommt mein Schuh, Peter?"

„Der klemmt im Riss. Aber jetzt gilt: Und bist du nicht willig, so brauch ich Gewalt!"

„Na bitte pass auf. Ned brutal!"

Steinschlag ist zu vernehmen.

"Geh bitte. Fredl vertrau mir! Wo ein Peserl, da ein Weg! Jetzt gilt wieder - Seil frei!"

Steine rieseln vorbei an Fred. Und mittendrin statt nur dabei, sein rechter Kletterschuh…

Die folgenden Diskussionen waren zwar laut, aber nicht sonderlich hilfreich. Fred kletterte mit einem Schuh und einem Socken den rauen Riss hoch. Er tat mir leid. Seine Zehen taten mir leid. Er jammerte. Und er fluchte. Noch nie zuvor hatte ich ihn so laut fluchen gehört. Meter für Meter näherte er sich meinem gemütlichen Standplatz. Trotzdem lächelte er, als er sich völlig verschwitzt mit seiner Selbstsicherung neben mich in den Standplatz hängte.

„Fredl, wir haben alles im Griff. Du führst jetzt die nächste Länge da rauf und i borg dir dafür gerne meinen linken Kletterschuh zum Vorsteigen. Und dann lässt du mir das ganze Paar am Hilfsseil runter! Was sagst zu der Idee?"

„Dass du ein riesiges Depperl bist. Weil dein Schuh ist mir um zwei Nummern zu klein!"

„Ah ja, dann werd wohl ich die nächste Länge führen und du kommst mit einem Socken nach und…aber …jetzt haben wir ja irgendwie…nur noch linke Schuhe…"

In diesem Moment war lauter Donner zu hören. Bei all der Anspannung war uns entgangen, dass sich der Himmel über uns bereits verdunkelt hatte. Ein Gewitter war im Anmarsch. Es zog von Norden über die Hochfläche heran und war somit für uns nicht erkennbar gewesen. Unsere Schuhdiskussion hatte sich somit schlagartig erledigt.

„Du Fred… i war ned der einzige, der heute an Fehler gmacht hat. Der Belcredi - der Wetterfrosch - hat auch einen Fehler gmacht!"

Wir begannen sofort abzuseilen. Am Wandfuß erwischte uns das Gewitter. Starkregen ging nieder und es begann sogar leicht zu hageln. Wir verstauten das Material in unseren Rucksäcken und liefen so rasch es ging das Schotterfeld hinab. Die Helme behielten wir auf unseren Köpfen. Es blitzte und donnerte unaufhörlich. Unweit von uns musste es wohl eingeschlagen haben.

„Fredl, wenn mi der Blitz erschlägt, dann lass mir da bitte ein schönes Marterl machen und drauf soll stehen, dass mich der Carl Michael Belcredi am Gewissen hat!"

„Ok. Peda und wenn mi der Blitz erschlägt, dann lass du mir bitte ein Marterl machen und drauf soll stehen, dass DU mich am Gewissen hast!"

Völlig durchnässt, aber lebendig kamen wir im Laufschritt zurück zu unserem Ausgangspunkt, dem Gasthof Bodenbauer.

Der Rückweg hinaus ins Tal war allerdings versperrt. Die Straße im Bereich der sogenannten Karlschütt glich einem Wildbach. Undurchfahrbar meinte die Feuerwehr. Nachdem bei Einbruch der Dunkelheit die Feuerwehr weg war und die behördliche Sperre ordnungsgemäß verhängt wurde, blieben uns somit nur noch zwei Möglichkeiten.

Die erste wäre es gewesen, beim Bodenbauer über Nacht zu bleiben und auf die Straßenreparatur am nächsten Tag zu warten. Wir aber nahmen die zweite. Die Unerlaubte. Klammheimlich wateten wir wie zwei Lausbuben barfuß durch den reißenden Bach und sondierten einen möglichen Fahrweg. Immerhin hatte mein Partner einen höhergestellten Allradbus.

Fred war tags darauf pünktlich in Wien bei seiner Arbeit. Ich fuhr am Vormittag ins nächste Bergsportgeschäft und kaufte ein Paar Kletterschuhe. Größe 44. Für Fred. Immerhin hatte ich ja einen von seinen in der nassen Stangenwand verloren, während einer der meinen zuhause im trockenen Keller gelegen hatte.

INFO

Hochschwab / Stangenwand, *Made in Styria*

Eine der längsten Hochschwabrouten durch den höchsten, allerdings auch etwas gegliederten Wandbereich der Stangenwand, eine Mischung aus Alpin- und Sportkletterroute!

Einige SL weisen sehr schönen, zerfressenen Fels und wunderschöne Kletterei auf, viele andere SL sind jedoch ganz klar Alpinkletterei, mit allem, was so dazugehört.

Die Felsqualität ist wie erwähnt manchmal sehr gut, oft aber auch nicht ganz fest, die Absicherung in den schwierigen Passagen sehr gut mit BH, tw. aber auch mittels Normalhaken und mit Klemmgeräten!

Die Standplätze sind alle mit 2 BH ausgestattet.

Schwierigkeit: 8 (eine knallharte, splittrige Einzelstelle - wird kaum frei geklettert), 7+ (eine Stelle), mehrere Stellen 6+ und 7-, meist jedoch zwischen 5- und 6-, aber auch leichter und einige kurze Schrofenpassagen.

Ausrüstung / Material: 50-m-Einfachseil, 10 Expr., ein Satz Stopper u. ein Satz Friends bis Nr. 3.

Erstbegeher: P. Pesendorfer u. F. Schabelreiter, 1997.

Zustieg: Vom Alpengasthof Bodenbauer in Richtung Hochschwab und Trawiesalm unter die überhängenden Hundswände und in einer Kehre über die folgende Steilstufe. Wenige Min. danach führt der Weg über eine Lichtung. Kurz nachdem der Wanderweg wieder den Wald erreicht hat, zweigt links (Steinmann) ein kleiner Steig vom Hauptweg ab, welcher links haltend zu den untersten Ausläufern des Rauchtals führt. Im Geröllkar so hoch wie möglich aufsteigen und dann nach rechts zum Wandfuß der Stangenwand-SW-Wand queren. 2-2,5 Std. / 900 Hm.

Abstieg: Abseilen über die Route ist nicht anzuraten! Der Abstieg erfolgt weglos über das Plateau Richtung N, bis man nach links ins Rauchtal absteigen kann. Dieses über Geröll abwärts und weiterer Abstieg wie Zustieg. 2,5 Std.

Literatur: Sportklettern Österreich Ost (1. Aufl., Schall-Verlag 2003, 352 Seiten, www.schall-verlag.at)

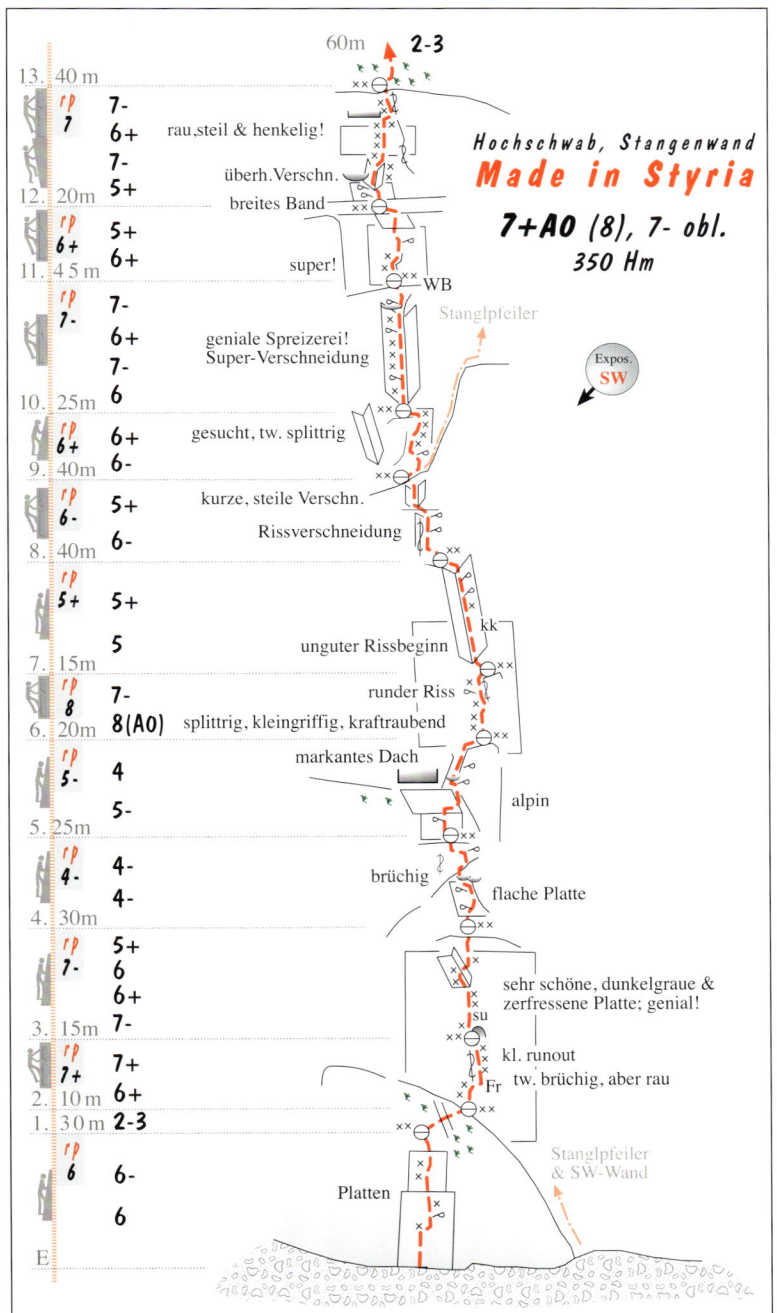

20 Jahre später

Juni 2017. Carl Michael Belcredi befand sich mittlerweile im wohlverdienten Ruhestand. Die Digitalisierung hatte im Bergsport Einzug gehalten. Selbst Hobbybergsteiger, wie ich es bin, nutzten professionelle, kostenlose und dabei auch noch höchst zuverlässige Wetterinformationssysteme.

Der moderne Bergsteiger nutzte in der digitalen Welt „WhatsApp", um seine „after work climbs" zu organisieren. So wie Angelika (AM) und ich (PP). Unsere Arbeitsplätze lagen 15 Kilometer voneinander entfernt. Wir wechseln in den Digitalmodus:

AM: *„Heut is Dienstag. Gemma after work klettern? Wo glaubst geht's? Wenn i aus dem Fenster schau, schauts mau aus."*

PP: *„Ok. Ich hab' grad Wetter gecheckt. In der Steiermark kommt ab Mittag Regen. Aber Höllental und Hohe Wand bleiben wahrscheinlich trocken. Fahren wir ins Höllental?"*

AM: *„Ja super! Treffpunkt PP vor deiner Firma. 15.30. Du suchst die Tour aus und schickst mir Topo und kurze Planung bitte? Danke ☺."*

PP: *„Planung fertig. Wir gehen „Durststrecke" in der Stadelwand. Abfahrt 14.30. Parkplatz Stadelwandgraben 15.15. Einstieg (flott gehen nötig) 16.30. Ausstieg 20.00. Abseilen nicht nötig. Rückankunft Auto: 21.30. Stirnlampe sicherheitshalber mitnehmen. Und bitte, wenn's leicht geht: Pünktlich sein!"*

AM: *„Danke! Topos druck ich aus und nehm ich mit. Bier auch. Pünktlich: I will try my very best!"*

PP: ☺

AM: ☺

Unpünktlich wie immer kam Angelika um 15 Minuten zu spät zum vereinbarten Treffpunkt. Diese 15 Minuten hatte ich aber ohnehin aus Erfahrung schon einkalkuliert. Die Stadelwand ist DAS Paradeklettergebiet am Schneeberg. Südseitig ausgerichtet. Manche Routen erreichen Längen bis zu 600 Klettermeter. Viele Routen durchziehen die schönen Plattenfluchten.

Pünktlich um 15.15 Uhr erreichten wir den geplanten Ausgangspunkt. Der dortige Parkplatz bietet Platz für etwa 15 Fahrzeuge und ist an schönen Wochenenden stets mehr als nur prall gefüllt. An diesem Tag stand nur ein einziges Fahrzeug einsam und allein am Parkplatz.

„Schau Peter, nur ein Auto. Laut Kennzeichen ein Burgenländer. Ein Flachländer. I glaub', des is a Wanderer."

„Jo Angelika. I glaub' die Dichte an kletternden Burgenländern is sehr niedrig. I glaub' auch. Wird sicher a Wanderer sein. Vielleicht ein Weinbauer."

Kurz darauf starteten wir flotten Schrittes hinein in den sommerlichen Stadelwandgraben. Eine gute Stunde später standen wir verschwitzt am Einstieg unserer geplanten Route. Wir lagen gut in der Zeit. Das Herrichten zum Klettern begann bei uns stets mit einem, für Außenstehende komischen, Ritual.

Denn beide nahmen wir unsere Rucksäcke ab, öffneten diese, drehten sie um und leerten danach den gesamten Inhalt einfach aus. Genies durchblicken nun mal jedes Chaos.

Angelika begann die Seile herzurichten, während ich mich bereits aufwärmte, da die erste Seillänge schon knackig werden würde. Alles war wie immer. Die Seile lagen sauber bereit.

Angelika schlüpfte in ihren Gurt und setzte sich den Helm auf. Ich wühlte im Chaos und stellte etwas fest, das mir peinlich war. Sehr peinlich sogar!

„Angelika…ähm…du…ähm…du magst mich schon, gell?"

„Jo sicher, Peter. Zah an, heut werden wir lässige Längen im weichen Abendlicht klettern!"

„Angelika…ähm…du…schimpf ned bitte, weil…ähm…ich hab' meinen Klettergurt vergessen…"

„Geh ned echt…i könnt alles nachsteigen und mir einen Notfallsgurt aus den Dynema-Schlingen basteln, und du steigst mit meinem Gurt alles vor. Was meinst?"

„Du, das Gelände ist dafür fast zu steil und die Kletterei zu schwer…also lass mich überlegen…"

In diesem Moment vernahmen wir Stimmen. Und wir hörten klar und deutlich, wie jemand am tiefer gelegenen Schottersteiglein abwärts ging. Wir sahen Umrisse von zwei Personen.

Peter in der 8. SL der Route *Durststrecke*

„...ich lauf jetzt mit Vollgas zu denen runter! Denn wenn die klettern waren, dann borgt mir einer von ihnen sicherlich seinen Gurt und wir zwei können relaxt die geplante Route klettern. Ok?"

„Peter, draußen steht nur ein Auto außer unserem. Der Burgenländer. Der Weinbauer. Auch du hast gesagt, dass das sicher kein Kletterer ist."

„Egal, ich probier's. Wo ein Peserl, da ein Weg!"

Und schon begann ich im Laufschritt den beiden nachzueilen. Und ich rief ihnen lauthals nach.

„Hallo! Stehenbleiben! Hilfe! Hilfe!", und das mehrmals. Schließlich warteten die beiden auf mich.

„Was ist passiert, weil du so laut um Hilfe gerufen hast???"

„Ja das is jetzt gar nicht so leicht zu erklären. Da muss ich zuerst wissen, ob ihr klettern wart. Warts klettern?"

„Ja. Aber bitte, was is passiert? A Unglück? Brauchen wir einen Hubschrauber? Einen Notarzt?"

„Nein, ganz so schlimm ist es nicht. Wisst ihr, ich bin mit meiner Kletterpartnerin da, und ich hab leider meinen Klettergurt daheim vergessen. Und mit einem Behelfsgurt ist uns das zu gefährlich. Wäre es bitte möglich, dass mir einer von euch seinen Gurt jetzt borgt? Ich werde den morgen Früh ganz verlässlich mit der Post zurückschicken. Und natürlich a gute Flasche Rotwein dazugeben. Als kleines Dankeschön!"

Die beiden waren zunächst in erster Linie sehr froh darüber, dass kein medizinischer Notfall vorlag. Natürlich fragten sie danach, wer ich denn überhaupt sei, und wer meine Partnerin ist, und welche Route wir gehen würden. Kurzum, sie checkten ab, ob sie es nicht doch eventuell mit einem Irren zu tun hatten.

Herrliche Platten- und Wandkletterei in der 5. SL der *Durststrecke*

Die Stadelwand mit der eingezeichneten Route *Durststrecke*

Interessanterweise sagten ihnen tatsächlich unsere Namen, beziehungsweise unsere Erstbegehungen im Grazer Bergland etwas. Und erfreulicherweise nahm einer der beiden seinen Rucksack ab und kramte darin seinen Klettergurt hervor. Er war bereit, ihn mir zu borgen. Ich probierte ihn an. Er passte super. Neu war er obendrein auch noch. Und viel schöner als meiner.

„Du, Peter, wie komme ich nun wieder zu meinem Gurt? Weil ich bin Winzer und ich wohn im Burgenland, und du in der Steiermark. Und bitte schick mir keinen Burgenlandler Rotwein. Gach wäre es mein eigener. Wie machen wir das?"

„Ganz einfach. Du sagst mir Namen und Adresse und morgen Früh geht ein Paket per Post ab zu dir! Darauf kannst du dich zu 100 Prozent verlassen!"

„Sei mir jetzt bitte nicht böse. Aber du gehst klettern ohne Klettergurt, weilst deinen daheim vergessen hast. Ich glaub', es ist besser, ich schreib' dir alles auf einen Zettel und den steck ich dir hinter einen Scheibenwischer bei deinem Auto. Weil ganz so sicher bin ich mir bei dir nicht, dass du dir meine Adresse auch sicher merkst."

„Wah, super, vielen Dank! So machen wir es! Wir stehen draußen neben euch. Schwarzer BMW. Brucker Kennzeichen."

Ich bedankte mich mehrmals und verabschiedete mich von den beiden. Im Laufschritt eilte ich danach mit meinem neuen, ultracoolen Klettergurt hoch zu Angelika. Wie ein Pfau baute ich mich vor ihr auf. Wie am Catwalk stolzierte ich zum Seil und band mich ein. Ungläubig betrachtete sie mich in meinem Outfit.

„Das gibt's ja gar nicht, was ich da sehe! Da sind wir wochentags fast allein am Berg. Nur noch ein Flachländer außer uns. Die Wahrscheinlichkeit, dass der genau zu der Zeit an uns vorbei geht, wenn du feststellst, dass du was vergessen hast, die ist fast bei Null. Dann ist der Flachländer auch noch ein Kletterer, was noch viel unwahrscheinlicher ist. Und dass der dir dann wirklich seinen Gurt borgt, ist eigentlich …absolut unglaublich."

Die folgende Kletterei gelang uns gut. Im coolen, nagelneuen Gurt war die Kletterei sehr genussvoll. Sogar unseren Zeitplan konnten wir einhalten.

Im Licht der untergehenden Sonne saßen wir später gemütlich am Ufer der Schwarza und sinnierten über Glück und das Leben. Über Zufälle und Wendungen. Über Kreuzungen und Entscheidungen.

Darüber, dass man mit freundlichen Worten und höflichen Bitten selten auf Ablehnung stößt. Und dass „Bergkameradschaft" eben viel mehr ist als nur ein Wort.

INFO

Schneeberg / Stadelwand, *Durststrecke*

Die *Durststrecke* ist die längste Tour in der Stadelwand und führt fast vom tiefsten Wandpunkt bis zum höchsten Punkt. Die Route wurde von Otto Sanz und Freunden komplett saniert u. der Routenverlauf tw. wesentlich verbessert, wodurch sich die *Durststrecke* jetzt als sehr lohnendes Genuss-Sportkletter-Highlight für alpin versierte Kletterer präsentiert!

Die Absicherung mit BH ist gut bis sehr gut, aber nicht übersichert und mit vielen zwingenden Passagen im 6. und unteren 7. Grad. Der Fels ist großteils hervorragend, an manchen Stellen aber nicht ganz zuverlässig. Eine gelungene, großartige Revitalisierung dieses Klassikers, welcher sich nun bei den Top-Routen des Gebietes einreihen kann!

Schwierigkeit: Ziemlich konstant zw. 5 und 6+, einige Stellen 7- und 7 (7- obl.).

Ausrüstung / Material: 60(!)-m-Einfachseil (wg. vorletzter SL), 11 Expr., 2 Bandschlingen, KK nicht notwendig.

Erstbegeher: O. Sanz, F. Sommer, Th. Neuwirth, 1986 von unten; saniert O. Sanz u. Gef. 2007-2008

Zustieg: Im Stadelwandgraben ca. 45 Min. den Wanderweg aufwärts zum Beginn der dritten von links herabziehenden großen Schuttrinne. Hier inks entlang der deutlichen Steigspuren (Steinmann) über Geröll ca. 50 Hm zum Wandfuß der Stadelwand aufsteigen (markanter Baum - Bergahorn - rechts davon eine ausgebrochne Gedenktafel) u. noch ca. 50 m rechts dem Geröllsteiglein bergauf folgen zu einer markanten Baumgruppe. Der 1. Stand befindet sich bei einem BH knapp oberhalb des Geröllfeldes. 1 Std. / 330 Hm.

Abstieg: Ausstieg am *Stadelwandgrat*, nahe des höchsten Punktes der Stadelwand u. in wenigen Min. zur *Märchenwiese* mit der Jagdhütte. Knapp unterhalb beginnt im Wald ein Steig, der zum Stadelwandgraben hinabführt. 1,5 Std.

Literatur: Genuss-Kletteratlas Niederösterreich (2. Aufl., Schall-Verlag 2012, 368 Seiten, www.schall-verlag.at)

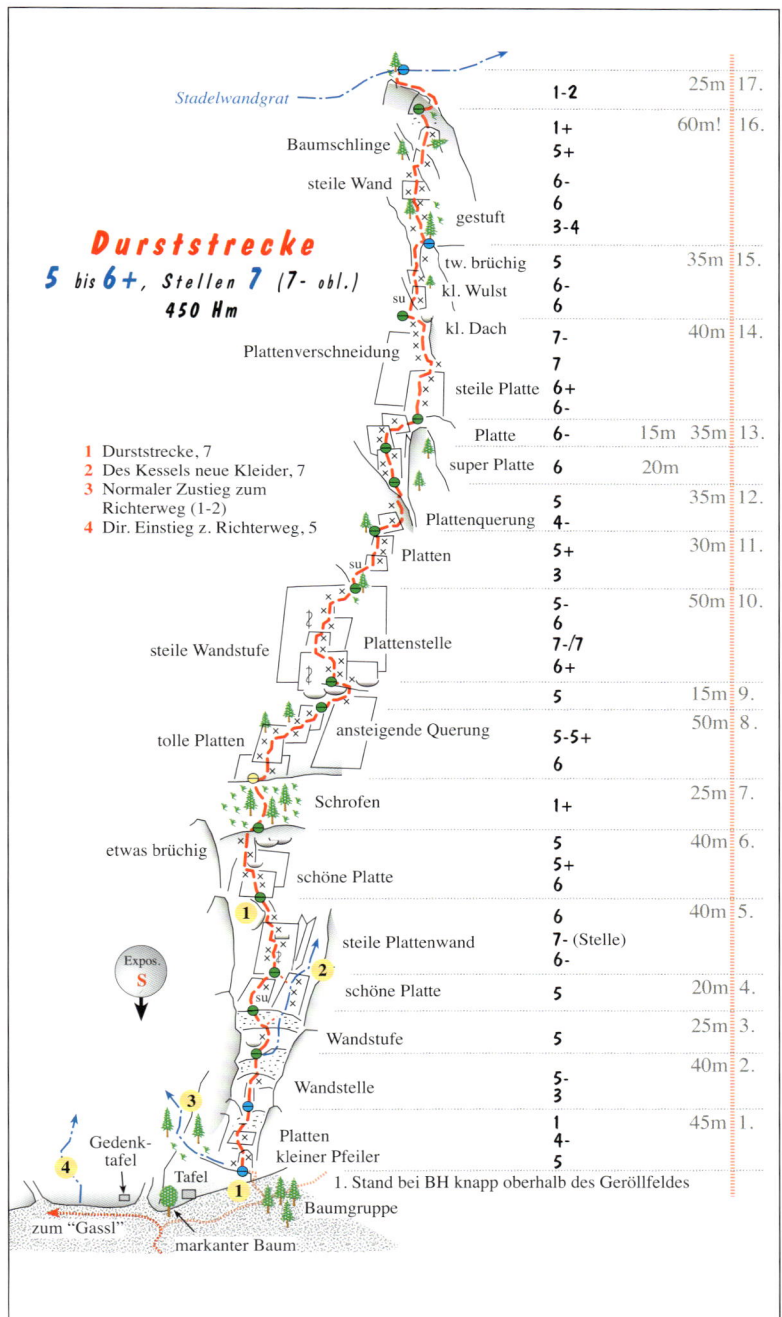

Epilog

Im Herbst 2019 passierte es wieder. Ich stand tatsächlich erneut an einem Einstieg zu einer Klettertour…und wieder war kein Gurt dabei. So sehr ich auch in meinem Rucksack kramte, kein Gurt war zu finden. Rüdiger war mit von der Partie und seine Worte hörte ich wohl: *„Du Chaot, du Vergissmeinnicht, du Schlampatatsch! Du Hirscherl du!"*

Nun konnte und wollte ich mir keine Blöße geben und somit zeigte ich dem Co-Autor des Grazer-Bergland-Kletterführers, was einen wahren Alpinisten ausmacht.

Kreativität in Kombination mit Können und einer guten Portion Selbstvertrauen. Mit einigen Dynema-Schlingen bastelte ich mir einen Reichenauer Notsitz. Und in schöner Wechselführung absolvierten wir die nun folgende Kletterei. Tage später schaute mein älterer Sohn kurz zuhause vorbei.

„Papa, wir fahren nach Arco klettern. Darf i mir a bissi was ausm Keller holen von deinem Material? Ein oder zwei Seile, Friends und so Zeugs. Gurte auch bitte."

All das kann natürlich nie und nimmer als Ausrede durchgehen. Aber im Chaos die völlige Übersicht zu behalten, fällt einfach schwer. Als ich diese Geschichte im Juli 2020 niederschrieb, unterbrach ich den Text nach der Begebenheit an der Stangenwand. Also nach dem Teil mit dem vergessenen Schuh. Ich musste aufhören zu schreiben, da ich mit Rüdiger zum Klettern verabredet war. Wir trafen uns in Kapfenberg, um mit einem Auto gemeinsam nachher zum Bodenbauer zu fahren und an den *Feinspitzplatten* im Hochschwab zu klettern. Es war ein schöner Tag. Wolkenlos und windstill. Rüdiger war nach dem schweißtreibendem Zustieg schon fast einstiegsbereit, als ich mich genötigt sah, folgenden Satz zu sagen:

„Rüdiger…ähm….du….ähm…du magst mich schon, gell?"

Und irgendwie kam mir das alles dummerweise sehr bekannt vor.

„Jo sicher, Peter. Zah an, heut werden wir lässige Längen in der Nachmittagssonne klettern!"

„Rüdiger…ähm…schimpf ned bitte, weil…ähm….ich hab'…"

Moderner Dynema-Reichenauergurt in freier Wildbahn an den *Feinspitzplatten*

Und schon wieder bastelte ich mir einen Reichenauer Notsitz. Aus dünnen Bandschlingen. Rüdiger schimpfte wie ein Rohrspatz.

„Sonnencreme hat der Herr mit. Sonnenbrille hat der Herr mit. A frisches rotes kurzes Hoserl hat der Herr mit. Und a frisches Leiberl hat der Herr mit. Aber sein Hirnkastl hat er im Mürztal vergessen. Zusammen mit einem seiner fünf Gurte in seinem chaotischen Kletterraum im unaufgeräumten Keller! Hirscherl! Klopfer! Aber eines sag' ich dir: Wir gehen heute alle Routen da. Und alle in Wechselführung. Und wennst jammerst, kannst vom Bodenbauer aus zu Fuß heimgehen!"

Und so kletterten wir. Route um Route. In Wechselführung. Sturzverbot war sowieso gegeben, denn mit diesen dünnen Schnüren mochte selbst ich mir das alles, im Falle eines Falles, nicht vorstellen.

„Tut's beim Abseilen wenigstens weh, Peter?"

Natürlich tat es weh und es war absolut unangenehm an jenem Tag. Also entgegnete ich grundehrlich: *„Awa geh. Da tut gar nix weh. In Wahrheit ist es a Überlegung wert, für lange Touren sowieso auf Notsitz umzubauen, hinsichtlich Zustiegsgewichtsoptimierung!"*

16 Abseilfahrten insgesamt führten wir durch. Am nächsten Morgen betrachtete mich Doris, als ich aus der Dusche kam. Lauter rote dünne Striemen überzogen meine Beine und meine Hüften, und sogar mein Hintern sah aus, als ob da jemand seine Rute ausprobiert hätte.

„Soso. Feinspitzmäßig wart ihr zwei Helden gestern also unterwegs. Habt ihr dort oben a Route nicht „Genussknecht" getauft?"

„Ja, Doris, des haben wir. Das Leben eines Genussknechtes is eben was für Feinspitze, wie wir es eben sind!"

„Pezi, Pezi. I hoff' nur, dass der ‚Rü' und du, ihr zwei Lausbuben, gestern wirklich nur jugendfreie Sachen g'macht habts!?!"

Der Klappspaten

"Feinputz" anno 2021 in der Route *Klondike* im Grazer Bergland

Das Grazer Bergland war das erste große Gebiet innerhalb Österreichs, wo lange Kletterrouten systematisch geputzt und sauber eingerichtet wurden. Franz Horich war tatsächlich der erste Kletterer, der mit Gartenwerkzeugen und Brecheisen in die Wände zog. Er war DER Pionier des Grazer Berglands.
Ach, wie liebte ich all seine Touren. Es war stets ein herrliches, beschwingtes Steigen. Immer wussten wir, wo der nächste Haken sein würde. Kurzum, es war das Topgebiet in Österreich.
Genuss pur, und doch auch abwechslungsreich. Es gab lange wie kurze Routen. Harte wie leichte Routen. Wild abgesicherte und gut eingerichtete. Franz aber hatte die meisten Fans und er scharte bald eine illustre Gemeinschaft an Gleichgesinnten um sich.
Jeder dieser Jungs hatte zwar seinen eigenen Stil. Aber allen war klar, Routen müssen sauber geputzt werden. Befreit von Graspölstern, Erde und losem Gestein. All das war mir seinerzeit als junger Kletterer gar nicht so bewusst. Woher auch?
Ich dachte, das ist doch super, die Jungs hier finden tolle Linien in schönem Fels, ohne jeden Bruch und ohne Bewuchs.
Wieviel Arbeit da allerdings dahinter steckte, bis man diese Routen so genussvoll begehen konnte, das ahnte ich damals noch nicht einmal im Entferntesten!
Ich selbst hatte im Hochschwab schon einige Routen eröffnen können. Und ich war der Meinung, dass ich dort auch geputzt hätte. Also darunter verstand ich damals eben, dass man das eine oder andere lockere Felsteilchen zu Tal beförderte, wenn es einem im Weg stand. Oder hin und wieder ein Loch mit dem Hammer säuberte, wenn es darin Erde gab. Das verstand ich damals unter „Putzen". Und selbst das war mir irgendwie zuwider. Ich mochte das einfach nicht.
Nachdem es im Grazer Bergland so viele tolle Felsen gab, versuchte schließlich auch ich mich dort als Erstbeher.
Meine erste Route wurde das *Brunntalparadies*. Brav begann ich diese von unten zu eröffnen. Ich verheizte dabei zwar mehrere Seilpartner, aber das war mir ziemlich egal. Ich hatte die ersten völlig unbewachsenen und kompakten dreieinhalb Seillängen schon hinter mir. Die Wand ober mir legte sich zurück. Es war klar, das Schwerste war vorüber. Denkste! Denn tatsächlich scheiterte ich im bewachsenen Bereich. Überall Graspolster. Schmierig war es. Dreckig. Alles war irgendwie grün.
Ich hatte absolut keinen Plan, wie ich durch dieses Labyrinth aus Graspolstern weiter raufklettern sollte. Ich sah keinen Weg. So grün wie die Wand war, so grün war ich damals noch hinter meinen Ohren, wenn's ums Erschließen im Grazer Bergland ging.
„Peter, bitte sei ned deppert und mach' den Rest von oben! Da kannst relaxt putzen und die Linie wird was! Was glaubst, wie zum Beispiel nahezu alle Routen in der Roten Wand und am Röthelstein gemacht wurden? Von oben in harter, mehrtägiger Arbeit!", hörte ich Kletterfreunde sagen.
All das vernahm ich damals aber ganz und gar nicht gerne.
Vor allem der Beisatz „in harter, mehrtägiger Arbeit!" störte mich enorm.
Wenig später traf ich Franz Horich, die lebende Legende am Parkplatz der Roten Wand. Er war mit seinem Moped, wie üblich von Graz aus, ins Bergland gefahren. Wir tratschten lange. Redeten über Gott und die Welt. Über seine Routen und natürlich kamen wir wie immer auch ins Gespräch über den Hochschwab. Und über den Lindner Rudi. Franz ging an jenem Tag eine seiner Routen putzen. Er hatte eine blaue Arbeitsmontur an und zeigte mir seine Arbeitsgeräte. Risssäge, Gartenheindl, kleine Schaufel, Baumsäge, Brecheisen, Hammer, Alpinpickel.
Sein Anblick erinnerte mich an unseren Opa, wenn er sich nicht sicher gewesen war, ob er zur Holzarbeit oder doch zur Feldarbeit ausrücken sollte.
Diese Begegnung in Kombination mit den Aussagen meiner Kletterfreunde überzeugte mich. Den Rest der Route richtete ich tatsächlich von oben her ein. Ich gab mich wohl oder übel geschlagen. Der Bewuchs hatte gesiegt. Eins zu Null.
Die Jahre vergingen. Meine Aktivitäten blieben. Ich erschloss weitere Routen. Auch im Grazer Bergland.
Im Jahr 2011 eröffneten Max Ostermayer und ich an der Roten Wand die Route *Chefpartie*. Es war dies unsere erste gemein-

Wintertage sind „Putztage" im Grazer Bergland

Max Ostermayer beim Erschließen der *Chefpartie*

same Neutour. Max hatte damals bereits enorme Erfahrung im Erschließen und Sanieren von Routen im Grazer Bergland.
Er war überdies einer der letzten Seil- und Erstbegehungspartner von Franz Horich. Max würde somit für mich der „Meister" und ich sein Lehrbub sein. Irgendwie war ich richtig neugierig, wie es wohl Meister Ostermayer angehen würde. Rein klettertechnisch war ich zwar der Stärkere, doch das zählte dort in Wahrheit nicht. Und tatsächlich, in dieser Route zeigte mir der Meister, wie es ging.

Natürlich mussten wir im Winter, und selbst dann bei meist schlechtem Wetter, an die Arbeit gehen, denn in der Roten Wand war sonst immer wer unterwegs. Und beim Putzen flogen schon mal die Fetzen. Oder besser gesagt, Grassoden und Steine. Und wir wollten ja auch niemanden erschlagen.

Am ersten Tag richteten wir von oben abseilend alle Standplätze ein. Während mir Ausstiegspfeiler und Einstiegsplatte logisch erschienen, fehlte mir die Logik für den Mittelteil.

Die unteren Standplätze bohrten wir schon im Schein der Stirnlampen ein. Wir hatten unseren Spaß. Wir waren laut. Wir waren wie Kinder. Aber wenn ich später über den Mittelteil nachdachte, so fehlte mir jedweder Zugang, wie da eine vernünftige Klettertour möglich sein sollte. Ich sah zuviel Wiese, Gras, Bäume. Kaum zusammenhängenden Fels.

„Wirst sehen, Peserl, das wird super!", hörte ich den Prophet sagen.
Und ich vertraute ihm.
Aber ich hatte ehrlich gesagt keine Ahnung davon, was mir noch alles bevorstehen würde.

Max beim Abseilen am Ende eines langen Erstbegehungstages

Während des zweiten Arbeitstages planten wir in jeder Seillänge erste Richtungsbohrhaken zu setzen, um einerseits besser putzen zu können und um andererseits die Linie zu verfeinern. „Erster Grobputz", so nannte Max das. Ich kannte Grobputz und Feinputz bislang nur vom Hausbau. Was er damit genau meinte, war mir noch nicht so ganz klar. Wir starteten also erneut von oben. Und das natürlich im Parallel-Synchron-Abseilverfahren. Das war einfach kurzweiliger und effektiver, da beide gemeinsam ans Werk gehen konnten.
Es wurde gescherzt und gelacht. Erste kleine Grashalme flogen. Jeder hatte einen Putzpickel mit. Ich noch einen Hammer. Max hatte ganz oben bereits einige kleine Bäumchen rausgesägt. Er hatte eine Klappsäge mit. Klappsäge beim Klettern! So was hatte ich zuvor auch noch nie gesehen! Aber all das im steilen Ausstiegspfeiler war noch absolut harmlos. Die nächste Abseilstelle folgte. Nebeneinander fuhren wir ab.

„Max, do is ka Fels, nur senkrechte Wiese! Wie soll das gehen? Da fehlen fünf Meter bis zum nächsten Felsen."

„Peserl, da is ganz sicher super Fels unter dem Bewuchs. Den legen wir jetzt frei!"

„Max, äh…wie jetzt…i bin kein Bagger und i hab' auch keinen ICB im Rucksack und du auch nicht! Und mit unseren Putzpickeln brauchen wir für die nächsten fünf Meter sicher einen ganzen Tag!"

„Kennst du den Film ‚Der Schuh des Manitu'? Da wo die Schoschonen so schön wohnen?
Die Schoschonen haben

Max alias *Mr. Black Spindrift* beim hemmungslosen Zuputzen meiner neuen Seile

den Klappstuhl ausgegraben. Und Indianerhäuptling Ostermayer holt jetzt aus seinem Rucksack den Klappspaten heraus! Hugh - Ostermayer haben gesprochen!"

Max kramte in seinem Rucksack herum, und das, was ich dann sah, raubte mir die Sprache. Er hatte tatsächlich einen großen Klappspaten mit. Ich war mir sicher, einen Wahnsinnigen am anderen Seilstrang hängen zu haben. Max legte los. Wie ein Bagger. Wie ein ICB.

Gnadenlos putzte er mein neues Doppelseil zu. Erdbewegung vertikal. Kubikmeterweise. Beide hatten wir Arbeitshandschuhe an. Und die brauchten wir. Max grub und dann zog er mit Leibeskräften an großen Graspölstern und schwuppdiwupp - weg waren sie. Mit einem spitzbübischen Lächeln warf er die riesigen Teile talwärts. Ich beteiligte mich mit meinem Putzpickel.

Wir putzen parallel. Er der ICB, ich der Spielzeugbagger.

Das war so was von anstrengend, aber tatsächlich befand sich unterhalb der Erdauflage herrlich kletterfreundlicher Fels. Am nächsten Stand angekommen, mussten wir zunächst unsere Seile freilegen, denn die waren verschüttet.

Verursacht durch den Ostermayerschen ICB.

„Max, wir ziehen das rote Seil ab!"

„Das Rote? Welches von den zwei Schwarzen is jetzt das Rote?"

Ich lernte immer mehr dazu. Ganz wichtig war es, sich niemals beim Parallel-Synchron-Abseilen unterhalb von Häuptling Ostermayer aufzuhalten. Denn das war definitiv der schlechteste Ort im ganzen Grazer Bergland, um sauber zu bleiben.

Selbst der Katze graut es beim Anblick der verdreckten Seile

Am Tag nach einer Putzaktion waren wir beide stets so fertig, dass wir nicht einmal die Computermaus mehr sicher bedienen konnten. Der Dreck unter den Fingernägeln erinnerte uns selbst nach größten Körperreinigungsaktionen noch tagelang an den jeweiligen letzten Putzeinsatz. Wir zerrten gemeinsam an Graspölstern, kämpften mit den lästigen Weißwurzen und schwitzten in jeder Seillänge weit mehr, als ich es mir jemals zuvor hatte vorstellen können.

Am Ende eines Arbeitstages sahen wir aus wie kleine Erdmännchen. Von oben bis unten dreckig. Staub bis in die Unterhosen. Selbst nach dreimaligem Schnäuzen waren die Taschentücher noch immer schwarz vor lauter Erde. Meister Ostermayer hatte mir tatsächlich gezeigt, wo „der Bartl den Most holt".

Letztendlich waren noch mehrere, stets aber absolut lustige Arbeitstage nötig, ehe wir genussvoll die erste saubere Begehung unserer Neutour machen konnten. Im Frühling übergaben wir das Werk schließlich der Allgemeinheit zum Klettern.

Zunächst guten Freunden und die freuten sich alle über die *Chefpartie*. Sogar manche uns bislang unbekannte Kletterer bedankten sich schriftlich bei uns für die Route und die tolle Arbeit. Doch es gab auch andere. Ein Wiederholer fühlte sich bemüßigt, uns eine E-Mail zukommen zu lassen, in dem er über seine Wiederholung berichtete.

Und er schimpfte wie ein Rohrspatz, nannte uns Lehrbuben und Lausbuben. Aber das immerhin in einem Gesamtpamphlet von 1600 Wörtern.

„Max, was sagst zu so einem Dodl?"

„Peda, dem sei Nachstiegspuppi hat Angst g'habt und wer is bei sowas schuld? Natürlich ned der Heini, weil er a zu schwere Tour für sei Puppi ausg'sucht hat, sondern immer die Erstbegeher. That's Grazer-Bergland-Style!"

Tatsächlich. Es schien so, als ob die Kletterkonsumenten bestimmen wollten, was sie wie zu bekommen hätten.

„In der sechsten Seillänge ist der zweite Haken um 30 cm zu hoch gesetzt und im Quergang der siebenten Seillänge gehört noch einer dazugesetzt! Und eure Standplätze sind alle viel zu eng eingerichtet!"

Und so kam es, dass wir beschlossen, lieber wieder selbst genussvoll klettern zu gehen, als solch enorme Arbeiten auf uns zu nehmen, um uns danach auch noch beschimpfen zu lassen.

„Peter, wir graben den Klappspaten wieder ein. Wo die Schoschonen so schön wohnen, soll er auf ewige Zeiten ruhen. Das war meine letzte Mission im Grazer Bergland! Hugh. Häuptling Ostermayer haben gesprochen!"

„Winnetouch Peserl alias Old Schepferhand geben dem Häuptling der Grazer-Bergland-Apachen Recht! Klappspaten eingraben. Es soll herrschen Ruhe im Lande unserer Ahnen! Hugh. Old Schepferhand haben gesprochen! Wir machen nur noch Routen außerhalb vom Grazer Bergland."

An Spaß hat es uns beiden nie gefehlt. Der Schmäh war stets unser bester Freund und Wegbegleiter. Der Sommer kam und Max und ich kletterten im Granit. Und im Herbst genossen wir den Hochkönigkalk. Auf der Schneealm erschlossen wir in völliger Einsamkeit mehrere wunderschöne Routen. Ich sagte zwar stets „ohne Putzarbeit", aber Max konnte selbst auf der Schneealm nicht aus seiner Haut heraus.

„Max, der Grassoden stört doch ned, der is weit außerhalb der Kletterlinie."

„Peserl, der stört die Optik. Du kannst eh wegschauen, wenn ich mich um ihn kümmere!"

Sehnsüchtig warteten wir im Herbst schon auf den Schnee. Die Tourenschi standen fertig aufgefellt parat.

Doch Anfang Dezember ließ der ersehnte Schnee immer noch auf sich warten. Und die Prognosen deuteten tatsächlich auf einen Dezember ohne Schnee hin! Und da saßen wir nun. Max und ich. Wir hielten Kriegsrat. Lauter Schitourenziele hatten wir am Radar, doch es fehlte am weißen Gold.

„Peter, was hältst von Finale Ligure?"

„Na, ned schon wieder, Max!"

„A Gaude war's schon, die brutale Arbeit in unserer ‚Chefpartie', gell?"

„Jo total, aber sowas von fertig, wie wir jedes Mal waren!"

„Peter, hast du ned gsagt, du hättest a gute Idee für a Neutour neben deinem „Schwobnblick", wo weniger zum Putzen wäre? Das wär ja sowas wie a Winterbaustelle für uns beide. Wir zwei Lausbuben und Originale wieder beim Vertikalgarteneinsatz!"

„Jo Max, eigentlich warum nicht? Wir zwei, spielen wir wieder Dienstmänner für die Konsumenten im Grazer Bergland. So wie einst Hans Moser und Paul Hörbiger in dem Film - wie hat der nur geheißen?"

„Hallo Dienstmann! So hat der Film geheißen!! Peter, graben wir den Klappspaten wieder aus???? Weil…wie vielen Leuten haben unsere Routen gefallen? Wie viele Leute hatten eine schöne Zeit in ihnen? Verbrachten einen schönen Tag in unseren Routen? Viele! Lassen wir doch den einen oder anderen Neider schimpfen und hören wir gar nicht hin. Die Kletterer, und zwar die, die klettern und ned schimpfen wollen, die werden's uns danken."

„Jo Max! Also du hast schon Recht. Das Neidhanselbarometer gibt's eben wirklich. Sogar da Viktor Frankl hat mal zum Albert Precht gesagt: ‚Mögen Ihnen die Neider nie ausgehen, denn die Neider bestärken Sie in Wahrheit nur in Ihrem Tun.' Weißt was? Auch Spaß muss sein und Leute wie wir brauchen Freigang! Wir graben den Klappspaten wieder aus! Hugh!"

Und sie fliegen wieder - die Graspölster...! Max beim Routen-Putzen auf der Schneealm

Und so begann alles wieder von vorne. Es wurde gelacht und geschwitzt. Gegraben und gebohrt. Philosophiert und gesungen. Der Winter war tatsächlich ein schlechter, aber wir waren glückselig mit unserer einsamen Winterbaustelle. Im Frühling übergaben wir den Kletterkonsumenten unsere Neutour mit dem Namen *Hallo Dienstmann* und viele weitere sollten noch folgen...

Nach harter (Putz-)Arbeit der Genuss: Max bei der Erstbegehung der Route *Chefpartie*

INFO

Grazer Bergland / Rote Wand, *Chefpartie*

Die *Chefpartie* ist eine gut bis sehr gut abgesicherte Genuss-Sportkletterroute über wunderschöne Platten und gut geputzte Wandbereiche im Nahbereich der *Waschrumpel*, mit einem eindrucksvollen Finish im 7. Grad.

Aufgrund der Nähe zur *Waschrumpel* und der verlockenden BH in der 2. u. 3. SL sind schon etliche „Waschrumpler" irrtümlich in die *Chefpartie* gelangt, was dann weiter oben zu abenteuerlichen Rückzugsaktionen geführt hat, da die Schwierigkeiten oben deutlich höher sind als in der *Waschrumpel*.

Schwierigkeit: 5 bis 7, eine Passage 7+ (6 obl.).
Ausrüstung / Material: 50-m-Einfachseil, 10 Expr.
Erstbegeher: P. Pesendorfer u. M. Ostermayer, 2011.
Zustieg: Vom Parkplatz Rote Wand der leicht ansteigenden Forststraße in Richtung Rote Wand folgen bis zur 1. Kurve im Graben. Von hier rechts auf einem steilen Waldweg im Graben gerade weiter aufsteigen und links aufwärts zu einer flachen, querenden Forststraße (hierher gelangt man auch ganz bequem auf der Forststraße in einer Kehre von Westen, die sich auch abkürzen lässt). Ein Steig führt von der gegenüberliegenden Straßenseite weiter aufwärts zum Wandfuß ("Rucksackplatzerl", tiefster Wandpunkt der Roten Wand). Von hier noch etwa 50 m entlang des Wandfußes rechts aufsteigen zum gemeinsamen Einstieg mit der *Waschrumpel*, rechts unterhalb der grauen, markanten Plattenwand (E-BH). Geradeaus aufwärts führt die Route *Chefpartie*. 40 Min. / 190 Hm.
Abstieg: Links entlang von Steigspuren abwärts, bis links ein deutliches Steiglein abzweigt, über welches man (tw. in leichter Kletterei bis 1+) wieder zum Wandfuß und zurück zum "Rucksackplatzerl" gelangt. Oder über den markierten Wanderweg zum Bucheben-Sattel und links auf der Forststr. bequem abwärts zum Parkplatz Rote Wand. 45 Min.
Literatur: Kletterführer Grazer Bergland (3. Aufl., Schall-Verlag 2021, 464 Seiten, www.schall-verlag.at).

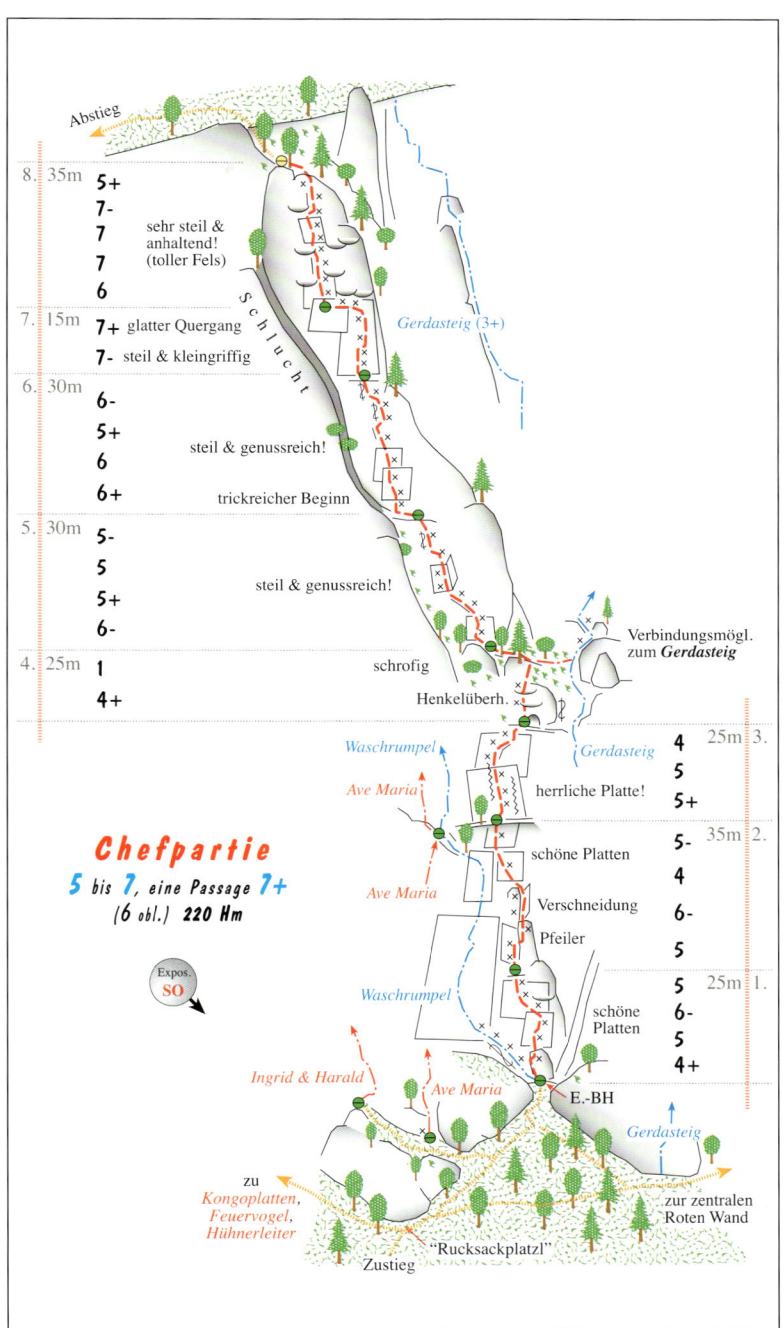

Im steilen Wandbereich der Route *Schwobnblick*

Kletter-Giro Österreich Ost

160 km und 1600 Hm werden am Rad bewältigt - mit einem Schnitt von 27 km/h - hier am Anstieg zum Preiner Gscheid

Die Idee

Ideendiebstahl geht hierzulande noch als Kavaliersdelikt durch. Es gibt kein „Copyright" auf Projekte oder Projektideen.

Hans Kammerlander und Hanspeter Eisendle hatten im Jahr 1991 ein Enchainment durchgeführt, welches mich mehr berührte als viele andere, mehr oder weniger vergleichbare Aktionen anderer Alpinisten. Sie hatten an einem Tag die Nordwände von Ortler und Großer Zinne durchstiegen. Die Strecke zwischen diesen beiden beieindruckenden Bergen hatten sie dabei am Rennrad absolviert.

Das aneinanderreihen von Routen hatte mir immer schon Spaß gemacht und Radfahren war für mich längst schon mehr geworden als nur eine kleine Abwechslung.

Lange Jahre hegte ich den Plan, die Dachl Nordwand im Gesäuse mit der Stangenwand Südostwand im Hochschwabgebirge zu kombinieren. Beide Routen mochte ich und die Strecke dazwischen wäre - mit knapp 110 Kilometern und etwas weniger als 1000 Höhenmetern - auch recht gut mit dem Rennrad möglich gewesen.

Der Reihe nach sagten mir im Laufe der Jahre all meine möglichen Partner für dieses Enchainment ab. Dem einen war die Kletterei zu schwer und dem anderen das Radfahren zu weit. Und die Lust an der Qual war wohl auch nicht jedermanns Sache.

Mit Angelika Mohr hatte ich eine leistungsstarke Kletterpartnerin, die auch am Rennrad gerne unterwegs war. Ihre Leidensfähigkeit und Projektbegeisterung hatte sie auch schon im Winter bewiesen, als wir mit dem *Südseitenquattro* vier steile Zentralkare im Hochschwab an einem Tag sowohl im Aufstieg als auch in der Abfahrt meisterten.

Für sie war die Felswelt östlich des Semmerings lange Zeit eine völlig unbekannte Größe gewesen. An meiner Seite lernte sie die Felsreviere des Höllentales und der Hohen Wand erstmals kennen. Sie erkannte sofort die Vorzüge dieser beiden Gebiete. Kurze Zustiege. Guter Fels. Gute Absicherung. Lange Routen. Aber vor allem das milde, pannonisch anmutende Klima.

Wenn es in der Steiermark nieselte, war es oftmals trocken in Niederösterreich. War es in der Steiermark zu kalt zum Klettern, so konnte man meistens noch im T-Shirt an der Hohen Wand seine Freude am Fels haben.

Der Semmering trennte nicht nur die Grüne Mark vom tiefen Osten Österreichs, nein, er war auch immer schon eine Wetterscheide.

Der „Giro"

Und da war sie wieder: Die Idee vom ostösterreichischen Genusspendant zum Südtiroler Enchainment. Allerdings plante ich um. Ein komplett neuer Plan entstand. Angelika war sofort Feuer und Flamme. Sie freute sich darauf, ihre Grenzen auszuloten. Wir hatten uns dahingehend akkordiert, dass es kein Umsetzen ohne „Wenn und Aber" geben würde.

Man könne jederzeit abbrechen. Völlig ohne Stress und Leistungsdruck gingen wir an das Projekt heran. Der neue Plan hatte allerdings auch mehr Bezug zu uns beiden. Ein Plan, mit dessen Inhalt wir uns einfach viel besser identifizieren konnten. Aber ein Plan, welcher dennoch eine echte Herausforderung für uns beide darstellen würde.

Wir nannten das Projekt „Kletter-Giro Österreich Ost".

An einem Tag wollten wir drei verschiedene Kletterrouten, in drei verschiedenen Klettergebieten, in zwei Bundesländern klettern. Und die Strecken dazwischen wollten wir am Rennrad absolvieren.

Als erste Route würde der *Schwobnblick* im Grazer Bergland am Programm stehen. Eine Route, die wir liebten und auch sehr gut kannten. Eine wahrlich schöne Tour in allerbestem Fels und ob der Anforderung des achten Schwierigkeitsgrades auch sportlich nicht zu verachten.

Danach würde die *Via Helma* im Höllental auf dem Speiseplan stehen. Diese Route bin ich in früheren Jahren mehrfach geklettert. Angelika kannte sie nicht. Aber ich würde die Tour schon finden. Und auch die Erstbeger dieser Tour waren für das Gebiet richtungsweisend.

Die Route stammt von Fredl Kapfenberger und unserem lieben

Freund Harald Braun. Somit war auch hier der persönliche Bezug durchaus gegeben.

Als dritte und letzte Tour würde die Route *Traum und Wirklichkeit* an der Hohen Wand am Programm stehen. Auch diese Route kannten wir beide gut. Sollten wir das Projekt erfolgreich abschließen können, so würde kein anderer Routenname besser zu unserem Enchainment passen als dieser.

Peter Königsberger und Alfred Riedl hatten diese Route im Jahr 2004 eröffnet. Beide prägten die Erschließung der Hohen Wand im neuen Jahrtausend. Fredl schätzte ich sehr. Wenige Tage vor seinem tödlichen Absturz im Dachsteingebiet telefonierten wir lange über meine Neutouren auf der Schneealm. Gemeinsam wollten wir diese wiederholen. Leider kam es anders und das Schicksal ereilte Fredl viel zu früh.

Knockin' on Heaven's Door lautet der Name einer meiner Routen auf der Schneealm. Diese hatte ich im Andenken an meine verunglückten Kletterkameraden und Freunde Matthias Leitner, Robert Prattes und Gottfried Rosenberger, an mehreren einsamen Solotagen, von unten mit dem Soloist eingerichtet.

Dass wir nun Jahre später eine Route von Fredl für den Giro ausgewählt hatten, hätte ihm sicher gefallen.

Die drei gewählten Gebiete lagen recht weit auseinander. Am Rennrad würden daher etwa 160 Kilometer und 1600 Höhenmeter zu absolvieren sein. Eine Tatsache, die jeden Zweifel an der Gebirgigkeit des Ostalpenauslaufes bereits im Keim erstickt.

Tag X

Während der Tag X für einen Profibergsteiger im Normalfall ausschließlich von seiner Form, den äußeren Bedingungen oder von der Laune seiner Sponsoren abhängt, sieht das für Hobbybergsteiger und Vollzeitarbeitskräfte gänzlich anders aus.

Da muss eben ein ganz normaler Wochenendtag herhalten. Zudem sollte sich auch noch jemand uneigennützig bereit erklären, uns mit einem Fahrzeug „grob" zu begleiten. Grob würde heißen: Kletterzeug, Wechselwäsche und Verpflegung von Mixnitz ins Höllental zu bringen und nach der Höllentalkletterei all das weiter zur Hohen Wand zu bringen, denn mit schweren Rucksäcken würden wir nicht am Rennrad sitzen wollen. Und ein Rücktransport im Auto, nach getanem Tagwerk, zurück nach Mixnitz wäre auch angenehm.

Am Samstag, dem 7. Juli 2017, sollte es soweit sein. Angelikas Papa Albin würde unser Begleitoffizier sein. Er hatte unseren Zeitplan bekommen und auch die genauen Treffpunkte. Der Tag würde ein warmer werden, um nicht zu sagen ein ganz heißer. Keine Gewittergefahr. Allerdings sollte in der Nacht zum Samstag ein Gewitter über die Steiermark hinwegziehen. Und tatsächlich blitzte und donnerte es zwischen Mitternacht und drei Uhr früh. Es schüttete wie aus Kübeln. Kurz hielten wir Rücksprache. Ja oder nein? Wir entschlossen uns schließlich, es zumindest zu versuchen.

Schwobnblick und Preiner Gscheid

Um 4.30 Uhr standen wir schwer bepackt am Ratengrat-Parkplatz bei Mixnitz inmitten tiefer Pfützen. 500 Höhenmeter trennen den Parkplatz vom Einstieg. Die Luftfeuchtigkeit betrug noch 100 Prozent und es tropfte unablässig von den Bäumen. Das Gewitter war zwar vorüber, aber der Nebel war noch da.

Im Schein der Stirnlampen steigen wir auf zur Breiten Wand

Nach dem anstrengenden Zustieg erwartete uns am Einstieg eine tropfnasse Reibungsplatte. Denn wir wollten den *Schwobnblick* über die schöne Einstiegslänge der Route *Silent Partners* erreichen.

„Peter, wir könnten auch runtergehen und am Ratengrat ‚Floers and Nurses' klettern."

Ich entgegnete nichts und begann das Seil auszulegen.

„Hallo Peter, was willst jetzt machen? Da hier ist es absolut unkletterbar!"

Wieder entgegnete ich nichts und zog mir den Gurt an.

„Jo spinnst du komplett? Peter, da kannst ned einsteigen. Da kommst nie rauf!"

„Angelika, die Länge hat weit auseinanderliegende Löcher. Dann spring ich die halt an und mach a paar Dynamos. I will's einfach probieren bitte. Ok?"

Und so kam es, dass wir es allen äußeren Widrigkeiten zum Trotz einfach versuchten. Wir waren exakt im Zeitplan.

Einstieg 5.30 Uhr. Die Länge fiel uns wirklich schwer, aber schließlich schafften wir sie und standen am Beginn des ersehnten *Schwobnblicks*. Ab hier steilte sich die Wand merklich auf. Das war auch gut so, denn dadurch war der weitere Routenverlauf völlig trocken. Die restlichen fünf Seillängen gelangen uns sehr gut und als wir den Ausstieg erreichten, begannen sich die Nebelschwaden tief unter uns im Murtal langsam aufzulösen. Ein makellos schöner Tag kündigte sich an. Wir eilten die 650 Höhenmeter rasch zurück hinunter zu unserem Auto.

Dort holten wir die Rennräder raus und hinterlegten unsere Rucksäcke für Albin, mit der Bitte, uns diese zum vereinbarten Treffpunkt ins Höllental zu bringen. Unterwegs wollten wir uns bereits am Preiner Gscheid, jenem Passübergang, welcher die Steiermark von Niederösterreich trennt, kurz mit ihm treffen, um eine erste Lagebesprechung durchzuführen.

Das Radfahren fiel uns leicht. Andere Muskelgruppen waren gefordert. Es war sonnig und warm. Etwa 100 Kilometer trennten uns von unserem nächsten Einstieg. Man merkte jedoch, dass wir vom Murtal ins Mürztal fuhren und dass die Flüsse entgegen unserer Fahrtrichtung flossen. Kurzum, man machte Höhenmeter. Welliges Gelände und da wir den Hauptverkehrswegen auswichen, wurde die Strecke auch bewusst etwas verlängert.

Waschelnass präsentierte sich der Beginn über die tolle Route *Silent Partners*

Tour ein von drei geschafft! Glücklicher Ausstiegsblick hinunter ins Murtal nach der Route *Schwobnblick*

Als zweite Route stand die *Via Helma* auf unserem Tagesprogramm

Wir waren ziemlich gut im Zeitplan, als wir Albin am Preiner Gscheid trafen. Alles lag im Plan. Die folgende Rennradabfahrt hinunter ins Schwarzatal war reinster Genuss und richtig flott zogen wir anschließend hinein ins schattig schöne Höllental. Und tatsächlich hatte Albin, trotz des enorm hohen Besucherandranges an diesem schönen Samstag, noch einen Parkplatz am vereinbarten Treffpunkt ergattert. Wir aßen und tranken eine Kleinigkeit, während wir uns umzogen und fürs Klettern bereitmachten. Die Pause tat uns gut.

Via Helma und Flussbaden

Ärmelloses T-Shirt auf braungebrannter Haut. Sonnenbrille und kurze Hose. So stand ich da irgendwo unterhalb der Westwand des Wachthüttelturmes. Neben mir Angelika. Sie konnte wirklich nicht wissen, wo die *Via Helma* startet und ich konnte mich wirklich absolut nicht mehr daran erinnern. Es sah alles irgendwie gleich aus hier.

Wenn man etwas sucht und nicht findet, scheint die Zeit noch schneller zu vergehen. Zwei andere Kletterer waren weit entfernt am Wandfuss zu sehen. Als blöder Steirer konnte und wollte ich mich nicht outen, und so fragte ich diese laut rufend:

„Chalo, chalo, was das sein für Route, wo ihr klettern? Wir suchen Helma. Ihr wissen wo? Chalo, chalo!"

Die beiden schauten sich fragend an.

„Wieda so a Auslenda, der wos in ana Nudlsuppn ka Nudl findt", war leise, ganz leise zu vernehmen. Im schönsten Simmeringer Originaldialekt.

„Du Nudelauge hören zu: Helma sein rechts enten, ähm…drüman, ähm…du zurück gehen müssen. 100 Meter. Stehen Tafel bei Einstieg mit Schriftauf…ähm… Aufschrift. Du lesen und sehen können!"

„Danke!"

Glück gehabt. Einerseits mussten wir uns nicht als unwissende Steirer outen und andererseits war der Zeitverlust, dank der Anwesenheit von offensichtlichen Gebietskennern, nur marginal gewesen. Die sieben Seillängen der Via Helma gelangen uns ohne weitere Verzögerungen sehr schnell und gut.

Nach dem Fussabstieg hieß es wieder sich umzuziehen und aufs Rennrad steigen. Die Hitze an diesem Sommernachmittag war richtig gnadenlos. Wir waren immer noch sehr gut im Zeitplan. Durchaus etwas schneller als geplant. Darum beschlossen wir, talauswärts eine kleine Pause am Ufer der glasklaren Schwarza zu machen. Dort, wo weniger Leute sein würden.

Albin begleitete uns zum Ufer des Flusses. Wenig später trocknete ich mich ab. Hinter mir lag eine angenehm kühle Schwimmrunde im glasklaren Gebirgsfluss. Nun konnte es weitergehen. Während sich Angelika als erste aufs Rad setzte, nahm mich Albin kurz zur Seite. Männergespräch unter vier Augen.

„Du, Peter, a Wahnsinn, was ihr zwei bis daher schon geleistet habts. Aber i glaub', jetzt wird s' eingehen, die Geli. I wünsch es ihr ned, aber ihr seids so schnell am Radl und am Berg, und es is so heiß heute."

„Albin, wir hören sofort auf, wenn's einer von uns beiden nimmer packt. Aber vertrau mir. I kenn sie und ihre Leistungsfähigkeit! Wirst sehen: Sie schafft's!"

Wenig später fuhren wir auf den Rädern talauswärts. In Richtung Gloggnitz.

Im Tankstellenbeisl und in der Ebene

Unser Plan sah vor, dass wir uns irgendwo in der Gegend rund um Gloggnitz rasch noch etwas Kühles zum Trinken und etwas Kalorienreiches zum Essen gönnen würden. Am besten und schnellsten würde dies bei einer Tankstelle gehen. Auch planten wir unsere Trinkflaschen dort mit kühlen Getränken wieder aufzufüllen.

Wir hielten die Augen offen, und da war sie. Die Tankstelle.

Räder angelehnt und bei plus 30°C ging es hinein ins klimatisierte Tankstellenstüberl. Shopping war angesagt. Topfengolatschen, Nussschnecken, ein Espresso und drei Liter Mineralwasser. Dazu zwei große Radler. Manches davon wollten wir uns gleich im klimatisierten Stüberl gönnen. Ein Stehtisch lud dazu ein. An ihm lehnte bereits ein freundlich aussehender Mann. Er war wohl etwa Mitte 50. Vor ihm stand ein Bier.

Am Weg vom Höllental zur Hohen Wand

„Servus, dürfen sich zwei Radler zu dir dazustellen, um einen Radler zu trinken?"

„Na sowieso. Wissts, i bin a mitn Radl do! Von wo sads 'n es weggagfoan?"

„Aus Mixnitz."

„Wo isn des? Des kenn i ned. Ah, jetzt wassis, des is do neben Ybbsitz glaub i, oder na, des is jo im Mürztal in der Steiermork, da ba Mürzzuschlag. I kumm va daham. Aus da Köllagossn. Jeden Samstag Vormittog radel i auf a Bier doher."

„He cool, brauchst owa a schön lang für ein Bier, weil jetzt isses scho Nochmittog."

„Na eh. Die Gschicht issa so: Wenn ans aus is, und i hob' no a paar Schülling… haha…dann kaf i ma no a Bier. Wal do is a Klimaanlag harinnan und in da Köllagossn is viel schwüler in der Summahitz. Wo foats 'n no hin?"

Gemütlich plauderten wir, aber seine freundliche Einladung auf einen weiteren Radler mussten wir leider ausschlagen.

„Jezzn sog i eich no, wias am sichasten noch Neunkirchn ummefahren kennts!"

Wir hörten uns seine Routenbeschreibung genau an. Dennoch entschieden wir uns anschließend, unserem eigenen Ursprungsplan zu folgen.

„Pfiat euch und guade Foart!"

Und so zogen wir frisch gestärkt weiter. Vorbei ging's an Neunkirchen. Just in time. Irgendwie schienen danach aber alle Wege nach Wiener Neustadt zu führen und es kann wirklich nur an der irreführenden Beschilderung in der Tiefebene vor der Hohen Wand gelegen haben, dass wir uns zweimal verfahren hatten. Jeder uneingeplante Zusatzkilometer tat weh. Sehr weh. Knapp nach 19 Uhr erreichten wir, nach 160 Kilometern am Rennrad, schließlich den wartenden Albin am vereinbarten Treffpunkt, dem Sonnenuhrparkplatz unter der Hohen Wand. Fast 15 Stunden waren wir schon aktiv unterwegs. Und wir waren müde. Die letzte Stunde hatte weh getan.

Traum und Wirklichkeit bei Vollmond

Wir mussten uns eine längere Erholungspause gönnen. Die Höhenmeter aus dem Neustädter Becken hinauf zum Sonnenuhrparkplatz waren uns noch nie zuvor so steil und anstrengend vorgekommen wie an diesem Tag.

„Peter, schaffst du das noch? I bin k.o.! Wenn du es dir zutraust, die Route auch noch sicher zu führen, dann probieren wir's. Du hast heute bisher auch schon alle Längen geführt. Ich werde mich bemühen, flott nachzusteigen. Aber bei der Führung kann i dir leider sicher nichts abnehmen."

Die eingezeichnete Route *Traum und Wirklichkeit* auf der Hohen Wand / Bereich Draschgrat

„Angelika, wir steigen ein. Ich fühl mich noch fit und wach genug. Wir kennen die Tour. Sie ist gut abgesichert. Der Fels ist auch sehr gut. Und sollten wir nicht raufkommen, so seilen wir eben ab. Stirnlampen haben wir schließlich mit. Es kann nix passieren."

Gesagt, getan. Ein letztes Mal wechselten wir vom Raddress ins Kletteroutfit. Noch war es hell und warm. Der kurze Zustieg lag rasch hinter uns. Was gäbe es zur Kletterei noch Erwähnenswertes zu sagen? Dass es uns einiges an Überwindung gekostet hatte, überhaupt vom ebenen Boden loszusteigen. Dass es schwierig war, die Konzentration hoch zu halten. Dennoch kamen wir Seillänge für Seillänge unserem Ziel näher.

Schließlich erreichten wir im Schein des bereits aufgegangenen Vollmondes um 21.30 Uhr, nach 200 Klettermetern und sieben Seillängen, das Plateau der Hohen Wand. Aus unserem Traum war tatsächlich Wirklichkeit geworden.

Langsam schlenderten wir glücklich und zufrieden im Halbdunkel auf der angenehmen Plateaustrasse abwärts. Dann kam uns ein Auto entgegen. Albin. Der „Begleitoffizier" hatte auch diesen Treffpunkt perfekt gefunden. Er gratulierte uns herzlich. Er strahlte. Man sah ihm an, wie sehr er auf die Leistung seiner Tochter stolz war.

Nachdem wir alles fein säuberlich im Auto verstaut hatten, lud er uns zur Feier des Tages in eine nahe gelegene Gaststätte zum Essen ein.

Diese hatte er alleine am Nachmittag auserkoren und ausgekundschaftet. Um 22 Uhr gab es tatsächlich noch alles, was das Herz begehrte und der Hunger verlangte.

Während der langen anschließenden Rückfahrt plauderten wir noch über die Erlebnisse dieses besonderen Tages.

Im Herbst starteten wir die nächste Enchainment-Planung. Für das Jahr 2018...

In der Route Nr. 3 unseres Tagesprogrammes: *Traum und Wirklichkeit*. Angelika am Ende der 1. SL

Aus dem Traum wurde Wirklichkeit - wir stehen im Mondscheinlicht am Plateau der Hohen Wand!

Seelen

Ein schöner Herbstklettertag kündigt sich an.
Die Südwand entschwindet langsam dem Nebel

Winter

Ein ungewohnter Blick vom Voisthalergassl in die Dullwitz und zur Hochschwab-Südwand

Eine kleine Zeitreise

Ein milder Spätherbstnachmittag im Jahr 2020. Gemeinsam mit meinen beiden Söhnen sitze ich am Gipfel des Hochschwabs und unsere Blicke schweifen in die Ferne. Die Sonne steht noch hoch genug, sodass keine Eile angesagt ist, um noch bei Tageslicht das Tal zu erreichen. Hinter uns liegt eine sehr rasche und obendrein noch saubere Rotpunktbegehung der Route *Seelenwinter* (8) in der Hochschwab-Südwand.
Gezählte 25 Routen kenne ich in dieser Wand. Und selbst durfte ich zwei dieser Linien als Erstbegeher realisieren. Eine davon war der *Seelenwinter*. Es ist dies meine fünfte Begehung dieser Route, und zum fünften Mal habe ich es wieder nicht geschafft, jemand anderen auch nur einen einzigen Meter in dieser Tour vorsteigen zu lassen. Das hat nichts mit mangelndem Vertrauen in andere zu tun, sondern liegt wohl einzig und allein an der Geschichte dieser Route. Es liegt nicht mehr an der mangelnden Absicherung, denn man kann diese Tour mittlerweile wirklich schon als recht vernünftig abgesichert bezeichnen.
Aber das war nicht immer so. 2001 erstbegangen, 2003 massiv nachgebohrt und 2016 nochmals nachsaniert.

„Du, Papa, erzähl bitte noch a bisserl was von der Tour. Im Jahr 2001 habt ihr die Erstbegehung gemacht. 2001 - das ist fast schon 20 Jahre her. Wie war das damals?"

Ich erinnere mich zurück an die damalige Zeit und an die damaligen Ereignisse. Ich versuche es zumindest. Manches scheint verloren oder ganz weit weg zu sein. Anderes ist noch so in meinen Erinnerungen vorhanden, als wäre es erst gestern gewesen. Und so erzähle ich den Jungs von damals, während wir langsam den Rückweg antreten:

*„Du hattest noch eine Windel an und dein Bruder ging schon in den Kindergarten - ohne Windelhosen. 2001 gab es erst seit kurzem den Euro, vorher bezahlte man noch mit Schilling.
Und der österreichische Fußballmeister hieß FC Tirol. Hermann Maier gewann den Schiweltcup und am 11. September krachten zwei Flugzeuge in die Twin-Towers in Manhattan. Nineeleven.*

*Das ist heute noch jedem ein Begriff. Ich war klettermässig in Topform und meine Vorstiegsmoral war unglaublich gut.
Ich hatte damals das Gefühl, dass mir nichts passieren könnte, fühlte mich unverwundbar. Eine Erstbegehung galt damals in meinen Augen nur dann als wertvoll, wenn sie einerseits klettermässig schwer und andererseits auch moralisch fordernd war. Wir verwendeten zwar Bohrhaken, aber irgendwie wollten wir mit einer möglichst geringen Anzahl davon auch ein Statement abgeben. Damals schauten wir auf zu Leuten wie zum Beispiel Beat Kammerlander oder Wolfgang Güllich.
Kammerlander hat Routen in seinen Vorarlberger Heimatbergen hingelegt, an deren Wiederholung wir nicht einmal zu denken wagten. Wolfgang Güllich starb zwar schon 1992 bei einem Autounfall, aber sein Motto ‚Pushing the limits' hatte unsere Jugendzeit stark geprägt. Seine ‚Action Directe' war überdies der weltweit erste glatte Elfer beim Sportklettern.
Wir waren von solchen Kletterleistungen natürlich meilenweit entfernt. Im Hochschwab gab es damals wirklich wenige aktive und ernst zu nehmende Erschließer. Allen voran Gerhard Grabner und Tom Richter. Wie konservativ damals die Einstellung war, zeigte allein die Tatsache, dass die beiden lange als ‚Zugereiste' galten, obwohl sie schon jahrelang im Hochschwabgebiet lebten und nicht mehr im Grazer Raum. Sie galten quasi als Nicht-Einheimische. Und dass die im heiligen Schwaben was machten, war manchen gar nicht so recht."*

Sigi

„Papa, die Tour hast ja mitn Weberhofer Sigi g'macht. War der damals a scho so witzig wie er es jetzt is?"

„Nein, das war noch weit ärger! Sigi war zur Zeit unserer Erstbegehung noch topfit, aber das waren schon seine letzten Jahre als leistungsorientierter Kletterer. Er war ja einer meiner alpinen Lehrmeister, wobei ich von ihm aber neben allen klettertechnischen Raffinessen auch weit mehr Blödheiten gelernt hab' als von allen anderen Lehrmeistern zusammen. In den Jahren vor der Jahrtausendwende war er mit Sicherheit einer der stärksten

Was wäre eine Südwandtour ohne Wasserrillen... hier in der Route *Seelenwinter*

Kletterer Ostösterreichs, vor allem, was die Moral anbelangte. Er hatte enorm hohe Ansprüche an Ethik und Fairness. Seine Erstbegehungen wie der ‚Teufelsspaziergang' gelten heute, selbst nach Bohrhakensanierung, noch als Meilensteine im Hochschwab. Er ist schon an der ‚Nose' im Yosemite Valley geklettert, als ich noch in die Windeln gemacht habe.

Und Wolfgang Güllich hat bei einer ganz wilden, moralisch brutal anstrengenden Tour in den USA zu ihm einmal gesagt, das wäre eine passende Route für Leute wie ihn. Zu Bohrhaken hatte er ein ambivalentes Verhältnis. Einerseits lehnte er sie ab, andererseits liebte er die Sicherheit. In ihm wohnte - und wohnt noch immer - eine faustische Zweiheit. Er konnte Leute auf die Palme bringen mit seinen Aussagen und genoss das jedes Mal aufs neue. Wer auf seine Blödheiten einstieg, der hatte verbal oftmals schon verloren.

Sigi und ich waren eine gute Seilschaft. Hatten beide die gleichen Stärken, aber auch die gleichen Schwächen. Liebten steile Wände und scheuten glatte Reibungsplatten. Lebten vom Oberarm und es gab keinen Riss, aus dem wir jemals rausfielen. Meine Moral war richtig gut. Ich konnte im alpinen Gelände weit über die Sicherungen hinausklettern, bis etwa einen Grad unter meinem Sportkletter-Onsight-Niveau. Sigi schaffte das bis etwa einen halben Grad unter seinem Onsight-Niveau.

Ich erinnere mich noch genau an die erste Seillänge im ‚Seelenwinter'. Auf ging's ins Neuland! Mit einem Büschel Normalhaken, einem kleinen Satz Friends, Bohrmaschine und fünf Bohrhaken stieg ich im Oktober in die Wand ein. Zwei Friends hatte ich in dieser 40-m-Seillänge untergebracht und etwa fünf Meter unterhalb des Standplatzes habe ich den ersten, und damals einzigen, Zwischenbohrhaken gesetzt.

Am Stand hatte ich zwei Bolts gesetzt und war sehr zufrieden mit meiner Leistung. Die Schwierigkeit betrug zwar nur etwa 5+, war aber eben moralisch wertvoll. Ich war dafür ein klein wenig stolz auf mich.

Doch dann stieg Sigi nach. Ich traute meinen Augen nicht. Er kletterte in seinen Zustiegsturnschuhen. Die Kletterschuhe baumelten fein säuberlich an seinem Gurt. So war er eben.

Er hat's genossen, und mich verdutzt dreinblicken zu lassen. Am Stand hat er dann aber doch seine Kletterschuhe angezogen und gemeint, dass diese für die nächste Länge nicht schaden würden. 1:0 für den Nachsteiger.

Die nächste Seillänge begann mit senkrechtem Wasserfraß. Als ich etwa fünf Meter oberhalb von Sigi war, ohne Zwischensicherung bis dahin, meinte er, ich könnte ruhig einen Bohrhaken setzen, weil wozu hätte ich sonst die Bohrmaschine am Gurt hängen? Ich habe ihm daraufhin nur gesagt, dass es hier leicht sei und ich keinen brauche und weitergehe. Und dass er gefälligst ruhig sein soll. Als ich weiter oben war, dort, wo heute der zweite Bohrhaken in dieser Länge steckt, schrie Sigi laut mit mir, dass er mir jetzt kein Seil mehr ausgeben würde, wenn ich nicht sofort einen Bohrhaken setze! Ich hatte zwar sicher die Hose schon voll und mir das nicht anmerken lassen, aber ein-

deutig auf 1:1 ausgeglichen. Ja und in dieser moralisch wertvollen Tonart kletterten wir weiter. Seillänge um Seillänge. Nach meiner zweiten Begehung habe ich die Bohrhakenanzahl in der Tour exakt verdoppelt. Die Absicherung war einfach viel zu brutal und auch nicht mehr zeitgemäß.
2016 habe ich schließlich nochmal einige Zusatzbolts gesetzt. Denn das Leben ist zu kurz, um schlechte Routen zu klettern und viel zu wertvoll, um schlecht abgesicherte oder gar gefährliche Touren zu verherrlichen."

Das kleine Malheur

„Und wie war das dann mit deinem Sturz, Papa? Das war ja schon dramatisch, oder?"

„Eher blöd und unnötig, im Nachhinein betrachtet. Nachher ist man aber eh immer gescheiter. Es war schon Ende Oktober und es hatte Tage zuvor geschneit am Berg. Tagsüber hat die Sonne dann den Schnee weggetaut, aber in der Nacht war's frostig. Heut weiß ich, dass man zu so einer Zeit keine Erstbegehung mehr bei uns im alpinen Kalk machen darf. Der Wasser-Eis-Wechsel kann dann eben dazu führen, dass Schuppen brechen können, von denen man nie glauben würde, dass sie brechen. So war's eben damals. Ich denke, es wird bei unserem Spiel so etwa 3:3 gestanden haben. Ich war etwa vier Meter über dem letzten von mir gesetzten Bohrhaken. Knifflig, aber ich wusste, wie es gehen würde. Die Züge waren wirklich schwer, aber dann habe ich endlich eine große gute Schuppe erreicht. Durchatmen war angesagt. I hab' zum Sigi no g'sagt: ‚Jetzt hab' ich's und bohr gleich.' Ein Piaz-Zug und dann würde ich auf der Schuppe einigermaßen stehen können, um dort einen Bohrhaken zu setzen. Ich zog kraftvoll an der ‚guten' Schuppe, bis es krachte. Mit der Schuppe in der Hand flog ich unkontrolliert rückwärts aus der Wand... und nach über 10 Flugmetern bin ich am Felsen aufgeschlagen. Gott sei Dank nicht mit dem Rücken oder dem Kopf, sondern mit den Beinen. War blöd. Ich hab' zuerst an eine Verstauchung gedacht. Doch dann war rasch klar, dass da wohl irgendetwas gebrochen war. Aber eh nur an einem Fuß. Nicht an beiden. Rauf zu kommen auf die Hochfläche war keine Option. Kein Mensch war mehr am Berg und Mobiltelefon hatten wir im Jahr 2001 auch noch keines mit. Wir waren auf uns gestellt. Aber es war klar, dass wir das zu zweit schon schaffen würden. Und dann haben wir uns eben abgeseilt. Sigi hat mich immer abgelassen und ich bin auf einem Bein in der Vertikale runtergehüpft. Seillänge für Seillänge. Am Wandfuß angekommen, war uns bewusst, dass wir noch so weit im Geröllfeld absteigen mussten, bis wir in einem einigermaßen helibergetauglichen Gelände sind. Das war schon hart, denn es tat richtig weh. Dann hat mich Sigi noch so warm eingepackt wie es ging, mit allem, was wir mit hatten. Sogar seine Zipfelmütze hat er mir noch aufgesetzt. Er hat mich im Schotterkar zurückgelassen und ist zur Voisthalerhütte runtergelaufen, um eine Helibergung zu organisieren. Immerhin ein Stückchen von einer knappen halben Laufstunde. Es war der letzte Tag, an dem die Hütte noch offen hatte. Mir war klar, auf Sigi konnte ich mich einfach verlassen. Und so lag ich eben oben, einsam und allein. Aber es gab noch ausreichend Tageslicht und kaum Wind, sodass einer Helibergung sicher nichts im Wege stehen würde."

Mittlerweile gingen wir schon am Meransteig hinunter in Richtung oberer Dullwitz. Dort würden wir auf Doris treffen. Sie hat uns heute begleitet und eine kleine Wanderung zum nahe gelegenen Karlhochkogel gemacht, um uns von dort aus beim Klettern zu beobachten. Familienausflug quasi. Die Kinder klettern mit dem Papa, und die Mama sieht zu.

In der Ruhe liegt die Kraft

„Du, Papa, wie war das jetzt wirklich mit der Alarmierung? Man hat da ja so die lustigsten Geschichten gehört. Dass der Sigi beim Biertrinken auf der Voisthalerhütte fast darauf vergessen hätte!"

„Naja, i war ned dabei auf der Hütte, sondern hab' oben im Schatten in der Kälte gewartet. Was ich aber mit Sicherheit sagen kann, ist, dass der Sigi wieder alleine zu mir raufgelaufen kam und den gerade sich im Anflug befindlichen Heli eingewie-

Die Route *Seelenwinter* präsentiert sich heutzutage vernünftig abgesichert - Papa an der Schlüsselstelle

sen hat. Ja und es gibt da eben die lustigsten Schilderungen von Sigis Alarmierung. Je nachdem, wer sie einem erzählt. Und mir haben mehrere Anwesende die Alarmierung mehr oder weniger glaubhaft geschildert."

„Ja und was glaubst du, wie es wirklich abgelaufen ist?"

„Es war, wie schon gesagt, der letzte Tag, an dem die Hütte noch offen hatte. Traditionsgemäß sind da immer recht viele Leute oben. Und der Winkler Hans war damals der Hüttenwirt und er war gemeinsam mit seiner Frau, der Heidi, oben. Sigi war ein guter Freund von beiden und er ist ja auch mit dem Winkler Hans früher gemeinsam klettern gewesen. Der Hans kannte Sigi und seine kauzige Art sehr gut. Sigi war als wilder Hund verschrien und bekannt.
Es waren am Nachmittag wirklich noch viele Leute auf der Hüttenterrasse. Zur Gaststube hin gab's das ‚Durchreichefenster', an welchem man von der Terrasse aus bestellen konnte.
Sigi ist im Laufschritt angekommen, wollte aber jedes Aufsehen tunlichst vermeiden. Immerhin waren viele bekannte Gesichter anwesend und man muss nicht jedem alles erzählen.
Also ging er zum Bestellfenster.

Dort war der Hans und hat zu ihm gesagt: ‚Mei schön Sigi, dass du a kommen bist. Freut mi sehr! Magst a Bier? Bist eingeladen!' Und der Sigi hat ja gesagt und blieb am Fenster. Und trank ruhig sein Bier. Dann kam die Heidi und hat ihn gefragt, ob er noch einen Kuchen will, es sei noch genügend da, und er ist sowieso eingeladen. Also hat er in Ruhe noch das eine oder andere Stück Kuchen gegessen. Irgendwann kam dann der Hans mit zwei Stamperln Schnaps wieder zum Sigi ans Fenster.
‚Magst, Sigi?' ‚Jo gern, Hans.'
So wird's gewesen sein. Und irgendwann hat der Hans dann gefragt: ‚Sag, Sigi, wo warst heute?' Und der Sigi hat gesagt, dass er in der Südwand klettern war. Und dass er mit mir zusammen a Erstbegehung gemacht hat. Und als der Hans dann fragte, wo ich sei, antwortete der Sigi: ‚Jo…der Peter…der liegt oben am Wandfuss…in der Nähe vom Südpfeilereinstieg. Wir braucherten bitte an Hubschrauber, weil er kaun nimmer gehen. Und i glaub', sei Haxn is mehrfoch brochen. Aber eh nur ana von seine zwa Haxn. Sei bitte so guad und organisier du die Helibergung. I renn glei auffe und weis den Hubschrauber dann ein. Aber zerst trink i no aus. Prost Hans! Und danke!'

So in etwa wird's wohl gewesen sein. Einerseits wollte er, dass niemand was mitbekommt und andererseits war er eben hungrig und durstig. Und wegen einer Viertelstunde früher oder später würde ich schon nicht sterben. Sigi eben. So war er. So ist er. So kenn' ich ihn. So schätz' ich ihn. Aber bei all seiner Eigenart, ich kenne kaum einen Menschen, auf den ich mich jemals am Berg mehr verlassen hab' können als auf ihn."

An der Weggabelung wartet Doris im weichen Nachmittagslicht auf ihre drei Männer. Wir plaudern mit ihr darüber, wie es uns in der Klettertour ging und wie ihre Wanderung verlief.

Zu viert schlendern wir talauswärts. Vorbei an Voisthalerhütte und Florlhütte. Die Zeit vergeht wie im Fluge. Kurz bevor wir am Parkplatz ankommen, sagt Doris:

„Wie i am Karlhochkogel oben war, hat der Sigi angerufen und gefragt, ob wir heute noch Zeit und Lust auf a Tratscherl haben. I hab' ihm g'sagt wir melden uns, wenn wir daheim sind. Und i hab' ihm g'sagt, dass ihr heut den ‚Seelenwinter' geklettert seids. Und da hat er g'lacht und mi g'fragt, ob i mi no erinnern kann an damals, als er alleine zu mir nach der Tour zurückkam."

„Jo, des war damals sicher schlimm für dich, Mama. Wir, mit zwei Windelbuben, und dann stürmt der Sigi nervös rein ins Haus und erzählt dir aufgelöst von Papas schwerem Unfall."

„Naja. Ich hab' Sigis Auto reinfahren g'hört und dann is er in die Kuchl kommen. I hab' mir gedacht, der Papa räumt no Sachen aus'm Auto. I hab' dann den Sigi g'fragt, wie's war und wie die Route g'worden is. Da hat er g'meint: ‚Voll guter Fels und supertolle Kletterei!'. Dann hab' i ihn g'fragt, ob er an Kaffee und an Kuchen mag, und er hat ja g'sagt. Und als er da so beim Kuchenessen war, hab' i ihn g'fragt, wo der Papa so lang bleibt. Und dann hat er g'sagt: „Ajo…der Peter…der…der is grad im Krankenhaus in Bruck. …Nix Extriges. Eventuell hat er sich an Fuaß…a bissl verstaucht…oder leicht ang'knackst…oder brochen. Owa eh nur an von seine zwa. Und weil's dann doch no so weit zum Gehen g'wesen wäre, und wir ja eh dreifach versichert sind, hat uns der Winkler Hans nach an Stamperl Schnaps an Hubschrauber g'schickt."

INFO

Hochschwab-Südwand, *Seelenwinter*

Nach einer Begehung des *Alten Südrisspfeilers* (eine Kombi aus *Südrisspfeiler* / Allmayer / 1966 u. *Südwandriss* / Derndorfer / 1967) war der markante Pfeiler zwischen dem Hauptgipfel und dem Kleinen Schwab das Ziel unserer Begierde!

Der Weg dorthin folgt einer logisch-modernen Linie, wobei man immer wieder den besten Fels ausnützt. Kurze Schrofenpassagen u. wenige splittrige Teilstücke runden das Erlebnis „alpin" ab. Die Anzahl der Zwischensicherungen hat sich seit der Erstbegehung mittlerweile mehr als verdoppelt - und das ist gut so! Die Schlüsselstelle (8) der Originalroute in der 4. SL kann jetzt auch wesentlich „angenehmer" über die Var. links davon (7) umgangen werden.

Vor dem Ausstiegspfeiler besteht eine gute Fluchtmöglichkeit (2) links haltend aufwärts zum Hauptgipfel. Abseilen über die Route möglich, aber nicht empfehlenswert!

Schwierigkeit: ziemlich konstant zw. 5+ u. 6+, einige Stellen 7- u. 7, eine Passage 7/7+ (7- obl.).

Ausrüstung / Material: 50-m-Einfachseil, 9 Expr.
Keile u. Friends sind kaum sinnvoll einsetzbar u. nach der Sanierung auch nicht mehr notwendig.

Erstbegeher: P. Pesendorfer u. S. Weberhofer, 2001
Saniert (inkl. neuer Variante): P. Pesendorfer 2016

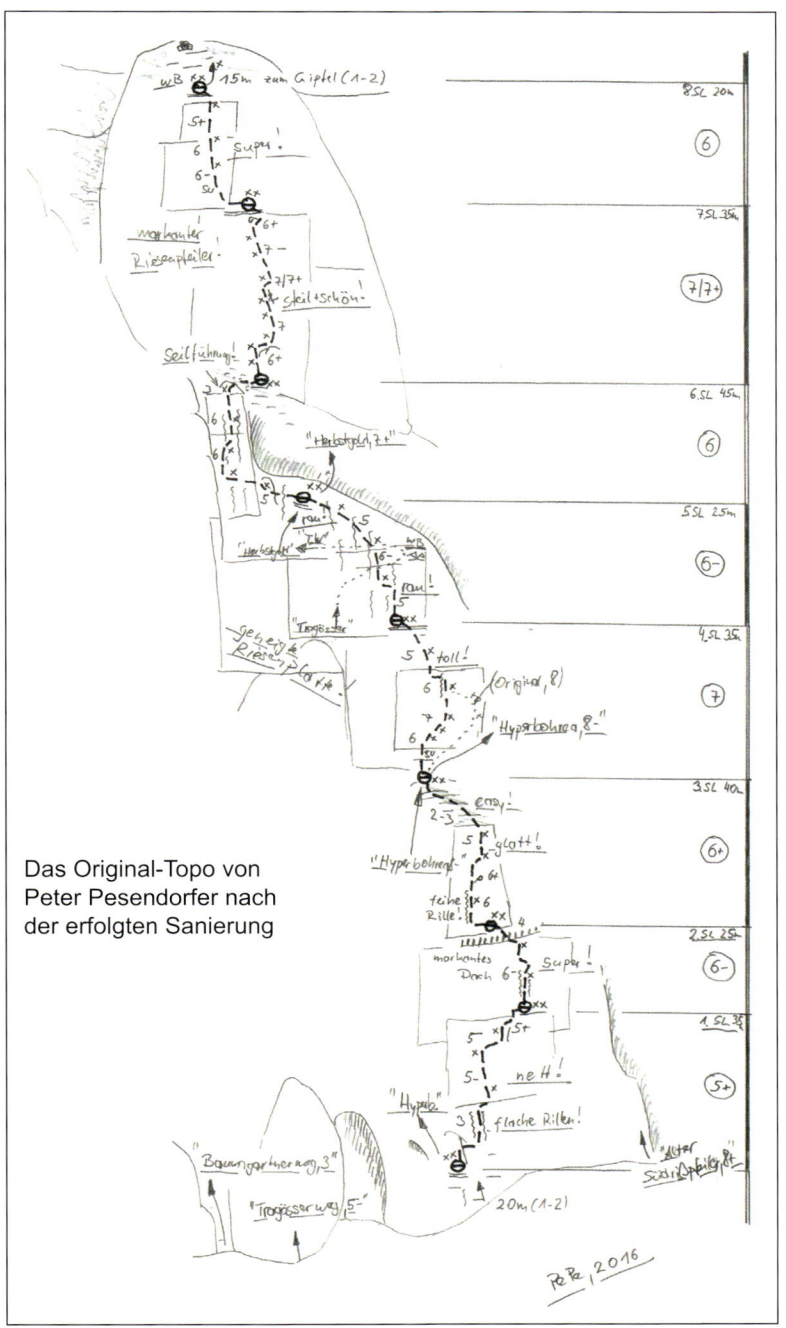

Das Original-Topo von Peter Pesendorfer nach der erfolgten Sanierung

125 Jahre nach Linhart und Schruf geht's beim Bodenbauer los. Mit nahezu Originalausrüstung

Zwei Steirer in den Radstädter Tauern

Im zarten Alter von 14 Jahren hatten mir meine Eltern zum letzten Mal Alpinschi gekauft. Für den Schulschikurs damals. Danach gab's nur noch Tourenschi für mich. Ich liebte den Winter und den Schnee. Alljährlich im Herbst sehnte ich bereits die Schitourenzeit herbei. Ästhetische Aufstiegslinien, schöne Abfahrtsspuren. Meine Träume galten den weißen Bergen.

Gemeinsam mit meinem Freund Ernst Lammer zog ich schon jahrelang durch die winterlichen Berge. Im Schnee waren wir ein kongeniales Duo. Gleich leidenschaftlich, gleich kindisch, gleich leidensfähig. Schitouren begannen an freien Tagen zumeist bereits zu Sonnenaufgang und endeten oftmals erst bei Einbruch der Dunkelheit. Unsere Stirnlampen hatten wir sowieso immer dabei, sicherheitshalber. Mehrmaliges Auffellen war für uns normal. Der Begriff „Tagesschitour" hatte für uns eben eine andere Bedeutung als für die meisten anderen Schitourengeher.

Je nach Schneesituation fuhren wir, ungeachtet des schlimmen CO_2-Abdrucks, auch kreuz und quer durch die Alpen, um dem einen oder anderen Berg auf sein winterliches Haupt zu steigen. Und so kam es, dass wir im Jänner 2020 an einem Wochentag zusammen am Gipfel des Weißecks im Lungau standen.

Unser südseitiger Aufstieg war anstrengend. Wir hatten 1400 Höhenmeter bei etwa 20 Zentimeter Neuschnee hinaufgespurt zum Gipfel. Kein einziges Auto befand sich bei unserer Ankunft am Ausgangspunkt der Tour, dem Parkplatz in Zederhaus. Bergeinsamkeit. Während unserer gemütlichen Gipfelrast gesellte sich allerdings ein einzelner Schitourengeher zu uns. Er war offensichtlich unserer Spur gefolgt. Ein älterer Bergsteiger, mit weißem Bart und freundlicher Ausstrahlung.

„Mei, danke vielmals Burschen, fürs Spuren! Wissts, i bin scho 70 und alleine hätt i da heute niemals raufspuren können!"

„Aber gern, uns hat es ja g'freut die Spur anlegen zu dürfen! Weißt, mein Freund, der Peter, der is einer, der kann ganz schwer den Pfaden anderer folgen. Typisches Erschließersyndrom hat der!"

„Steirische Erschließer! Des freut mich. I hab's ja am Kennzeichen schon gesehen, dass da Obersteirer am Werk sind. Und so, wie ihr die Spur ang'legt habts, war mir klar, die wissen, was sie tun. Wisst ihr eigentlich, dass die ersten Schibergsteiger der Alpen auch aus eurem Bezirk gekommen sind? Das waren vor über 100 Jahren die wahren Pioniere!"

Das war mein Stichwort und wie aus der Pistole geschossen antwortete ich:

"Ja wirklich. Der Mürzzuschlager Hotelier Toni Schruf hat 1892 zusammen mit dem Grazer Max Kleinoschegg mit Schi das 1782 m hohe Stuhleck bestiegen! Das war die erste Schitour auf einen Alpengipfel!"

Schließlich fuhren wir zu dritt durchs Ödenkar ab. Wir plauderten über Gott und die Welt und tratschten wie „Bassena-Ratschen". Zu guter Letzt lud uns der angenehme Salzburger, als Dank fürs Spuren und die Abfahrtsbegleitung, zum Essen beim „Kirchenwirt" ein. Und beim Essen redeten wir wieder über die seinerzeitigen Pioniere. Und darüber, dass ihre Leistungen ungleich höher einzuschätzen seien als die unsrigen heute.

Wenige Tage später rief ich Ernst Spätabends an und erzählte ihm von meinem Plan. Er war verblüfft, aber sofort begeistert und sagte mir wie selbstverständlich zu.

Der Plan

Seit meiner Schulzeit war ich immer wieder im Hochschwab unterwegs. Schon früh setzte ich mich mit der dortigen Geschichte des Alpinismus auseinander. Wann wurden welche Wände durchstiegen? Wann welche Routen von wem eröffnet? Und immer wieder staunte ich darüber, welche Schitouren unsere Ahnen schon früh unternommen hatten.

Die erste Besteigung des Hochschwabgipfels mit Schi geht auf den Mürzzuschlager Hotelier Toni Schruf zurück. Am 9. März 1895 bestieg er in Begleitung des Aflenzer Forstadjunkten Linhart vom Bodenbauer aus den Hochschwab. Linhart begleitete ihn nur bis zur Häuselalm, wo er wahrscheinlich auf Grund von Wachsproblemen zurückbleiben musste.

Unser Plan war es, diese Besteigung so Originalgetreu wie möglich nachzuvollziehen. Eine Schibesteigung durchzuführen wie vor 125 Jahren. Eine Jubiläumstour im Gedenken an die Pioniere dieses Sports zu unternehmen. Es war Mitte Jänner und in weniger als zwei Monaten sollte es soweit sein. Der Plan stand also. Die Idee ist das eine, die Umsetzung das andere.

Wintersportmuseum

In Mürzzuschlag befindet sich das größte Wintersportmuseum des Alpenraumes. Uns war klar, dass eine originalgetreue Nachbegehung ohne Zusammenarbeit mit dem dortigen Museum kaum möglich sein würde. Aus diesem Grunde kontaktierten wir den Museumsleiter Hannes Nothnagel. Hannes selbst war und ist als aktiver Bergsteiger und Bergrettungsmann nicht nur ein ausgezeichneter Kenner der heimischen Bergwelt, sondern er leitet auch die Mürzzuschlager „Nostal-Ski-Truppe".

Diese Truppe war schon weltweit bei Schi-Events im Einsatz und zeigte einem staunenden Publikum dabei in nostalgischer Ausrüstung, wie es beim Schifahren vor über 100 Jahren zuging. Dabei fuhren die Mitglieder meist einen kleinen Hang hinab, so elegant es eben ging. Mit uralten und ultralangen Schiern aus edlem Eschenholz. Die Schischuhe waren ebenfalls uralte Lederschuhe und als Bindung kam die alte, ehrenwerte Kandahar-Bindung zum Einsatz. Hannes war sofort bereit, uns mit der passenden Leihausrüstung aus dem Museum zu unterstützen. Die Idee gefiel ihm außerordentlich gut.

Es war ein Freitag im Februar, als Ernst und ich gegen Mittag im Museum waren, um mit Hannes nicht nur Details zu besprechen, sondern um auch gleich die Ausrüstung mitzunehmen.

Die Leihausrüstung stand sogar schon vor dem Büro der Museumsleitung parat. Damit uns gleich bewusst werden sollte, was es heißt, sich auf so ein Unternehmen einzulassen, hatte Hannes die alten Schier, optisch sehr eindrucksvoll, direkt neben einem Original Rennschi von Marcel Hirscher aufgestellt.

Na bumm! Wesentlich länger als der Schi von Hirscher waren unsere allemal. Aber auch mindestens dreimal so schwer.

Etwa zwei Drittel der Laufflächen waren mit Fellen bedeckt. Also aufgefellt hatte Hannes die Dinger auch schon. Mit Original Seehundfellen. Aufgefellt hieß aber eher aufgespannt, denn Klebefelle gab es damals noch nicht. Mehrere Paar Schuhe standen ebenfalls schon daneben, um wohl aus den ganz unbequemen die am wenigsten unbequemen für so eine weite Tour herauszufiltern. Daneben lehnten Bambusstöcke und auf einer Bank lag jede Menge passende Bekleidung. Es folgte ein lustiges Probieren und Philosophieren, Diskutieren und…Entscheiden. Denn auf Grund der Ausrüstungswahl würde schon feststehen, wer von uns beiden Toni Schruf sein würde und wer den Forstadjunkt Linhart spielen müsste. Bürger waren damals nämlich deutlich anders gekleidet als Förster.

„Peter, du bist der Hochschwabkenner und darfst mich führen. Also machst du den Forstadjunkt. Mir passt außerdem das Bürgerkapperl weit besser als dir."

Hosen und Jacken fassten wir ebenso aus wie den Försterhut und die Bürgerkappe. Und dann zogen wir von dannen. Schwer bepackt. Hannes verabschiedete uns noch mit den Worten *„Alles Gute, und bitte bringt mir die Sachen nicht nur mit dem gleichen Gesamtgewicht wieder retour, sondern auch, wenn's leicht geht, unversehrt und in der gleichen Stückzahl!"*

Erste Tests

Unsere Vorfreude war riesig und wir waren schon enorm gespannt, wie es uns wohl beim ersten Test ergehen würde. Natürlich fuhren wir gleich anschließend auf die Brunnalm. Das kleine und feine Schigebiet kannten wir bestens. Und uns beide kannte man dort ebenfalls gut. Es war kurz vor Liftschluss. Nur noch wenige Schifahrer waren auf den Pisten unterwegs.

„Ernst, i setz meinen Försterhut auf und du die Hotelierskappe und wir gehen gleich in unseren Jeanshosen do a bissl auffe am Pistenrand. Owa mein Försterjanker zieh i an!"

„Und i mein Bürgerjanker! Weils kalt is!"

Und dann gingen wir los. Die ersten Schritte waren schon ziemlich vielversprechend. Aber noch war es eben. Die Seehundfelle hielten. Langsam gingen wir bergauf. Doch irgendwie fehlte es an der Beweglichkeit. Das System Schuh/Bindung war ungewohnt steif. Da würden wir nachbessern müssen, zumal uns Hannes auch darauf hingewiesen hatte, dass mit diesen Schiern nur bergab gefahren wurde und sie für Aufstiege wohl seit mehr als 70 Jahren nicht mehr verwendet wurden. Nach etwa 100 Höhenmetern beschlossen wir, einen ersten Abfahrtsversuch zu unternehmen. Abfellen. Bindung umstellen. Und dann ging es los. Wir fühlten uns wie absolute Anfänger und wir werden auch ganz sicher wie solche ausgesehen haben. Stemmbogen und Pflugbogen. Mehr ging auf der harten Piste einfach nicht.

Und so näherten wir uns langsam der Talstation des Sesselliftes. Längst hatte man uns bemerkt und alle vor Ort anwesenden Schifahrer sowie alle Liftbetriebsmitarbeiter beobachteten uns bei unserem Tun. Niemand stieg mehr ein in die noch fahrende Sesselbahn, denn die wahre Attraktion waren offensichtlich wir. Gerade noch sturzfrei, aber dafür absolut bühnenreif, schafften wir es bis zu den Beobachtern.

„Jo wos is'n mit euch zwoa los? Wos hobts'n ihr do für Schi? De hoben jo ned amoi Kanten!"

„Mama, schau mal, die beiden Männer sind schon viel älter als ich und die können noch immer nicht besser fahren als ich!"

Begleitet von solchen Kommentaren verließen wir die Arena. Wir fühlten uns wie zwei Gladiatoren. Wie Gladiatoren, die soeben im Training schwer verprügelt wurden.

Zuhause feilschten wir am Bindungssystem. Erneuerten alle Lederriemen an den Bindungen. Verbesserten die Aufstiegsmechanismen.

Zwei weitere Tests führten wir Tage später noch durch. Beide aber abseits von Pisten und fern von möglichen Beobachtern. Steiles Schräganstiegen war mit den Seehundfellen unmöglich, da ihre Fixierung dies einfach nicht zuließ. Die Felle wanderten. Aber stets steil gerade aufwärts war recht problemlos möglich. „Steirerspur" eben. Das Bindungssystem funktionierte auch schon recht passabel. Wir waren uns sicher, dass wir bei gutem Pulverschnee oder im weichen Firn durchaus gut mit dem alten Equipment zurechtkommen würden. Doch die Bedingungen am Berg würden wir uns nicht aussuchen können, denn am Termin für die Jubiläumsbegehung wollten wir schon festhalten.

Zuletzt organisierten wir noch uralte, passende Rucksäcke und machten täglich eine Stunde lang Yoga. Bis zu dem Tag, an dem es endlich losgehen sollte. Yoga macht gelenkig. Yoga ist cool. Und wenn man zwei Meter lange, extrem schwere Schier an den Füssen hat, dann kann eine tiefe innere Ruhe ganz bestimmt nicht schaden. Aber als ob es mit den schweren Dingern an den Füssen noch nicht schwierig genug wäre, steht man auch noch in weichen Lederbergschuhen auf diesen Dingern. Und verbunden wird das Ganze durch eine Kandahar-Riemenbindung.

Wie hatte Hannes doch so nett und mit einem Lächeln auf seinen Lippen zu uns gesagt, als es um die Festigkeit der Schi ging?: *„Stürzen bei höheren Geschwindigkeiten kann blöd enden, denn im Verdrehfall gibt's natürlich keinen Auslösemechanismus. Wenn's dabei krachen sollte, so kommt das Geräusch sicher nicht vom Schi, sondern aus dem Bereich Schien- und Wadenbein. Wenn man Glück hat, reißen aber eh nur die Bänder im Knie!"*

Linhart und Schruf

Der Tag der Wahrheit war gekommen. Ein Samstag Anfang März. Die Tage davor waren wir stets in den umliegenden Bergen unterwegs gewesen, um die Bedingungen zu checken. Die Schneesituation war nicht gerade ideal für unser Vorhaben, aber wir waren bereit, diese anzunehmen, so wie sie nun einmal war. Zeitig in der Früh starteten wir vom Bodenbauer aus.

Zu viert. Ernst und ich, alias Toni Schruf und sein Forstadjunkt. Gerhard Zink und Andi Eibegger begleiteten uns. Die beiden Freunde strahlten nicht nur Zuversicht aus, sondern waren auch beruhigenderweise mit einem Notarztrucksack unterwegs. Schmerztabletten und Spritzen waren darin genauso enthalten wie Beinschienen und Vakuumverbände. Gerhard hatte sich beruhigenderweise schon am Vortag über ganz wichtige Dinge informiert und meinte nur:

„Die Astrid is heute in Niederöblarn und hat Notarztdienst beim C-14-Christophorus-Rettungsheli. Und unser Freund, der Doktor Rettl, hat Dienst im LKH in Bruck. Rein sicherheitshalber hab' ich ihn vorinformiert über das, was ihr heute machts. Eure Daten san schon bekannt und im Falle eines Falles geht's somit schnell bei der Anmeldung. Auch ohne E-Card!"

Bis zur Häuselalm hieß es zunächst etwa 600 Höhenmeter aufzusteigen, anfangs durch lichten Wald und zum Schluss durch eine steilere Mulde. Das ging problemlos. Etwa fünf Zentimeter Neuschnee waren über Nacht gefallen und somit war dieser erste Abschnitt recht leicht machbar gewesen. Anstrengend zwar, aber unsere Aufstiegszeit bis dorthin war kaum langsamer als mit normaler, leichter Ausrüstung.

Auf der Häuselalm war es, als vor 125 Jahren der Forstadjunkt alleine zurückbleiben musste. Ich als sein legitimer Nachfolger

Schruf folgt Linhart durch den Wald hinauf in Richtung Häuselalm

Linhart schafft es diesmal, an der Häuselalm vorbeizugehen...

hatte natürlich aus Linharts damaligen Fehlern gelernt und konnte nun Toni Schruf weiter begleiten in Richtung Gipfel.
Auf etwa 2000 Metern Seehöhe war es aber soweit. Die Probleme begannen. Der Neuschnee war vom Wind verweht. Der Untergrund war eisig. Wie befürchtet, aber doch auch wie vorhergesehen. Ein Königreich für Harscheisen oder Steigeisen! Doch so etwas gab es damals nicht, und auch heute wollten wir nicht klein beigeben. Meter für Meter bewegten wir uns vorsichtig weiter. Später gesellten sich auch noch Nebel und Wind dazu. Kurzum, es war richtig anspruchsvoll. Ein Tag, an dem die meisten Hochschwab-Aspiranten bereits beim Erreichen der Hochfläche umdrehten. Nicht so aber die wackeren Nachfahren von Schruf und Linhart. Als wir uns nach einer Aufstiegszeit von vier Stunden am Gipfel glücklich die Hände reichten, waren wir schon mal sehr stolz auf das soeben Erlebte. Doch eines war uns klar: Die eigentliche Challenge würde erst folgen.

Gratulation, Herr Schruf - Gratulation, Herr Linhart - 125 Jahre später

Leben an der Sturzgrenze

Bis zum Rauchtalsattel ging es langsam, aber sicher und eigentlich auch ganz gut bergab. Die Abfahrtszeit bis dorthin dauerte exakt halb so lang wie unsere zuvor dafür benötigte Aufstiegszeit. Nun hieß es, sich zu entscheiden. Entweder den faden, aber dafür extrem eisigen flachen Rückweg zur Häuselalm zu nehmen oder durch das steile und anspruchsvolle Rauchtal abzufahren. Tja, nachdem Schruf diesmal Linhart nicht bei der Häuselalm treffen musste, war unsere Entscheidung klar.

Auf ins Steilgelände! Gute 35°, aber die Hänge dafür garniert mit zarter Pulverauflage. Rasant ging's abwärts. Vorbei an der Ostwand des Großen Beilsteins. Mittlerweile stand es 2:2.

Zwei Kapitalstürze Toni Schrufs und zwei Kapitalstürze des Forstadjunkten. Als wir den schützenden Schattenbereich des Großen Beilsteins verlassen hatten, war es vorbei mit dem Genuss. Märztage können blöd sein. Speziell dann, wenn der Schnee in der Sonne rasch umgewandelt wird und danach eine gefährliche Mischung aus Bruchharsch und Pappschnee bildet. Und genau dann fährt man ein in den Hochwald. Und die Bäume sind härter als Försterhüte. Mehrfach hieß es daher „Sprung-vorwärts-Rolle!".

Beim Stand von 14:12 waren wir knapp davor aufzugeben und die Schi zu tragen. Wären Andi und Gerhard nicht dabei gewesen, wir hätten es wohl getan. Schließlich erreichten wir beim Stand von 18:16 wieder gesund und absolut glücklich unseren Ausgangspunkt. Wir waren zwar von oben bis unten weiß und noch voll mit Schnee, aber alle Teile waren heil geblieben.

Die Abfahrtszeit durchs Rauchtal bis zum Bodenbauer hatte mehr als zwei Stunden in Anspruch genommen. Das war wirklich hart. Sehr hart. Unser Respekt vor der Leistung der Schipioniere ist im Zuge dieses Projektes natürlich immer mehr gewachsen. Heutzutage kann man sich wirklich kaum mehr vorstellen, mit welchem Enthusiasmus und welcher Leidensfähigkeit unsere Ahnen den Schitourensport vor nun schon über 125 Jahren in den Alpen eingeführt haben.

125 Jahre später wagen wir uns aber durchs Rauchtal hinunter

Bei der Anzahl der Stürze steht es bereits 2:2 :-)

Dezember 2020

Wieder standen Ernst und ich gemeinsam am Weißeckgipfel. Wieder mit den gewohnten Leichtschiern und in steifen Carbonschuhen. Diesmal aber war der kleine Parkplatz in Zederhaus gut gefüllt gewesen und selbst hinauf zum Weißeckgipfel mussten wir nicht spuren. Aber nur mehr eine einzige Spur führte vom Vorgipfel hinauf zum anspruchsvollen Hauptgipfel. Die Spur war frisch. Und sie war gut angelegt. Sehr gut sogar. Oben saß ein älterer Mann mit weißem Bart. Wir begrüßten ihn freundlich.

„Danke vielmals fürs Spuren! Weißt, mein Freund, der Peter, der is einer, der kann ganz schwer Pfaden anderer folgen. Typisches Erschließersyndrom hat der! Aber heut hat sogar er gesagt, besser kann man die Spur ned anlegen! Super gemacht!" sagte Ernst. Dann stand der Mann auf und reichte uns seine Hand.

„Freut mich, dass ich heut für euch zwei Steirerbuam spuren durfte, so wie vor einem Jahr ihr zwei für mich gespurt habts. Mit meinen 71 Jahren ging es zwar ned mehr so schnell wie früher, aber wenn euch die Spur wirklich gepasst hat, dann freut's mich umso mehr!"

Niemand von uns dreien hatte mit dieser Begegnung gerechnet und uns allen war die Freude darüber ins Gesicht geschrieben. Und wieder fuhren wir zu dritt ab durchs steile Ödenkar.

Kurz vor dem Gasthof Schliereralm hatten wahrscheinlich spielende Kinder eine kleine Schanze im flachen Gelände gebaut und kindisch wie wir nun mal waren, sprangen Ernst und ich laut lachend darüber. Zwar nur wenige Meter weit, aber dafür mit umso mehr Enthusiasmus.

Unser Begleiter sah uns lächelnd zu. Dann sagte er zu uns:

„So gut wie ihr zwei jetzt gesprungen seids, da sieht man, das habts ihr im Blut! Wisst ihr eigentlich, dass die ersten Schisprungmeisterschaften der Alpen in Mürzzuschlag stattgefunden haben und dass die damaligen Sieger Steirer waren? Das waren vor über 100 Jahren die wahren Schisprungpioniere!"

Ernst sah mich mit finsterer Miene an und noch bevor ich antworten konnte, sagte er:

"Nein, Peter. Nein! Ich weiß, woran du denkst. Aber diesmal ganz sicher ohne mich!"

Mountainbiken ist eine ehrliche Sportart. Wenn man nicht gerade gedopt ist. Ob die Zahl der Dopingsünder im Amateurbereich höher ist als im Profibereich, das will ich gar nicht wissen. Nein, Radfahren ist und bleibt für mich ein ehrlicher Sport.
Da gibt es kein Schummeln. Gnadenlos wird einem in einer Gruppe aufgezeigt, wie es wirklich um seine eigene Kondition steht. Gruppen haben natürlich auch den Vorteil, dass die Wahrscheinlichkeit größer ist, dass jemand dabei ist, der schwächer ist als man selbst. Wenn man in Gruppen fährt, gilt Tarnen und

ten steirischen Kletterer. Neben seiner Physis war es vor allem seine starke Psyche, die ihn auszeichnete. Wörter wie Angst schien er kaum zu kennen. Er war der Kletterer, zu dem einst Wolfgang Güllich im Yosemite Valley sagte: *„Die Tour ist psychisch so hart und fordernd, die passt genau für den Sigi!!"*
Mit Sigi war ich immer gern unterwegs. Im Laufe der gemeinsamen Jahre verlegte er seine Aktivitäten immer weiter weg vom Felsklettern und stärker hin zum Mountainbiken. Er wohnte damals in Wien. Ich lebte in der Steiermark.

Täuschen als probates Mittel. Als Mittel zum Überleben.
Fährt man zu zweit, so werden Defizite schneller sichtbar. Wenn dann noch zwei absolute Alphatiere gemeinsam Biken gehen, dann schadet es nicht, davor zwei Regenerationstage eingelegt zu haben, um die Tour dann mit folgendem Satz zu beginnen:
„Heute bin i a bissl müde, weil gestern hab ich 1000 Höhenmeter gemacht und vorgestern 2000!"
So tat ich es auch, als ich mich mit Sigi irgendwo in den sogenannten „Wiener Alpen" zum Biken traf.
Sigi war in seinen jungen Jahren mit Sicherheit einer der stärks-

Sigi hatte unsere Tour ausgesucht und ich verließ mich voll und ganz auf ihn. Seine Planungsgrundlage war der Mountainbikeführer von Kurt Schall. Ob diese Tour allerdings wirklich darin enthalten war, weiß ich bis heute nicht. Dieser Führer jedoch, in Kombination mit Sigis Lesekunst und Interpretationsgabe, war stets ein Garant für ein kleines ungeplantes Abenteuer. Dafür, dass aus 1500 Höhenmetern doch am Ende 2500 Höhenmeter wurden. Oder dafür, dass aus Fahrpassagen dann Tragepassagen wurden. All das war mir aber stets egal. Denn wir hatten immer enormen Spaß dabei.

Und das, was wirklich zählte, war der gewonnene Tag!
An jenem Tag waren wir schon stundenlang unterwegs. Über Stock und Stein. Anspruchsvolle Single Trails. Steile Anstiege. Die Routenskizze hatte Sigi dabei. Angeblich. Zumindest sah es immer wieder so aus, als würde er auf einen Zettel schauen. Und wie schon gesagt, ich verließ mich blöderweise immer wieder blind auf ihn.

„Do oben sieht man schon die Almhütte. Die is bewirtschaftet. Da trinken wir dann was."

„Ok Sigi. Und wie geht's da auffe? Dem kleinen Hohlweg da links nach?"

„Na - des is die leichte Umfahrung. Des is die Variante für die Schwachen. Wir fahren da der steilen Wiese nach direkt gerade rauf. Das Gras is noch ganz niedrig. Des geht!"

„Ok, wenn du des sagst…"

Und so fuhren wir los. Nebeneinander. Etwa 100 Höhenmeter waren noch zu absolvieren. Die Wiese wurde immer steiler. Jeder von uns hatte seinen Pulsmesser aktiviert. Um sich nicht in die Karten schauen zu lassen, achteten wir stets darauf, einen gewissen Abstand einzuhalten, denn wer als Biker seine wahre Pulsfrequenz preisgab, der hatte schon verloren. Tarnen und Täuschen war eben angesagt.

Mein Tachometer am Lenker zeigte mir in großen Ziffern meine aktuelle Pulsfrequenz an. Und meine Pulsfrequenz stieg stetig.

Selbstgespräch Teil 1: *„Geh fix…Pffff…170 Puls…des is zach!"*

Noch trennten uns etwa 50 Höhenmeter von der Hütte. Am Geländer standen bereits mehrere Leute und beobachteten uns.

Selbstgespräch Teil 2: *„Steig endlich ab, Sigi! Weil dann…kann i auch endlich absteigen"… „Oh…Gott…185 Puls…."*

„188. Absoluter Maxpuls…bitte bitte Sigi, steig endlich ab!!!!!!!!!!"

Noch 30 Höhenmeter. Ich brach den Bann des Schweigens. Flüssiges reden ging schon lange nicht mehr. Es wurde gestammelt.

„Sigi…hhhhh…wennst magst…hhhhh…können wir absteigen… hhhhh…hhhhh…hhhhh..."

„Hhhh…hhhh…i ned…Peter, du kannst eh…hhhhh…wenn du obsteigen willst, dann steig i a ob!"

Shit! Diese Rechnung war nicht aufgegangen. Ich hatte sie ohne den Wirt gemacht. Ohne Sigi. Auch für ihn galt offensichtlich ganz klar die gleiche Devise wie für mich: niemals als erster abzusteigen!

Mountainbiken

Selbstgespräch Teil 3: „I steig ned ab vor dir Sigi! Nie! Herzinfarkt oder oben ankommen."

Die Füße brannten. Alles tat weh. Es war unmenschlich. Mittlerweile feuerten uns blöderweise auch die oben sitzenden Wanderer an.

„Hopp, hopp hopp! Geht schon, geht schon, bald habts es!"

Wir sahen uns an. Wie zwei Gladiatoren. Gleiche Höhe. Gleich am Limit. Gleich stur. Und wenn es blöd hergehen sollte, würden wir beide wohl bald gleichzeitig tot aus dem Sattel kippen. Endlich wurde es flach. Wir erreichten die Hütte. Die Zuseher applaudierten. Langsam, aber sicher kehrte wieder Normalität ein. Wir setzten uns. Der Wirt kam.

„Do is bis jetzt a no nie wer direkt auffag'fahren! Dass des fahrbar is, hätt i ned glaubt, wenn is ned selber jetzt g'sehen hätt."

Nachdem wir bestellt hatten, ging es an die Aufarbeitung.

„Sigi gib zu, des letzte Stück is ned so im Führer beschrieben!"

„Na, hast Recht. Aber es hat so lieb ausg'schaut. Aber wenn i g'wusst hätt, dass es für dich so schwer is, wär i eh am Hohlweg blieben!"

„Für mich schwer? Pfff…i hab' mir nur Sorgen um dich g'macht, Sigi, weil du hast schon ziemlich keucht. Für mich war's kein wirkliches Problem."

„Aso Peter? Aus'gschaut hast aber scho ziemlich schlecht. Sag, wie hoch war denn dei Puls?"

„Mein Puls? Meiner?"

Ich musste Zeit gewinnen, um nachzudenken, welche Zahl ich nennen sollte.

„Jo deiner. Wie hoch?"

„165, Sigi" antwortete ich mit ernster Miene.

„165? So hoch? Naja, ma merkt halt, dass du mehr kletterst und weniger im Ausdauerbereich machst. Meiner war auf 155. Musst halt no a bissl mehr trainieren, dann magst leichter mithalten."

Heute bike ich immer noch gerne. Immer noch ehrlich. Ich gebe es zu, manches Mal schaue ich neidvoll zu den E-Mountainbikes. Irgendwann kauf ich mir eines. Irgendwann. Und dann werde ich mit Puls von 165 bei derselben Hütte ankommen wie damals mit Sigi. Und wie selbstverständlich werde ich dann wohl sagen: „Nein, ich fahr' nur mit dem niedrigsten Eco-Antrieb! Die Akkus brauch' ich ja fast nicht…" Denn Mountainbiken ist eine ehrliche Sportart!

Die Glücklichen sind neugierig!

(Friedrich Nietzsche)

Ein neugieriger „Schwarzfahrer" am Hochschwab

Wie geht das?

Es war ein lauer Sommerabend im Jahr 2013. Ich genoss das Klettertraining in der Fischerwand bei Kapfenberg. Alleine spielte ich am Fels. Wie so oft war die Steigklemme mein treuer Partner. Sie redete nie zurück, feuerte mich nicht unnötig an - und das allerbeste an ihr: Sie gab mir nie Tipps, wie ich etwas zu machen hätte! Route um Route spulte ich ab.

Dann stand plötzlich mein alter Freund Max Rust vor mir. Er hatte mein Auto am Parkplatz gesehen und kurz entschlossen spazierte er hoch zum Klettergarten. Max mochte ich. Max schätzte ich. Max respektierte ich. Er war in den achtziger Jahren einer der besten und nervenstärksten steirischen Kletterer und ist immer noch verdammt gut unterwegs am Fels.

Max hatte ein sonniges Gemüt und die Tatsache, dass er ein liebenswerter Chaot war, machte ihn nur noch sympathischer. Kurzum, seine Anwesenheit empfand ich nicht als störend. Wir plauderten und tratschten. Und Max beobachtete mit Argusaugen meine Bewegungen in einer schweren Route.

„Wie kletterst du die Passage - wie geht das?"

„Links klemm i zwei Finger in den Riss, dann steig i links hoch an im Riss, rechts steig i auf a klane Leistn und dann...Vollgasdynamo mit rechts auf an guten Aufleger!"

Die Stelle gefiel ihm und auf seine Bitte hin kletterte ich sie nochmal. Er meinte, dass ihm als „Schultermarodem" das zwar zu schwer sei, aber wenn er jemals mal dort klettern würde, dann wüsste er zumindest, was er zu tun hätte. Gemeinsam traten wir nach meinem Trainingsende den Heimweg gemütlich tratschend an.

Einige Wochen später zog es mich nach der Arbeit erneut zur Fischerwand. Etwas verbittert musste ich bereits während des Zustieges feststellen, dass ich nicht allein sein würde. Laute Flüche waren zu hören. Unbemerkt näherte ich mich dem Treiben. Ein mir unbekannter Kletterer hing gerade wild fuchtelnd im Seil, exakt unter jener Schlüsselstelle, deren Lösung ich Max vor Wochen erklärt hatte. Auch seinen Sicherungspartner kannte ich nicht. Doch den Mann, der daneben am Wandfuß stand und Befehle gab, den kannte ich. Es war Max. Wieder versuchte der Kletterer sein Glück.

„Jetzt sog ich's dir no amoi: Links klemmst zwei Finger in den Riss, dann steigt ma links hoch an im Riss, rechts steigst auf a klane Leistn und dann...Vollgasdynamo mit rechts auf an guten Aufleger! So geht's und jetzt reiss di z'samm!"

Wenige Augenblicke später hing der Bursche wieder erfolglos im Seil. Etwas frustriert blickte er nach unten und sprach: *„Dass du des klettern kannst, Max, alle Achtung! Gratuliere!"*

Wenig später kam ich freundlich grüßend auf die Jungs zu. Nur Max wurde im Gesicht etwas rot, so als ob er beim Schummeln in der Schule vom Lehrer erwischt worden wäre.

Ich begann mit meiner Steigklemme neben ihnen zu trainieren und spulte wie immer Route um Route ab. Als es dunkel wurde, saßen wir gemütlich zu viert am Wandfuß. Die Jungs hatten mehrere Dosen Bier mitgenommen und mich zum Mittrinken eingeladen. Durstig war ich, und die Jungs waren wirklich nett. Kapfenberger Bergretter, also Ortsstellenkameraden von Max. Ihre Einladung nahm ich gerne an.

In cervisia veritas

Die Jungs waren durchaus gut informiert darüber, was es klettermäßig so Neues in unserer Umgebung gab, und nachdem ich ihnen ausführlich über die Neutouren von Max Ostermayer und mir berichtete, sagte Max so nebenbei beim Biertrinken, dass auch er vor kurzem mit Tom Richter eine Erstbegehung gemacht hatte. Im Gebirge. Zehn Seillängen. Oder neun. Oder doch elf? Und so rund um den sechsten Grad. Oder vielleicht doch im siebenten Grad. Oder im fünften. Je nachdem, wie man die Schlüsselstelle klettern würde.

Und er schilderte uns ganz genau, wie die Schlüsselstelle zu klettern sei. Verbal aber auch plastisch, so wie beim Schattenboxen. Eine glatte Platte, bei der in einem feinen Riss ein Fuß recht schmerzhaft verklemmt werden könnte. Wenn man schmerzunempfindlich sei. Wer schmerzempfindlich sei, der müsste wohl im siebenten Grad ohne Riss auskommen.

Nun war meine Neugier endgültig geweckt. Seit jeher liebte ich es, frühe Wiederholungen von Neurouten zu machen. Meine Neugier kannte beim Klettern kaum Grenzen. Oftmals waren die Routen noch dreckig oder unvollständig eingerichtet. All das war mir aber immer schon egal. Ich stieg ein. Ohne Rücksicht auf Verluste. Und teilweise wohl auch ohne Rücksicht auf Ethik und auch ohne jedwede Einladung. Heute darf ich das gestehen, was manche zwar schon immer vermuteten, aber was man mir nie beweisen konnte. Nämlich, dass ich auch in Projekte eingestiegen bin, ohne zu wissen, von wem diese sind und wie schwer diese sein könnten. Kaum sah ich eine offensichtliche Putzspur, war ich schon dort. Meistens ging es gut und wenn nicht, so verlor ich kein Wort darüber. Niemals!

„Max, kann i bitte a Topo haben? I hätt Zeit und tät's mir wirklich gern anschauen."

„…najo…ah…Topo gibt's no kanes…und…außerdem…die Tour is dir zu leicht…des is nix fia di…"

„Na Max, a schöner Sechser passt a, muss ja ned immer hart sein. Habts es g'scheit abg'sichert?"

„Jo sicher - kennst eh den Tom. Der bohrt eher zuviel als zu wenig…"

„Ah super, dann kann ich's ja ned verfehlen. Sagst mir bitte einfach, wo der Einstieg is, dann find i schon durch! I brauch e ka Topo! Des wird ja eh a logische Linie sein. Und wenn's gut einbohrt is, wird's scho für uns machbar sein, oder?!"

„Jo...ähm…jo…also…so ganz sauber ist die Tour no ned. Und alle Bohrhakl san a no ned drinnen...so richtig genussvoll zum Klettern wird's a no ned sein…owa …dir wär des wahrscheinlich eh egal…glaub i…und...abhalten kann i di eher ned, gell…?"

Schließlich erzählte er mir schweren Herzens, wo der Einstieg der Neutour zu finden wäre. Namen hätte die Tour auch noch keinen und nach oben hin, meinte er, wäre wirklich weniger Material drinnen, und dass Keile wohl nicht schaden täten.
Falls ich wirklich hingehen würde. Aber er empfahl mir, lieber andere Routen zu klettern.

Die frühe Wiederholung

Zwei Tage später standen Gerhard Zink und ich bereits am Einstieg eben jener Neutour. Die Einstiegsbeschreibung von Max hatte exakt gestimmt. Ober uns glänzten die Bolts vielversprechend in der Herbstsonne. Die Vorfreude war groß. Wie ich das liebte! Einfach drauf losklettern, ohne genau zu wissen, was einen wohl erwarten würde. Weder Verlauf der Seillängen noch Schwierigkeit und Länge waren bekannt. Bekannt war nur, dass die Kletterei vernünftig abgesichert sein sollte, und dass es nicht zu schwer sein würde. No more and no less.

Das Spiel konnte beginnen. Gerhard startete hinein in die erste Länge. Diese war recht einfach zu finden und die Schwierigkeiten reichten auch nicht über den fünften Grad hinaus. Etwas inhomogen zwar, aber doch noch einigermaßen ok.

Die zweite Seillänge gehörte mir. Wechselführung war angesagt. Die Länge war sehr schön und tatsächlich erinnerte ich mich an einer Stelle an die Schlüsselstellenschilderung von Max. Die Absicherung war sehr gut. Langsam fragte ich mich, wozu wir unsere schwer wiegenden Friends überhaupt mit herauf getragen hatten?

Die dritte Seillänge durfte ich nachsteigen. Und das war auch gut so, denn ich weiß genau, dass ich in diesem Bruchhaufen

Da drüben muss es dann sein, hat der Max gesagt...

Der „Oberschwarzfahrer" beim „Schwarzfahren"...

Hier hängen Bohrhaken und drüben unter dem Stein sind weitere deponiert... Was bedeutet das?

keine rechte Vorstiegsfreude gehabt hätte. Neben den ausreichend vorhandenen Bolts war das einzig Feste in dieser Seillänge unser Glaube daran, dass es nach oben hin besser werden würde.

Zur Verteidigung der Erstbegeher muss ich aber ehrlicherweise anmerken, dass ich vor keinem „Runout" mehr Angst habe als vor brüchigem Fels. Und vor keiner harten Seillänge fürchte ich mich mehr als vor Bewuchs. Verwöhntes Weichei eben.

Seillänge Nummer vier durfte wieder von mir geführt werden. Die Wegfindung war recht einfach, die Kletterei auch. Der Fels jedoch blieb mittelprächtig. Ich war auf der Suche nach dem nächsten Standplatz. Wie gewohnt würden mich dort wahrscheinlich zwei solide Bohrhaken erwarten. Und tatsächlich, da waren sie schon, die Bohrhaken. Aber es waren mehr als zwei. Viel mehr. Zwei steckten in gewohnten Abständen im Fels. Gut verschraubt. Sehr solide. Doch an einem Bohrhaken hing schon was. Nämlich mehrere fertig montierte Bohrhaken. Und unter einem Stein daneben befanden sich noch viel mehr Bohrhaken, sauber deponiert.

„Peter, glaubst, die haben die Bolts vergessen mit runter zu nehmen? Oder wollen sie noch was nachbohren?"

Ich ahnte Fürchterliches. So sehr ich mich auch anstrengte und meine Augen beim Blick nach oben hin fokussierte, es war weit und breit kein einziger weiterer, im Fels steckender Bolt in Sicht. Alle Stände bis hierher waren auch abseilfähig eingerichtet gewesen. Sogar mit vorhandenen Karabinern. Wir beratschlagten.

„Der Max hat g'sagt, nimmst halt Friends mit, dann kommst schon durch."

„Jo owa es schaut echt so aus, als ob die Tour erst halb fertig is. Man siecht nix, aber schon überhaupt nix nach oben hin, und das, obwohl die Tour bis hierher sehr eng g'sichert war."

„Gerhard, vielleicht is ihnen nur der Akku ausgangen. Da, nimm die Friends und auffe mit dir. Wird ned schwerer als ‚fünf' sein und irgendwann wirst eh auf Bolts stoßen. Wenn nicht, dann baust halt mit den Keilen an Stand!"

Gesagt. Getan. Der Freund kletterte los. Nach etwa 10 Metern begannen wir wieder zu reden.

„Peter, i seh' no immer kan Bolt…"

„Gerhard... dann konzentrier' di und leg' irgendwo halt amal an Keil! Und suder ned so wia a klaner ‚Hans Moser' do umadum! Hopp hopp!"

„Du hast leicht redn da unten am Stand! Du…du…'Paul Hörbiger' du!!! In dem Bruchhaufen hobn de Friends ohnehin nur an optischen Wert…"

Langsam, aber sicher, stieg Gerhard höher. Nach etwa 45 Metern kam das wortlose Standsignal. Ich stieg nach. Fünf Klemmkeile, von denen mit Sicherheit vier nicht gehalten hätten, säumten meinen Weg bis hinauf zu seinem Standplatz. Dieser war aber komplett eingerichtet. Zwei Bohrhaken, verbunden mit einem Seilstück. Und in einem Bolt hing bereits ein Abseilkarabiner. Dieser stammte wohl von den Erstbegehern.

„Hast du irgendwo an Bolt g'sehn in der Länge, hab' i leicht an übersehn, Peter?"

„Na, aber die Kletterei war eh leicht und da is eh a Superstand. Brav warst, Gerhard - wie geht's weiter, hast scho g'schaut?"

„Ja, hab' ich. Gerade auffe schätze ich. Weil links is a Bruch und rechts a Splitterhaufen. Gerade auffe is guter Fels. Und du wirst flüssig klettern können, denn Bolt steckt da weit und breit kein einziger. Wirst somit a ned einhängen brauchen. I sag' dir, die haben da unten aufgehört, wo s' die Bolts reingehängt hatten. Vielleicht haben s' die Tour vorher von oben erkundet, ob's überhaupt an Sinn macht. Darum die sauberen Abseilstände.
I glaub', in 40 bis 50 Meter wirst wieder auf an Stand treffen. Peter, ich sag's dir - wir machen grad a klassische ‚Schwarzbegehung'. I bin sogar passend anzogen. Und i hab' auch die schwarze Sonnenbrille auf!
Auf geht's, Paul Hörbiger! Zeig, was du kannst. Und tua ned sudern, Bua! Hopp hopp!"

Und tatsächlich, so war's auch. Vier weitere Seillängen kletterten wir in genau diesem Stil bis hinauf zur flachen Gipfelwiese, ohne auch nur einen einzigen weiteren Zwischenbohrhaken vorgefunden zu haben.

Was lag hinter uns? Eine frühe Begehung? Oder war's die erste Wiederholung? Oder war's gar die erste Begehung? Komisch war's auf alle Fälle gewesen. Eine Route, welche in Wandmitte irgendwie geendet hatte und doch standen wir nun am Gipfel. Wir beschlossen, einfach mal Gras über die Sache wachsen zu lassen und nichts von dieser Begehung zu erzählen. Niemandem. Kein Sterbenswörtchen. Denn immerhin hatten wir nach oben hin, vor lauter Ärger, alle vorinstallierten Abseilkarabiner einfach mitgenommen. So quasi als kleinen Bosheitsakt. Und nachdem das natürlich absolut nicht in Ordnung war, fiel uns das Schweigen leicht.

Die Zeit verging. Die Monate verflogen. Der Sommer war längst Geschichte. Nichts war in Klettererkreisen über diese Neutour zu hören. Im Herbst waren wir mehrmals in Nachbarrouten unterwegs. Unsere Neugier war groß, doch nie sahen wir jemanden in der besagten Tour. Und auch im nächsten Jahr wurde nichts bekannt über diese Route.

„Schwarzbegehung" durch die *Men in black*

Was war das jetzt? 1., 2., 3. oder welche Begehung?

Mittagspause in der Kletterhalle

An einem Dezembertag, mehr als zwei Jahre nach dieser Begehung, fuhr ich mit meinem Auto in einer Mittagspause rasch zur nahe gelegenen Kletterhalle, um etwas zu trainieren.

Wie am Fels, so empfand ich auch in der Halle die Anwesenheit von anderen Kletterern und neugierigen Zusehern stets als störend. Aus diesem Grund kletterte ich in der Halle nur während der Mittagszeit. Nur zwei Autos standen am verschneiten Parkplatz. Irgendwie kamen mir diese alten Kübel aber bekannt vor. Rasch zog ich mich um und ging in die große Halle. Und siehe da, den einzigen Sichernden kannte ich schon mal.

Gerhard Grabner war mit seiner Lebensgefährtin da. Offensichtlich waren die beiden völlig allein in der Halle. Wir tratschten kurz gemütlich und bevor ich mich aufmachte, um in den Boulderbereich zu gehen, sagte ich noch:

„Herrlich, wenn ma so alleine da sein kann. Nur ihr zwei und ich!"

„Na, Peter, san eh no zwa andere a do. Die kennst auch. Zwei Brüder. Ältere Semester. Die san hinter der Ecke am Klettern. Schau umme, die freuen sich sicher, wenn s' dich sehen!"

Es war still in der Halle. Ich dachte nach und Gerhard sagte auch nichts. Hinter der Ecke wurde tatsächlich gesprochen.

„Hansi, jetzt sog i's dir no amoi: Links klemmt ma zwa Finger ins Loch, dann steigt ma links hoch an, rechts steigt ma auf a klane Leistn und dann…Vollgasdynamo mit rechts auf an guten Aufleger! So geht's und jetzt reiss di z'samm!"

„Max, du kannst des jo goa ned klettern, des is da zu schwa…"

„Hansi, ja - mir is es zu schwa. Das stimmt. Aber du siehst anfach ned wie's geht, des stimmt a! Dir fehlt die Logik und mir die Kraft. Wenn i deine Kraft hätt' und du mei Logik, dann wären wir gleich stark wie der Adam Ondra oder da….i hab' vergessen, wie a haßt!"

Max und Hans Rust waren in ihrem Element. So wie ich sie kannte und schätzte. Und natürlich freute auch ich mich darüber, die beiden zu sehen. An jenem Tag kam ich auf Grund der Anwesenheit der guten Freunde nicht zum leistungsorientierten Training. Stattdessen erschien ich mit leichter Verspätung in der Firma zu meinem Nachmittagstermin. Und ich roch wohl nach Bier...

Wiederholungstäter

Im Juni 2018 war ich, wie so oft, in derselben Wand unterwegs. Diesmal mit einem meiner Söhne am Seil. Und erneut blitzte es neben mir. Provokant. Strahlend. Nigelnagelneue Bohrhaken. Frische Bohrmehlstreifen. Aber an diesem Tag sah ich die neuen Bohrhaken immer wieder im Fels stecken, und zwar bis hinauf zur Hochfläche. Mir war klar, da gibt's eine neue fertige Tour. Nach der Durchsteigung unserer Route hatten wir noch genügend Zeit an diesem langen Junitag. Flott stiegen wir ab und rasch gingen wir ein zweites Mal zum Wandfuß. Schwuppdiwupp, schon wurde eingestiegen. Always follow the Bohrmehlstreifen.

„Papa - die neuen Bohrmehlstreifen gehen hier gerade hoch. Gehen wir die Tour gleich im Anschluss?"

"Papa, i glaub' des is sicher a ‚Schwarzbegehung', die wir da grad machen!"

"Michi, dann sagen wir halt, wir haben uns verstiegen, wenn uns wer fragt. Aber wir werden das Schwarzfahren eh niemandem sagen. Und schon gar nicht den Erstbegehern. Außerdem hab' ich keine Ahnung, von wem die Tour ist. Ich mein, so wie's gebohrt ist, glaub ich schon, dass ich wieder mal in einer Richter-Tour bin. Aber dem Tom werd ich's sicher nicht sagen!"

Wir waren recht schnell unterwegs und wahrscheinlich hatte uns auch niemand bei dieser Begehung gesehen. Auch die nächsten Tage waren noch schön und so zogen wir gleich am nächsten Wochenende erneut hoch zur selben Wand. Sohnemann und Papa. Diesmal stand eine weitere Route im Nahbereich der eine Woche zuvor gekletterten unbekannten Tour am Programm. Doch was war das? In Wandmitte sahen wir bereits während des Zustieges eine Seilschaft in der unbekannten Neutour.

Da machte glatt jemand eine weitere „Schwarzbegehung"! Unsere Route führte in Sichtweite dieses Anstieges hoch, und zum Schluss hin näherten sich die beiden Anstiege immer mehr.

Wir drückten gewaltig aufs Tempo. Und dann hörten wir links neben uns den „Schwarzbegeher". Er schnaufte ganz schön laut. Dann sahen wir ihn. Er chalkte, er fluchte. Ziemlich zeitgleich erreichten er und ich die Ausstiegswiese. Wenig entfernt voneinander. Und freundlich, wie ich nun mal bin, rief ich dem soeben aus der Neutour ausgestiegenen „Schwarzkletterer" zu:

"Servus, so a schöner Tag gehört genutzt, gell. Da passt a schöne Tour wie die eurige wirklich gut!"

"Servus! Ja, super Wetter! Die Tour find ich schon schön, bist die leicht auch schon geklettert?"

"Ja, wir haben die neuen Bolts vorige Woche aus der Nachbartour gesehen und sind dann die neue einfach klammheimlich geklettert, so wie ihr ‚Schwarzfahrer' heute auch."

"Und, hat's euch gefallen?"

"Ja, war a liebe Tour!", sprach mein Sohnemann, welcher soeben zu mir zum Ausstiegsstand hochgekommen war.

"Wie schwer, würdet ihr sagen, ist die Tour?"

"Zweite Länge sechs, und heroben, dort, wo es kleingriffig ist, auch sechs. Oder sechs minus." Das war meine „Expertise".

"Du bist der Pesendorfer Peter, stimmt's?"

"Ja, auweh. Da kennt mi wer und ich kenn dich ned. Wer bist leicht du bitte?"

"Ich bin kein Schwarzfahrer, sondern einer von den beiden Erstbegehern dieser Tour. Der Richter Tom ist der zweite. ‚Traumfenster' haben wir sie getauft. Danke jedenfalls fürs Bewerten, und es freut mich, dass euch die Tour gefallen hat! Heute bin i mit meiner Freundin da und wollte die erste Wiederholung machen."

Der Klettergott saß auf seiner Wolke und blickte hinunter auf die weichen Almmatten des Hochschwabs. Er sah in die Gesichter zweier Männer. Einer von beiden lächelte zufrieden, denn er hatte soeben einen „Schwarzfahrer" erwischt. Der andere senkte seine Blicke zu Boden und schämte sich, denn er wurde soeben als Schwarzfahrer entlarvt.

Epilog:

Es gibt so viele unausgesprochene Dinge im Leben von uns Menschen. Und das ist auch gut so. Man muss nicht immer alles analysieren und aufarbeiten. Ob Erst-, Zweit- oder Drittbegehung ist doch völlig egal.

Die Arbeit und Erschließung der von uns im Jahr 2013 gekletterten Route mit den hinterlassenen Bohrhaken haben Max und Tom gemacht. Und dafür danke ich ihnen. Und auch dafür, dass sie nie die gestohlenen Karabiner zurückverlangt haben.

Denn sie werden es wohl gewusst haben, welcher Lausbub der Dieb war. Über die Route und unsere damalige Schwarzbegehung hüllten wir bislang den Mantel des Schweigens.

Doch jetzt könnte es gut sein, dass mich der „Hexenmeister" holen kommt. Aber wenn er kommt, dann werde ich versuchen, ihn mit einem guten Glas Rotwein milde zu stimmen!

Deus lux est lux!

Stuhleckgipfel bei Sonnenuntergang

Zeige, was du kannst!

Viel bin ich in der Welt herumgekommen. Meistens recht billig, aber dafür dienstlich. Hin und wieder aber auch als bergsteigender Privatmann. Legendär sind die Gelächter meiner Seilpartner, wenn sie sich darüber amüsierten, wie ich mich in fernen Ländern mit den dortigen Einheimischen unterhielt.

In englischsprachigen Ländern war ich ein Konversationsweltmeister, in allen anderen eher einer, der mit Händen und Füßen gestikulierte. Und dabei Mischungen aus Deutsch, Englisch und Steirisch verwendete. Ja, tatsächlich beherrsche ich keine andere lebende Fremdsprache als Englisch. Auch keine tote Fremdsprache. Denn Latein stand nie auf meinem Stundenplan.

Ganz anders sieht das bei meinem Freund Harald Braun aus. Er spricht viele Sprachen, zumindest schafft er es nahezu überall, sich im Ausland in der jeweiligen Landessprache ein Bier und etwas zum Essen zu bestellen. Und natürlich hat er das große Latinum mit Bravour gemeistert.

Generell schätze ich seine Gegenwart sehr. Er ist außerdem auch so eine Art „wandelndes Lexikon". Und so ganz nebenbei einer der erfahrensten Kletterer Ostösterreichs. Viele neue Routen gelangen ihm in den letzten 40 Jahren. Die meisten davon gemeinsam mit seinem Freund Fredl Kapfenberger.

Jahrelang prägten die beiden die Entwicklung des Kletterns vor den Toren Wiens und eine Zeit lang waren sie die wahren Hausmeister des Höllentales. Rax und Schneeberg, die letzten Zweitausender der Ostalpen, das waren ihre bevorzugten Spielplätze. Ihr größtes Denkmal schufen sie sich mit der Route *Hic Rhodus - Hic Salta!* in der Blechmauer.

Als junger „Neuner-Kletterer" hatte ich mich seinerzeit Mitte der neunziger Jahre aufgemacht, um dieser enorm ausgesetzten, neun Seillängen langen Route eine freie Begehung abzuringen. Man munkelte damals vom achten Grad. Und dass der verschollene legendäre „Horror Alfi" die ursprünglich technisch gekletterte Schlüsselseillänge mit einem anspruchsvollen Quergang zum Freiklettern eingebohrt hatte.

Nun denn, ich hatte es damals ehrlich versucht. In 200 m Wandhöhe ging es damals für mich als Jungspund so richtig ans Eingemachte. So sehr ich mich aber auch bemühte, immer wieder flog ich ins Seil. Mir fehlte einfach die Idee, wie das gehen könnte. Was helfen dicke Arme, wenn das Gehirn nicht imstande ist, das Griffrätsel zu lösen?

Wenn ich flog, dann niemals leise! Wer mich kennt, der weiß, wie laut ich schreien kann, wenn ich mich beim Klettern ärgere. Und Fallen ist gleichbedeutend mit Ärgern.

„Der der der…Braun mit seinem Latein geht ma aufn Geist!!!!!!! Des geht niemals im achten Grad!!! Hic Rhodus - Hic Salta! Wos hast'n des iwahaupt? Damischer Lateiner damischer!!!", hallte es mit geschätzten 100 Dezibel hinaus, sodass man es wohl noch in Gloggnitz hören konnte.

Nachdem Gerhard meinen fünften Flug wieder sanft gehalten hatte, sprach er ruhig und gelassen zu mir. *„Des is wirklich Latein und heißt im übertragenen Sinn so viel wie: Hier gilt es; hier zeige, was du kannst! Aber bitte zeig' du jetzt Mut und greif' endlich an Haken zur Fortbewegung an. I bin scho ganz durchgeschwitzt vor lauter Nervosität!"*

Die seinerzeitige Fehlbewertung des Schlüsselstellenquerganges habe ich Harald längst verziehen, zumal er sowieso jedwede Verantwortung dafür von sich wies. Aber immer noch schmunzeln wir beide, wenn wir uns daran erinnern.

Dezember 2017 - Stuhleck

Gemeinsam schlendern Harald und ich im Licht der untergehenden Sonne dem Stuhleckgipfel entgegen. Noch bevor der Liftbetrieb beginnt, hat der Winter in unseren kleinen Bergen Einzug gehalten und wir genießen eine Nachmittagsschitour. 1000 Höhenmeter sind von Spital am Semmering aus bis hinauf zum Gipfel zu bewältigen. Ich musste an jenem Tag bis Mittag arbeiten und hatte mich anschließend mit Harald zur Tour verabredet. Meine Anfahrtszeit betrug 17 Minuten.

Harald jedoch kam aus Vösendorf und war dementsprechend länger unterwegs. Als Pensionist hätte er natürlich schon früher starten können, doch mir als Erwerbstätigen war ein früherer

Abfahrt vom Stuhleck im letzten Tageslicht - links mit Blick zur Rax und rechts mit Schneebergblick

Start einfach nicht möglich. Meine Planung aber war absolut ausgereift. Zu Sonnenuntergang würden wir am Gipfel sein. Und tatsächlich genossen wir den Schlussaufstieg im weichen Abendlicht. Mein Zeitplan hatte gehalten. Im Winterraum vom Alois-Günther-Haus richteten wir uns anschließend für die Abfahrt her. Gemütlich. Denn wir hatten ja Zeit. Felle runter. Bindung umstellen. Ein Schlückchen Tee. Und noch ein Schlückchen Tee. Wir scherzten und hatten wie gewohnt unseren Spaß.

„So, Harry, jetzt gemmas an! Stirnlampe aufsetzen und raus in die Winternacht!"

Plötzlich wurde mein Freund ruhig. Ein ungewohnter Zustand. Er blickte mich an wie ein treuherziger Schäferhund. Immer noch schwieg er. Und er tat…nichts.

Mit einem Lächeln sagte er: *„Jetzt weiß ich, was ich vergessen habe! "*

„Harry, bitte sag' jetzt ned, dass du deine Stirnlampe vergessen hast. I hab's dir no gsagt und sogar geschrieben: Stirnlampe parat!"

„Ja, Peter, die liegt auch parat. Parat zuhause am Wohnzimmertisch. In Vösendorf. Es liegt jetzt wohl oder übel an dir, mich sicher wieder nach unten zu bringen."

„Harald, meine Stirnlampe hat 1500 Lumen. Fahr am besten knapp hinter oder vor mir, je nachdem, wo du dich wohler fühlst. Wir fahren langsam und mit Bedacht. Du wirst sehen, das geht recht gut!"

„Deus lux est lux" sprach Harald. Ich hatte keine Ahnung, was das bedeuten sollte, aber er schmunzelte und somit war es wohl gut. Wir genossen den frischen Pulverschnee. Harry fuhr vor mir. Im nahezu gleichen Tempo. Somit hatte er immer genug Licht. Denn das Licht meiner Lampe leuchtete in etwa so stark wie das eines Autos. Wir jodelten, so schön war es. Genuss pur! Auf der letzten Wiese verlangsamte ich das Tempo, denn wir näherten uns meinem Auto und somit der geschotterten Straße. Wir näherten uns also unserem Ausgangspunkt. Harald jedoch verlangsamte sein Tempo nicht. Er entschwand laut lachend meinem Lichtkegel.

Und es kam, wie es nun kommen musste. Ich bremste aktiv sanft im Hellen vor der Schotterstraße. Er schlagartig passiv im Finsteren auf der Schotterstraße. Ich hörte ihn wimmern.

Dann sah ich einen Schi. Einige Meter weiter seine Haube. Danach einen seiner Schistöcke. Und dann endlich Harald. Er saß ein klein wenig blutverschmiert am Straßenrand und meinte, dass seine Freude darüber, dass er zuletzt schneller war als ich, nur von kurzer Dauer war.

Gott sei Dank gab es keine ernsthafte Verletzung. Drei Wochen Sportverbot erteilte ihm nachher sein Hausarzt und eine Überweisung zur Physiotherapie bekam er kostenlos noch dazu verschrieben.

Zuhause in Vösendorf erzählte Harald seiner Lisa natürlich nur so ganz nebenbei vom kleinen Malheur, aber umso ausgiebiger von der wirklich schnellen Aufstiegszeit, die wir hingelegt hatten. Schmerzhafter für ihn als die körperlichen Sturzwehwehchen war aber wohl die Tatsache, dass Lisa seine Aufstiegszeit nicht mit einem Lob versah, sondern nur tadelnd meinte, er sei ein alter Esel!

Oktober 2018 - Happy Birthday

Freudestrahlend erzählt mir Harald, dass er sich - pflichtbewusst wie er nun mal ist - heute Vormittag noch eine neue Stirnlampe gekauft hat, da seine „alte" nur eine „armselige Funsel" sei.
Wir sitzen gerade auf unseren Mountainbikes und radeln von Seewiesen aus hinein ins Hochschwabgebiet. Es ist ein Freitag und ich musste wie üblich bis Mittag arbeiten.

Auf geht's mit dem Radl hinein ins Hochschwabgebirge zum Klettern

Um 13 Uhr trafen wir uns, um gemeinsam klettern zu gehen. Das Wetter war herrlich. Ein goldener Herbsttag, wie im Bilderbuch. Warm. Sonnig. Klar. Ich hatte Harald anlässlich seines Geburtstages zu einer Klettertour eingeladen.
Die geplante Route trägt passenderweise den Namen *Happy Birthday*. Eine Route, welche ich vor Jahren für meinen Stammpartner Gerhard Zink zu seinem 50. Geburtstag eingerichtet hatte. Acht Seillängen. Guter Fels. Gute Absicherung. Und mit 7- nicht zu schwer, aber auch nicht zu leicht. Also eine passende Tour für das Geburtstagskind. Ich trug das gesamte Material. Harry hatte nur seinen Leichtrucksack zu tragen. Immerhin war er ja mein Gast.

Deus lux est lux...

Nach etwa vier Kilometern Radstrecke lehnten wir unsere Bikes an den letzten Baum am Ende der Forststraße. Zurück hinaus würde es, ohne treten zu müssen, ein echter Radgenuss werden. Aber natürlich ein Genuss im Schein der Stirnlampen. Denn unser Zeitplan war eng, aber ok. Die Tage waren schon kurz. Mir gefiel es, dass Harald mit über 70 noch bereit war, an einem Freitagnachmittag, mitten im Oktober, zu einer Hochschwabklettertour aufzubrechen. Dass er bereit war, dafür sein Rad zur Zustiegs- und Abstiegsoptimierung zu nutzen und die lange Autofahrt, aus Vösendorf zu mir in die Hochsteiermark, nicht scheute.

Flott gingen wir bergan. Ich mit etwa 17 Kilogramm Gepäck, Harald mit etwa einem Kilogramm. Doch was war das? Vor uns ging eine wahre Menschenschlange am steilen Steig. Lauter junge Mädchen. Und sie gingen in dieselbe Richtung wie wir. Nur eben sehr langsam. Als wir zu ihnen aufschlossen, fragte uns eine ganz besonders hübsche junge Frau im besten Oxford-Englisch, ob wir uns hier auskennen und ob sie noch auf dem richtigen Weg zur Voisthalerhütte seien.

Harald übernahm sofort das Kommando. Immerhin war er am heutigen Tag so etwas wie der „Erzherzog Johann" und ich nur sein geduldeter Jäger und Träger. Bald schwenkte Harald vom Englischen um ins - wahrscheinlich - Tschechische.

Bei den Mädchen handelte es sich nämlich um Tschechinnen. Krankenschwestern aus Prag auf Betriebsausflug. Harald blühte regelrecht auf. Es hörte sich an wie Tschechisch, was er sprach, und anhand des Lachens der hübschen Mädchen wusste ich auch, dass er bereits in den offensiven Charmemodus umgestellt hatte. Ich verstand nur noch Bahnhof.

„Du, Peter, sie fragen, ob wir nicht mit auf die Voisthaler Hütte kommen wollen. Wir könnten ja oben schlafen, meinten Sie. Denn Sie schlafen heute dort und gehen erst morgen auf den Gipfel. Und als Dank für unsere Führung laden Sie uns auf das eine oder andere Glas Rotwein gerne ein."

Irgendwie schaffte ich es dann doch noch, Harald von den Mädels loszueisen und ihn davon zu überzeugen, dass wir eigent-

Unterwegs mit der Höllentallegende Harry Braun, als Geburtstagsgeschenk zu seinem 73er. Passenderweise in der Route *Happy Birthday* (7-)

lich zum Klettern hier seien. Schweren Herzens verabschiedete sich mein Herr und Gebieter am Höllboden von der holden Weiblichkeit. Denn nun zweigte unser Weg rechts ab.

Eine Stunde später standen wir am Einstieg der geplanten Route. Später als geplant. Die erzherzogliche Mädchenbetreuung hatte eben Zeit gekostet. Die folgende Kletterei gelang uns gut. Harald genoss die Tour in vollen Zügen. Wir konnten über die Route nach vollbrachter Tat abseilen und gelangten so wieder rasch zurück zum Einstieg. Zurück zu unseren Rucksäcken. Zu meinem schweren, und Haralds leeren. Natürlich hatte ich zur Überraschung auch noch zwei Dosen Bier heraufgetragen. „Zisch". Harald strahlte. Wir machten uns auf den Weg und gingen talwärts. Langsam verschwand die Sonne.

„Harry, bis zu unseren Rädern reicht eine Stirnlampe. Da nehmen wir meine."

Als wir bei unseren Rädern ankamen, war es bereits stockdunkel. Im Schein meiner Stirnlampe machten wir uns abfahrtsbereit.

Wie sagte Harry zu diesem Bild: *"Mit dem Gesichtsausdruck einer Debütantin am Opernball erreiche ich bald den rettenden Standplatz"*

Juni 2020 - Goldader

Anfang des Monats hatten Rüdiger und ich im Grazer Bergland die schöne Route *Goldader* erstbegangen. Viel Arbeit war nötig, um die Linie zu realisieren. Berglandboys im Putzmodus. Acht Seillängen. Schwierigkeitsgrad 7-. Eine Route, die uns wirklich gut gelungen ist. Nun sind wir zu dritt unterwegs, um die Route erneut zu klettern. Diesmal begleitet uns Harald. Unserer diesbezüglichen Einladung ist er gerne nachgekommen. Auch Kurt Schall und Regina Forst sind an jenem Tag mit von der Partie. Allerdings nur irgendwie mit von der Partie.

"So, Harry, jetzt gemmas an! Stirnlampe aufsetzen und raus durchs Dullwitzental!"

Plötzlich wurde mein Freund ruhig. Ein ungewohnter Zustand. Und er blickte mich wieder an wie ein treuherziger Schäferhund. Immer noch schwieg er. Und so sehr er auch an seiner neuen Lampe drehte und drückte. Es tat sich…nichts.
Mit einem Lächeln sagte er: *"Ja, zum Ausprobieren war keine Zeit mehr. Aber aufgeladen hab' ich den Akku. Glaub' ich halt. Sicher. Fast sicher..."*
Ich musste unweigerlich an den Film mit Bill Murray "Und täglich grüßt das Murmeltier" denken.
Es begann die "Operation Lampe". Ich mutierte vom Jäger und Träger zum Operateur. Harry vom Erzherzog zum OP-Gehilfen. Akku raus. Wieder rein. Anschlüsse geprüft - nix. Nochmal von vorne - wieder nix. Ein dritter Elektrikerkaltstart, und dessen Ergebnis quittierte Harry lautstark mit den Worten *"Erat lux!"*.
Genussvoll radelten wir nun gut beleuchtet raus ins Tal. Zu unseren Autos. Wir verstauten die Räder und da wir am Heimweg über den Pogusch fahren mussten, kehrten wir natürlich oben ins Haubenrestaurant "Steirereck" ein. Wir ließen den Tag gut ausklingen und ganz besonders genossen wir die entrüsteten Blicke der feinen, gut gekleideten Damen. Ja, auch dreckige Kletterhosen und sportliche T-Shirts haben dort oben ihre Berechtigung...!

Harald folgte der Einladung der Erstbegeher zur Route *Goldader*. Hier in der 1. SL (6-)

Harald mit viel Freude in der letzten Seillänge (6-)

Denn mein Arbeitstag ließ keinen Frühstart zu, und Kurt und Regina wollten nicht so spät einsteigen. Während des Zustieges konnten wir die beiden schon in den Ausstiegslängen sehen. Kurts Freudenschreie hallten ins Tal. Es dürfte ihm also gut gefallen haben.

Rüdiger und ich teilten uns die Längen im Vorstieg. Der Vorsteiger durfte nämlich jeweils ohne Rucksack klettern. Denn das hatte an jenem Tag einen - im wahrsten Sinne des Wortes - schwerwiegenden Vorteil. Denn der Nachsteiger hatte schwer zu tragen. Um Harald zu überraschen, hatten wir ein Fass Bier mitgenommen und dieses in einem Rucksack verstaut.

Zwar nur fünf Liter und einige Becher, aber der Rucksack zog ganz schön nach unten. Der jeweilige Nachsteiger kletterte stets unmittelbar vor unserem ehrenwerten Gast. Lustig ging es zu in der Dreierseilschaft. Sehr lustig. Man musste nur aufpassen, dass man nicht mit dem Rucksack am Fels anstreifte, und obendrein sollte Harry auch nicht auffallen, wie anstrengend das für den jeweils Seilzweiten von uns Erstbegehern war.

Haralds Freude über die schönen Klettermeter sah man ihm an. Im letzten Wanddrittel begannen Rüdiger und ich zu singen. Das war und ist eines unserer Markenzeichen. Wenn wir an unserem Tun Gefallen finden, so beginnen wir oftmals zu singen. Laut, aber dafür falsch. Während all der harten Arbeitstage, welche für diese Erstbegehung nötig waren, sangen wir stets dasselbe Lied. So auch diesmal.

„Schnucki, ach Schnucki, fahr' ma nach Kentucky. In der Bar Old Shatterhand, spielt a Indianerband. Schnucki, ach Schnucki!" Mehr Text kannten wir nicht. Das mit den zweiten Strophen war noch nie unsere Stärke gewesen. Als wir zum dritten Mal fertig waren mit unserer Vertikalgalavorstellung, begann 200 m über dem Wandfuß auch Harald neben uns zu singen - genauso falsch und laut wie wir:

„Dann in die Pampas auf a Flaschen Schampas. Um halber achte geht der Zug, ich hab gesprochen hugh! Minnesota, Hiawatha, Manitou, der Himmelvater schuf die Liebe und den Suff. Biffalo Buff, uff, uff, uff!" Wieder einmal waren wir baff.

Er kannte tatsächlich noch eine weitere Strophe unseres Liedes. Harald, das wandelnde Lexikon. Doch damit nicht genug.

„Das freut mich sehr, dass ihr zwei Steirerbuben ein echtes Wienerlied singts. Die Musik dazu stammt übrigens vom Hermann Leopoldi."

Ausstieg. Harrys Freude kannte keine Grenzen. Er gratulierte uns zu dieser Tour. Und ein klein wenig war er sicher auch stolz auf sich selbst und seine Begehung.

„Sagt's was tuts denn immer so sanft mit dem Rucksack ummadum, is do leicht a Flaschn Schampas von der Pampas drinnen?" Harry lachte herzhaft.

„Harry…du bist unser Ehrengast und wir freuen uns, dass du mit uns heute die 12. Begehung der ‚Goldader' gemacht hast.

Veni, vidi, vici !

Darum haben wir natürlich zur Feier des Tages ned nur a Flasche Schampas mit, sondern sogar a ganzes Fassl Bier!"

Wenige Minuten später war der Zapfhahn montiert und wir konnten gemeinsam auf Harrys saubere Wiederholung anstoßen. Wir saßen im weichen Gras am Ausstieg der Neutour. Blickten ins abendliche Murtal.

Kurt und Regina fehlten uns sehr, denn unser Plan sah ursprünglich fünf Liter Bier für fünf Personen vor. So dauerte es einfach deutlich länger, bis wir das Fass geleert hatten. Denn ein einmal angeschlagenes Fass wieder zuzustöpseln, das geht gar nicht!

Lustig und ganz leicht beschwipst machten wir uns in der Dämmerung schließlich zu dritt auf den Rückweg.

Kurz bevor wir zu unserem Ausgangspunkt, dem Parkplatz Rote Wand, kamen, stolperte Rüdiger zum ersten Mal. Es war mittlerweile schon richtig dunkel geworden. Kurz darauf kam auch ich ins Straucheln. Harald jedoch lachte nur laut hinter uns, und dann vernahmen wir seine Worte:

„Gott sprach, es werde Licht, oder Deus lux est lux, wie wir Lateiner zu sagen pflegen. Meine Herren, man muss aus seinen Fehlern lernen. Ihr seid noch jung und ihr habt noch viel zu lernen. Schaut auf zum Altmeister und verneiget euch!"

Harry kramte in seinem Minirucksäckelchen und setzte sich dann grinsend eine Stirnlampe auf. Und tatsächlich, es wurde hell, denn diesmal funktionierte sie auch auf Anhieb. Er war der einzige von uns, der für Beleuchtung sorgen konnte.

Mindestens fünfmal bis zum Erreichen unseres Autos am dunklen Parkplatz hörten wir den Satz:

„Eine Stirnlampe macht glücklich, wenn man rechtzeitig drauf schaut, dass man sie hat, wenn man sie braucht."

Die Erstbegeher hatten extra für diese Begehung ein Bierfass im Rucksack mit hinaufgeschleppt zum Ausstieg der Route *Goldader*. Und das Bier schmeckte ausgezeichnet!

INFO

Grazer Bergland / Breite Wand, *Goldader*

Hier haben die EB wahrlich eine „Goldader" entdeckt! Innerhalb von nur wenigen Wochen hat sich diese Neutour herumgesprochen u. zählte schon nach kurzer Zeit zu den absoluten Top-Genuss-Sportkletter-Routen im Grazer Bergland!

Nicht weit entfernt vom Genusskletter-Klassiker *Eldorado* (Mythos über ein sagenhaftes Goldland in Südamerika), nutzt die Route *Goldader* die schönsten Felsbereiche in ziemlich gerader Linienführung u. abwechslungsreicher Folge optimal aus. Die 2. SL ist die Schlüssellänge und verlangt sauberes Steigen und gutes „Lesen" der schwierigen Passagen, aber alles in ausgezeichnetem Fels! Danach folgen eigentlich nur mehr sehr abwechslungsreiche Genusslängen mit knackigen Einzelstellen (6. u. 7. SL). Die Absicherung ist perfekt, der Fels ist exzellent (obwohl es schon die ersten „Begehungsspuren" gibt), die Kletterei tw. fordernd u. begeisternd zugleich - alles beste Voraussetzungen für einen wunderschönen Klettertag!

Schwierigkeit: Mehrere Stellen 6- u. 6, kurze Stellen 6+, eine Passage 7- (bzw. 7-/7, je nach Variante), 6 obl.

Ausrüstung / Material: 50-m-Einfachseil, 11 Expr., 2 Band-Schlingen, KK nicht erforderlich.

Erstbegeher: P. Pesendorfer u. R. Hohensinner, 2020.

Zustieg: Vom hinteren Ende des Parkplatzes Rote Wand auf einer Forststr. (Schranken) rechts bergab zu einer breiten Forststr. und nach ca. 500 m (kurz vor einer Wiese mit Holzhütte) rechts dem Zustiegsweg weiter folgen, bis man die sog. „SO-Forststr." erreicht hat. Ca. 200 m nach deren höchstem Punkt rechts auf Steiglein hinauf zum Wandfuß u. ca. 30 m links etwas absteigend zum E. auf kl. Absatz. 40-45 Min.

Abstieg: Über die Wiese hinter den Gipfelfelsen nach rechts zum Beginn des *Kellersteiges*, über welchen man zum Wandfuß der Breiten Wand absteigt u. zurück zum Ausgangspunkt.

Literatur: Kletterführer Grazer Bergland (3. Aufl., Schall-Verlag 2021, 464 Seiten, www.schall-verlag.at).

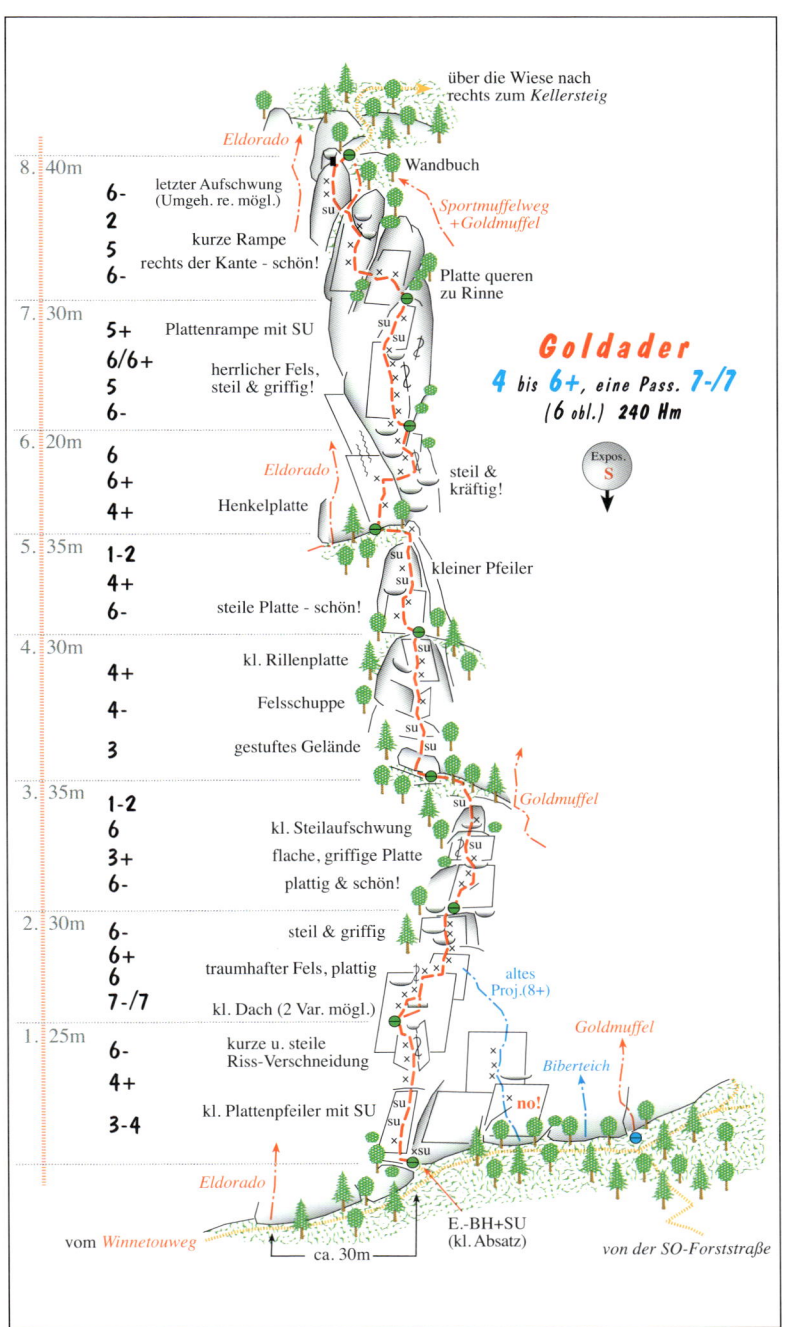

Die Vorgeschichte

Diese Vorgeschichte beginnt in meiner Schulzeit. Genauer gesagt in meinem letzten Schuljahr. Maturajahrgang. Ich hatte wahrlich ein recht ambivalentes Verhältnis zur Schule. Einerseits gehörte ich zu den Klassenbesten, andererseits gehörte ich aber auch zu den Schülern, welche die meisten Fehlstunden zu verzeichnen hatten. Als Jungbergsteiger war ich damals schon zu jeder Jahreszeit unterwegs. Nach Schulschluss klettern. Nach Schulschluss Radfahren. Nachdem die Tage im Winter kurz waren, gönnte ich mir die eine oder andere sonnige Schitour oder Pulverabfahrt und fehlte somit im Unterricht.

Bis zur Erlangung meines Führerscheines ging dies natürlich nur in Begleitung meiner älteren Bergfreunde. Ab dem 18. Lebensjahr durfte ich mir meine Entschuldigungen aber bereits selbst unterschreiben. Das war cool. Da stand dann eben schon mal Durchfall oder Übelkeit auf den Entschuldigungen drauf. Klassische Eintageskrankheiten. Speziell in dieser Zeit nutzte ich meine frisch gewonnene Mobilität, welche mit der Erlangung des Führerscheines einherging, schon fast überschwänglich aus. Mein Klassenvorstand im Maturajahrgang war selbst ein passionierter Schitourengeher und er kannte auch einige meiner damaligen Bergpartner höchstpersönlich. Das war nicht ganz ideal, denn sie erzählten ihm schon mal, was denn der brave Schüler Pesendorfer so alles unternommen hatte.

Wenn das Wetter am Wochenende gut war und er lässige Touren unternommen hatte, war er in der Schule wieder für eine Woche gut gelaunt und relaxt. Fehlte ich in derartigen Wochen einen Tag, so kam es öfters zu solchen Standardkonversationen:

„Na, Peterl, hast gestern wieder Durchfall gehabt?"

„Ja, Herr Professor."

„Is Gott sei Dank schnell besser geworden, weil so braun gebrannt wie du heute bist, warst nachher sicher noch auf Schitour. Wie is'n die Schneelage am Hochschwab und wann is'n die beste Abfahrtszeit?"

„Naja, i hab' g'hört, es geht vom Bodenbauer aus noch total gut mit den Schi zum Gehen, und wenn's so sonnig ist wie zurzeit, sollte man für Idealfirn so zwischen 11 und 12 Uhr in den Südkaren abfahren. Hab' i g'hört."

Wenn das Wetter am Wochenende aber nicht gut war und er keine Touren unternommen hatte, war er die ganze darauffolgende Woche mies drauf. Fehlte ich in solchen Wochen auch nur einen einzigen Tag und vergaß bei Schitouren blöderweise auch noch darauf, mein Gesicht mit Sonnencreme einzuschmieren, so kam es öfters zu solchen Standardkonversationen:

„Peterl, komm einmal vor zur Tafel, bitte."

„Ja, Herr Professor."

Stets stellte er mir dann knifflige Aufgaben, aber zumeist konnte ich diese auch lösen. Aber das war im Endeffekt immer egal. Denn die Konversationen endeten stets gleich.

„Du hast die höchste Fehlstundenanzahl der Klasse. Und du schwänzt einfach die Schule, um eine Schitour auf irgendeinen Hochschwabberg zu machen. Und dann stellst dir auch selbst noch falsche Entschuldigungen aus!"

„Ja, Herr Professor, es is einfach so, dass die Kopfschmerzen während des Tages nur besser werden, wenn i auf an…"

„Klappe halten. Nicht genügend. Setzen!"

Nichtsdestotrotz freute er sich gemeinsam mit mir über meine mit Auszeichnung bestandene Matura. Als er mir das Reifeprüfungszeugnis überreichte, schmunzelte er und flüsterte:

„Gratuliere, du Lausbub du!"

Im Laufe meines Bergsteigerlebens verstärkte sich die Liebe zum Schitourengehen immer mehr. Ich wurde zum leidenschaftlichen Schibergsteiger. Und ich lernte immer wieder neue Grate und Flanken, Aufstiegsmöglichkeiten und Abfahrtsmöglichkeiten kennen. Das Erschließer-Gen ließ mich forschen. Entlegenste Winkel erkunden.

Das Hochschwabgebirge wurde neben der Veitschalpe zu meinem Lieblingsgebiet. Jedes Jahr setzte ich mir neue realistische Ziele und ich liebte es, mich diesen kleinen Projekten zu widmen. Manche Projekte setzte ich alleine um, andere benötigten Mitstreiter.

Die Planung

Die Idee einer Wiederholung des „Langen Kapfenbergerweges" im Hochschwab hegte ich schon lange. Das war eine Schi-Doppelüberschreitung des gesamten Gebirges von Ost nach West und auf anderer Linienführung wieder zurück.

Im Jahr 1971 haben das vier der damals besten Hochschwabbergsteiger umgesetzt. Vier Tage benötigten sie für diese Tour. Nur wenige Wiederholungen wurden bekannt.

Im Herbst 2017 begannen wir zu dritt mit der Planung für eine Wiederholung dieser Tour. Das Team war klein, aber fein. Drei Bergsteiger. Drei Hochschwabliebhaber. Zwei Männer, eine Frau. Die Frau war Angelika Mohr. Angelika war meine Kletterpartnerin und Ortsstellenleiterin bei der Tragösser Bergrettung. Der zweite im Bunde war Sigi Metzger. Er war Angelikas Vorgänger als Ortsstellenleiter und ist sicherlich einer der besten Gebietskenner im westlichen Hochschwab. Als Alpinmarathonläufer stellte sich obendrein die Frage seiner konditionellen Fähigkeiten nicht. Ich war der Dritte im Bunde und brachte neben der Idee zu dieser Tour auch noch meine gute Kenntnis des östlichen Gebirgsteiles mit ins Team ein.

Unser Ziel war es, einen ähnlichen Routenverlauf wie jenen von 1971 zustande zu bringen. Anstatt in vier Tagen, sollte es uns aber in drei Tagen möglich sein. So legten wir die Planung aus. Routenskizzen wurden erstellt. Höhengrafiken studiert. Weg-Zeit-Diagramme erstellt. Eine besondere Freude war es uns, dass wir mit Sepp Lang, einem der Erstbeger des „Langen Kapfenbergerweges" über unseren Plan diskutieren konnten.

Je nach Linienwahl würden wir zwischen 90 und 100 Kilometer Wegstrecke sowie zwischen 7000 und 9000 Höhenmeter zu absolvieren haben. Mehrmaliges Auf- und Abfellen auf jeder Tagesetappe sollte erforderlich sein. Aufstiege und Abfahrten würden alle vier Himmelsrichtungen betreffen. Zumeist würden wir uns in Höhen zwischen 1500 m und 2200 m bewegen, aber auch Talabfahrten bis auf knapp 800 m Seehöhe wären dabei. Also war klar, dass wir während des gesamten Winters immer wieder auf den einzelnen Teilabschnitten unterwegs sein mussten, um am Laufenden zu bleiben. Wir rechneten mit Tagesetappenzeiten zwischen 10 und 13 Stunden.

Als mögliches Zeitfenster hatten wir Ende Februar bis Mitte März ins Auge gefasst. Da würde uns das Tageslicht schon länger begleiten und aus unserer Erfahrung müsste die Schneesituation sehr stabil sein. Aber unser das Los von drei im Arbeitsleben stehenden Bergsteigern war es auch, dass wir nicht einfach losgehen konnten, wenn das Wetter schön war. So einigten wir uns darauf, dass wir entweder an einem Freitag oder Samstag starten würden. Also einen Urlaubstag müssten wir kurzfristig einplanen. Und während der drei Tage, die unser Unternehmen dauern würde, sollte es nach Möglichkeit auch noch schönes Wetter und keinen Nordwestwind geben, denn dieser ist der übliche Wind am Hochschwab. Wenn dieser im Hochflächenbereich stärker bläst, so schafft man es einfach nicht, das Plateau von Osten nach Westen, gegen den Wind, zu überschreiten.

Vorbereitungstouren

Im Jänner starteten wir mit den Bedingungschecks. Zunächst einmal als getrennte Teams. Angelika und ich planten im Osten vom Seebergsattel aus zunächst über die sehr steile Seeleiten bis auf die Hochfläche zu gehen. Alle Gipfel, die sich einem danach auf dem Weg nach Westen bis zum Hochschwab-Hauptgipfel in den Weg stellen, würden mitgenommen werden.

Unsere Erkundung sollte beim Gasthof Bodenbauer etwa 25 Kilometer weiter westlich enden. Zu diesem Zweck stellten wir mein Auto zeitig in der Früh zum Bodenbauer und fuhren dann mit ihrem Auto auf den Seeberg. Am selben Tag wollte Sigi, begleitet von Angelikas Bruder Berni, den westlichen Bereich von der Jassing aus über die Kalte Mauer bis zum Leopoldsteinersee und wieder retour erkunden.

Der Tag begann gut. Strahlend blau präsentierte sich der Himmel. Da es tags zuvor etwa 20 cm Neuschnee gegeben hatte, waren wir neugierig, wie sich die Bedingungen ergeben würden. Natürlich hatten wir die Werte aller im Umkreis zur Verfügung stehenden Messstationen genau analysiert und versuchten daraus abzuleiten, was uns wohl erwarten würde. Herrlich spurten wir hinein in die steile südseitige Flanke der Seeleiten, welche im unteren Bereich baumdurchsetzt ist. Nach etwa 30 Minuten Aufstiegszeit hatten wir erstmals freien Blick auf das gesamte Hochschwabgebiet. Wir wechseln kurz in den Konversationsmodus. Ich beginne.

„Herrlich ist's hier raufzuspuren. Und heute sind die Rucksäcke auch viel leichter als später, wenn wir die Tour richtig angehen."

„Ja, total. Da fällt mir grad ein, i hab' leider meine Kamera vergessen mitzunehmen. Die liegt noch unten im Auto."

„Na geh, schade. Bist halt ein vergessliches Möhrchen."

„Ja, tut mir eh leid, aber besser die Kamera liegt unten im Auto als dein Autoschlüssel."

Unendliche Weiten: Blick vom Hochschwab-Gipfel in Richtung Westen

Im totalen Whiteout: Steile Abbrüche, Dolinen und Nebel sind eine gefährliche Kombination! Hier am Plateau im Bereich Ringkarwand

…Stille…ich dachte nach…und ich ahnte Fürchterliches…und tatsächlich…und das mir…

„Du…ah…weißt was, wir haben eh Zeit. Geh du langsam weiter und i fahr nochmal runter zum Auto und hol dir deine Kamera. Gibst mir bitte deinen Autoschlüssel dafür?"

„Na geh, so a Blödsinn. Wirklich ned. Kommt gar ned in Frage!"

„Doch, bitte, weil dann nehm ich neben deiner Kamera auch noch meinen Autoschlüssel mit…den hat das vergessliche Peserl nämlich in der Mittelkonsole liegen gelassen!"

So kam es, dass wir statt der geplanten einen Stunde Aufstiegszeit bis zum Seeleitengipfel über zwei Stunden brauchten.

Am Plateau war vom Neuschnee wenig geblieben. Stattdessen blankes Eis. Wir mühten uns kilometerweit ab und am Hauptgipfel waren wir uns einig: Wenn man diese Strecke mehrmals im Jahr bei solchen Bedingungen gehen müsste, wäre bald ein neues Hüftgelenk fällig. Stets in die gleiche Richtung leicht geneigte Kantengeherei auf Eis. Stundenlang.

Am Abend telefonierten wir mit Sigi. Auch er hatte seinen Plan nicht umsetzen können und sich in Eisenerz abholen lassen müssen. Undurchsichtiger Latschendschungel im Auf und Ab, und all das bei schwerer Spurarbeit. Seine geplanten Zwischenzeiten waren bei solchen Bedingungen schlichtweg nicht einzuhalten.

Unterwegs auf Vorbereitungstouren. Links: Gipfelleiten zum Hochschwabgipfel, Mitte: Abfahrt in das Ochsenreichkar, rechts: Aflenzer Staritzen

Der Jänner ging und der Februar begann. Und er begann mit enormen Neuschneemengen. Eine Wochenend-Erkundungstour war ausgemacht. Doch bei einem Meter Neuschnee war uns dreien klar, dass selbst wir nur eine Ausweichtour gehen würden. Und diese führte uns auf einen Gipfel, auf welchem wir alle drei noch nie zuvor gewesen waren.

Vom Brandhof, einem altehrwürdigen Jagdschloss, in welchem schon Erzherzog Johann gewohnt hatte, spurten wir hinauf auf den Kuckuckstein. Nebel total ab dem Plateau. Es war eine kurze Tour, aber der Schnee war zumindest ohne spürbaren Windeinfluss gefallen. Somit war eine Tiefschneetraumabfahrt vorprogrammiert. Und wenn man schon nichts sieht und das Gelände durchaus steil und felsdurchsetzt ist, so weiß man als erfahrener Bergsteiger, was klug ist und was weniger klug ist. Nun, zu Beginn folgten wir dem Bereich unserer Aufstiegsspuren. Doch dann kam ein steiler Abschnitt und wir wussten, diesen muss man rechtzeitig nach links verlassen, sonst geht's in die Sackgasse. Es war aber so richtig herrlich zu fahren.

Es staubte. Wir jubelten! Pulver bis zu den Knien. Und so kam es, dass wir alle drei zu tief waren. Abschnallen. Raufstapfen. 45 Grad steil war das Gelände in etwa. Und felsdurchsetzt. Uns fehlten aber nur knappe 10 Höhenmeter, um in den sicheren Bereich zu kommen. Ich stand schließlich als Erster wieder oben im sicheren Bereich. Angelika als zweite, sie war meinen Spuren gefolgt. Sigi wählte eine andere Linie. Seine Linie. Aber diese entpuppte sich als hinterlistig. Anstatt im steilen Tiefschnee, stand er unvermutet blöderweise auf verschneitem Fels. Zwei Höhenmeter unter uns. Wir wechseln in den Konversationsmodus. **A**: Angelika, **S**: Sigi, **P**: Peter.

S: *„Schaas. I steh' aufn glatten Fels und ned im Tiefschnee. I glaub', i rutsch bald aus und fall z'ruck."*

A: *„Mei, bitte pass auf, tua da ned weh!"*

P: *„Schmeiß deine Schi vorsichtig auffa, und dann versuch' das kleine Fichtenbäumchen ober dir anzuspringen und dich daran festzuhalten."*

S: *„Ok. Da habts meine Schi. Wenn ich's ned erwisch, hauts mich halt z'ruck owe in den Tiefschnee. Da passiert mir aber eh nix, außer dass ich a Schneemann werd."*

Gesagt, getan. Sigi warf Schi und Stöcke rauf und dann folgte der weiteste Dynamo seiner Alpinkarriere. Ich höre noch heute das Krachen des Fichtenastes, als er ihn zu fassen bekam. Er knickte, brach aber nicht. Ich reichte ihm eine Hand und half ihm so hoch. Teamwork!

Eine Woche später waren die Bedingungen gänzlich andere. Bei nahezu perfekten Schneeverhältnissen gingen wir zu dritt vom Seeberg aus bis zum Bodenbauer. Es war einfach herrlich. Aber es war nur an einem von drei nötigen Tagen schön. Das Schönwetterfenster war zu kurz. Die folgenden zwei Wochenenden hätten gepasst. Leider konnte am ersten Sigi nicht, da er einen lokalen Schitourenlauf mitveranstaltete. Und am darauffolgenden Wochenende konnte Angelika nicht, da sie als Ortsstellenleiterin einen Bergrettungslauf zu verantworten hatte. Die Zeit rann dahin. Der Schnee im Tal wurde weniger...

Und wieder im Whiteout am Plateau, jetzt heisst es konzentriert bleiben!

Die Brechstange

Der Wetterbericht für das folgende Wochenende versprach keine wirklich hohen Erfolgschancen. Nebel in höheren Lagen und immer wieder leichter Schneefall am Samstag und Sonntag. Montag sonnig. Also nur an einem von drei möglichen Tagen würden die Bedingungen gut sein. Wir hatten so lange geplant und uns so gut vorbereitet. Material ideal zusammengestellt. So entschlossen wir uns, es einfach zu versuchen.

Ich garantierte, den ersten Teil auch im Whiteout gut und sicher führen zu können. Sigi garantierte dies für den zweiten Teil.

Und so starteten wir Anfang März an einem Samstag schwer bepackt im Schein der Stirnlampen am Seebergsattel unsere Mission. Und es kam so, wie es prognostiziert war. Mitten auf der Hochfläche, etwa drei Gehstunden vor dem unbewirtschafteten Schiestlhaus, wo wir eine Pause eingeplant hatten, fanden wir uns im absoluten Whiteout wieder. Unser nächstes Ziel war der Hutkogel. Die Form des Berges passte zu seinem Namen. Ein gleichmäßiger runder Kegel. Wir schätzten die benötigte Aufstiegszeit bis zum Gipfel mit etwa 15 Minuten ein.

Etwa 30 Minuten waren wir schon im Whiteout unterwegs. Noch ohne GPS. Die alten Winterschneestangenmarkierungen dienten uns als Wegweiser. Wir sahen gerade noch von Stange zu Stange. Leider waren keine alten Spuren im Schnee mehr ersichtlich. Wir wechseln in den Konversationsmodus.

A: *„I will ja nix sagen, aber von mir aus können wir gern umdrehen und zurückgehen. I wollts eh scho früher sagen, aber ihr zwei habts irgendwie…"*

P: *„Sigi, du gehst falsch. Der Hutkogelanstieg muss jetzt links ansteigend sein. Du steigst rechts an. Das geht schon in Richtung Ringkamp!"*

S: *„Na, des passt schon. I bin mir sicher!"*

A: *„I will ja nix sagen, aber wie schon g'sagt, von mir aus können wir gern umdrehen."*

P: *„Na, des passt ned. I bin mir sicher. Bitte bleiben wir stehen und navigieren wir mit dem GPS."*

Gesagt, getan. Natürlich neu navigiert und nicht umgedreht. Mehrheitsbeschluss. Kollegial. Danach führte ich links hoch und wir gelangten tatsächlich im Whiteout zum Gipfelsteinmann des Hutkogels. Von dessen Gipfel ging es etwa 200 Höhenmeter hinunter in das Ochsenreichkar. Bei guter Sicht und gutem Schnee ein absolutes Vergnügen, wenn auch nur von kurzer Dauer.

An jenem Tag im Whiteout aber eine Challenge. Zumal das Gelände in Richtung Südwesten felsdurchsetzt war. Eine Abfahrt im Whiteout ist speziell für den ersten wirklich sehr schwer, da er die Neigung nicht einschätzen kann und oftmals nicht einmal feststellen kann, ob er noch fährt oder schon steht. Die Nachfolgenden können anhand seiner Spuren im Schnee bereits durchaus passabel abfahren. Um die richtige Richtung einzuschlagen, hieß es am Gipfel: Analoge Karte raus, und diese mit dem Kompass entsprechend einnorden. Erst danach kann gestartet werden. Nachdem ich vorfahren musste, war mir das natürlich besonders wichtig. Es war in Sigis Verantwortungsbereich,

Beim Aufstieg zur Seeleiten

Im Nebel freut man sich über jeden Wegweiser!

die Karte mitzuhaben. Und er holte sie aus seinem Rucksack hervor.

S: „Karte hab' i da. I halt mi ja an die Packliste. Bitte sehr…ähm…kruzefix…ich hab' die falsche eingepackt. Die hilft uns nur in Osttirol..."

Stille…

A: „Als ob ich es gewusst hätte, i hab' sicherheitshalber meine Hochschwabkarte eingepackt. Nehmen wir diese."

Nachdem wir dank Angelika nun in die richtige Richtung abfahren konnten, stand dem Weiterweg nichts mehr im Weg. Nach der Whiteout-Abfahrt löste sich der Nebel immer mehr auf.

Die nächsten Stunden über dem Gipfel verliefen problemlos. Bis es uns oberhalb des sogenannten Rauchtalsattels wieder richtig einnebelte. Wir sahen nur noch von Stange zu Stange. Unsere geplante Route lag aber rechts vom markierten Weg. Wir gingen aufgefellt leicht bergab. Den Markierungsstangen folgend.

A: „I bin dafür, dass wir, solange es so nebelig is, am markierten Weg bleiben. Das is zu gefährlich sonst."

P: „Sigi, trauen wir uns rechts rüber zu gehen?"

S: „A bissl was müssten wir kurz sehen, dann müssen wir schnell sein, weil die Dolinen sind schon tief."

A: „Also sind wir uns einig? Hallo?"

Und so gingen wir. Von Stange zu Stange. Und entfernten uns immer mehr von der geplanten Route.

S: „Do! A Sichtfenster! Man sieht an Umriss rechts!"

P: „Kennst di aus?"

S: „Jo!"

P+S im Chor: „Dann Vollgas rüber, solang man etwas sieht!"

Puls auf 180. Sigi und ich liefen los.

A: „I glaub's ned…kaum sehen die zwei was…schwupp, sind s' schon weg…womit hab' i das verdient?"

Wenig später standen wir zu dritt auf einer Wechte, fellten ab und fuhren auf der geplanten Route talwärts. Was gab es über den restlichen ersten Tag noch Erwähnenswertes zu berichten? Nun, dass wir nach 12 Stunden im warmen Sonnschienschutzhaus einkehren konnten. Und dass es uns auf dem Weg dorthin noch ein drittes Mal richtig einnebelte. Und dass Sigi vor uns plötzlich weg war. Er hatte eine Wechte im Whitout nicht erkannt und war abgestürzt. Gott sei Dank aber nur zwei Meter.

Der nächste Tag konnte somit eigentlich nur noch besser werden und für mich relaxter. Zumal ich mich ja nun auf die beiden Gebietskenner verlassen konnte. Das war ihr Revier. Hier kannten sie sich aus.

Und das war nötig, denn auch der zweite Tag begann wie prognostiziert. Auf der Schneeoberfläche waren alle Altspuren verschwunden. Nach einer halben Gehstunde kamen wir wieder in den Nebel. Nebel in Kombination mit leichtem Regen. Richtiges Sauwetter. Ab Mittag sollte es besser werden. Sigi führte, und ich, als bekennender Gebietsnichtkenner, zottelte einfach hinter den beiden her. Spannende Wechten. Schwer einzuschätzende Neigungen. Die beiden vor mir gaben mir aber das gute Gefühl von Sicherheit und Geborgenheit.

S: „Schauts! Da is noch eine Schispur! A frische noch dazu! Mei wie i mi freu."

P: „Genial. Da is wirklich außer uns auch noch wer bei dem Sauwetter unterwegs! Des muss a echt guter Gebietskenner sein."

S: „Jo, i freu mi vui! Weil wahrscheinlich kenn' i den, der da g'spurt hat, sogar!"

A: „Den kennst sicher, weil des ist ned eine Spur, des sind drei Spuren. Und das sind unsere. Wir sind im Kreis gegangen, Sigi! Und wir haben es ned einmal gemerkt!"

An jenem Punkt beschlossen wir aufzugeben. Einstimmig. Wir hatten es versucht. Aber mit der Brechstange. Und Brechstangenalpinismus klappt in den seltensten Fällen.

Die Belohnung

Eine Woche später starteten Sigi und ich am Freitag, nach einer windbedingten Umplanung, in der Jassing. Angelika konnte dienstlich leider nicht weg und würde uns ab Tag zwei begleiten. Wir wussten, es war das Wochenende der letzten Chance für den heurigen Winter. Noch blies der Nordwestwind und auf über 2000 m war Nebel prognostiziert. Samstag und Sonntag würde es windstill und sonnig sein und sich der Nebel somit im Tagesverlauf auflösen.

Was gibt es über die erste Etappe Spannendes zu berichten? Dass wir definitiv keine Chance gehabt hätten, an diesem Tag gegen den Wind auf der Hochfläche zu gehen. Und dass es ab 1700 m Seehöhe komplett eingenebelt war. Das betraf uns somit nur beim steilen Aufstieg aus der Trawies hinauf zum Vogauer Kreuz und beim anschließenden langen, dolinenübersäten Übergang zum Trawiessattel. Der Nebelaufstieg im Steilgelände war sehr lawinengefährdet. Etwa 20 cm Neuschnee lag windbearbeitet mit noch nicht idealer Verbindung zum Untergrund. Wir spurten so umsichtig wie nur möglich. Weite Spannungsabstände. Beim Vogauer Kreuz am Ende des Steilstückes drückte mir Sigi sein GPS in die Hand.

S: *„Do, mein Navi. Mein GPS. Nimm's du bitte und navigiere du. Ned dass ma in a Doline einfallen."*

P: *„Des is dein GPS, i glaub', du kannst des besser bedienen als i."*

S: *„Na, i hab' mei Lesebrille ned mit und ohne der seh' i leider gar nix am Display."*

Und so navigierten wir wieder einmal wie gewohnt im Whiteout. Den 100 m hohen Steilhang vom Trawiessattel hinunter in die obere Dullwitz staffelten wir mit Harscheisen abwärts, da es absolut nebelig und obendrein total eisig war. Der Rest war leicht. Die Sicht war gut. Der Schnee perfekt. Müde erreichten wir das Tagesziel, den Seebergsattel. Hinter uns lagen 33 Kilometer und knappe 2500 Höhenmeter.

Einsamer Aufstieg zum Brandstein und Traumabfahrt zum Teufelssee

Am nächsten Tag starteten wir zu dritt im Schein der Stirnlampen am Seebergsattel. Es war windstill. Und sonnig. Die Seeleiten und der erste Teil der Hochfläche liefen perfekt. Vor dem Hutkogel kamen wir aber wieder ins ungeliebte, aber bereits bestens bekannte Whiteout. Um uns einen eventuellen Rückzug offenzuhalten, klopften wir den weißen Anraum von den Schneestangen ab, sodass man diese besser sehen konnte. Angelikas Alustöcke hinterließen auf den Holzstangen einen ebenso hellen Klang wie meine. Nun beteiligte sich auch Sigi pflichtbewusst an der Klopfarbeit. Doch nur bei einer Stange. Und dies auch nur mit einem Stock. Denn…Krach….

S: *„Geh, jetzt is der Stecken brochen!"*

P: *„Sigi, kannst ja ned mit an Carbonstock die Stangen abklopfen!"*

S: *„Zefix….wie soll i heute da no über 20 Kilometer und über 1000 Höhenmeter mit nur einem Stock gehen…"*

A: *„Sigi, i hab' viel Tape mit, und irgendwas Kleines, stabiles find ich sicher bei meinem Werkzeug zum Beilegen. Dann schienen wir den Stock schon, sodass du weiterkommst."*

Und so erreichten wir das Schiestlhaus. Während einer langen Pause zogen wir einen Riesennagel aus der Holzdecke des Winterraumes. Damit schienten wir Sigis Carbonstock neu und verbanden ihn anschließend sauber mit einer weiteren Rolle Tapeverband aus den Tiefen von Angelikas Riesenrucksack. Der Stock sah gut aus. Während wir uns erholten, löste sich der Nebel auf. Es war wolkenlos. Die weiteren Aufstiege und Abfahrten verliefen alle problemlos. Im Schein der untergehenden Sonne fuhren wir vom Gipfel des Großen Ebensteins hinunter zur Sonnschienhütte, wo man schon auf uns wartete. Ersatzstock gab's auch einen für unseren Sigi. Und dann hieß es: Essen. Trinken. Schlafen.

Am nächsten Tag bestiegen wir den Brandstein und fuhren von dessen Gipfel 1000 Höhenmeter im besten Pulverschnee hinunter zum Teufelssee, einem der entlegensten Plätze des gesamten Hochschwabs. Der Wiederaufstieg aufs Plateau führte uns im Anschluss noch über die Pfaffingalm zur Kulmalm und nach einer weiteren Traumabfahrt erreichten wir jenen Punkt, an dem wir vor drei Tagen gestartet waren.

Wegen der Umplanung wurde aus dem „Langen Kapfenbergerweg" der „Lange Tragösserweg", eine 100 km lange Traumtour, die dem ausdauernden Schibergsteiger eindrucksvoll beweist, dass Bergsteigen vor der Haustür noch immer so viele Möglichkeiten und Abenteuer bietet, wie man sie selbst in entlegensten Gebieten der Weltberge oftmals vergebens zu finden versucht. Angelika hat in ihrem Rucksack immer noch mehr mit, als es in den Packlisten verlangt wird. Sigi ist mittlerweile wieder auf Alustöcke umgestiegen und ich plane gerade eine ganz besondere Schitourenkombination. Aber das ist eine andere Geschichte!

Bei der Pfaffingalm

Anspruchsvoll von Norden durch das „Fenster" auf den Großen Ebenstein

Schlussanstieg auf den Großen Ebenstein

Aufstieg zum Hochwart mit Blick in das obere *Weittal*

Firnabfahrt vom Großen Ebenstein

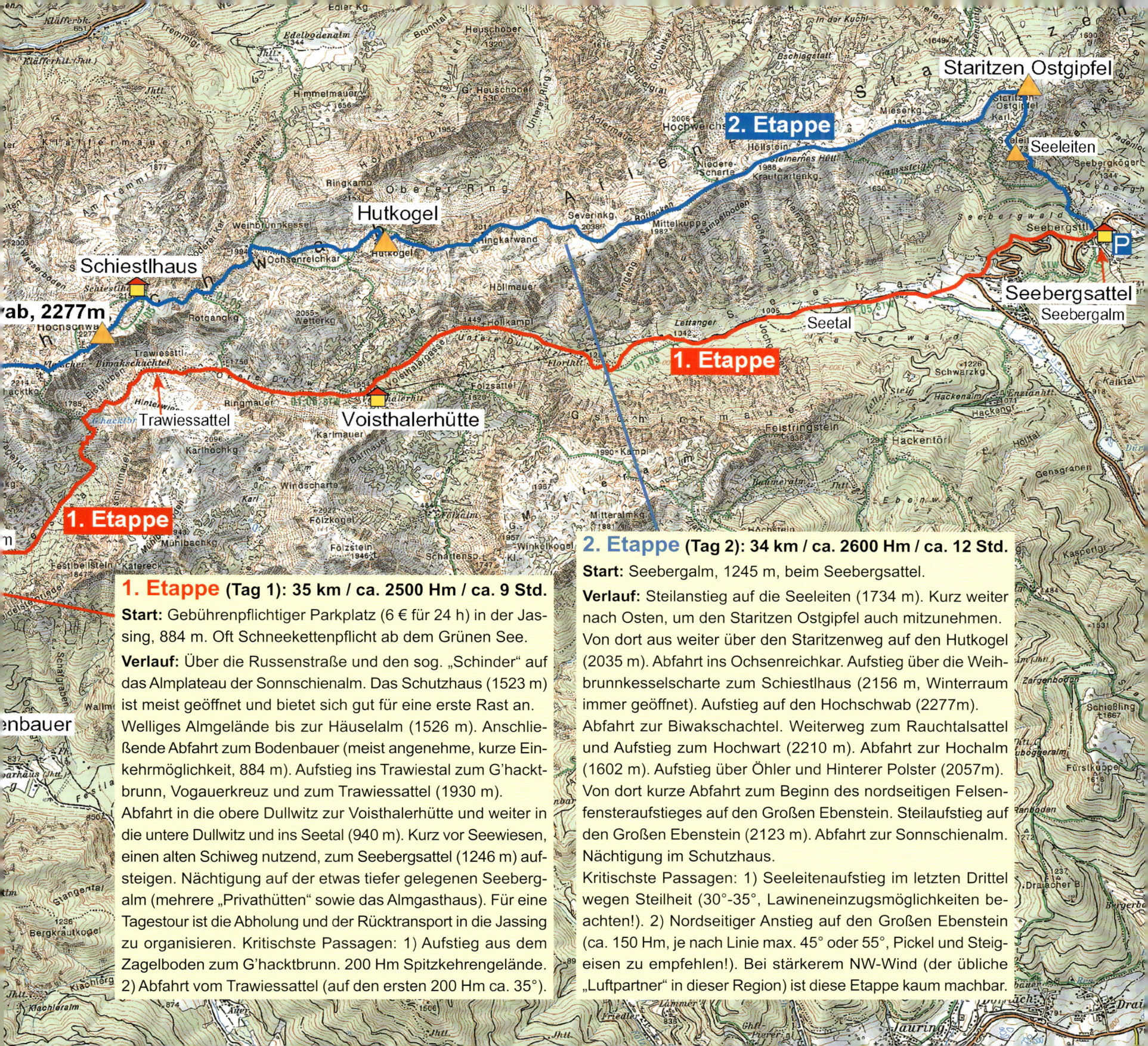

1. Etappe (Tag 1): 35 km / ca. 2500 Hm / ca. 9 Std.

Start: Gebührenpflichtiger Parkplatz (6 € für 24 h) in der Jassing, 884 m. Oft Schneekettenpflicht ab dem Grünen See.

Verlauf: Über die Russenstraße und den sog. „Schinder" auf das Almplateau der Sonnschienalm. Das Schutzhaus (1523 m) ist meist geöffnet und bietet sich gut für eine erste Rast an. Welliges Almgelände bis zur Häuselalm (1526 m). Anschließende Abfahrt zum Bodenbauer (meist angenehme, kurze Einkehrmöglichkeit, 884 m). Aufstieg ins Trawiestal zum G'hacktbrunn, Vogauerkreuz und zum Trawiessattel (1930 m). Abfahrt in die obere Dullwitz zur Voisthalerhütte und weiter in die untere Dullwitz und ins Seetal (940 m). Kurz vor Seewiesen, einen alten Schiweg nutzend, zum Seebergsattel (1246 m) aufsteigen. Nächtigung auf der etwas tiefer gelegenen Seebergalm (mehrere „Privathütten" sowie das Almgasthaus). Für eine Tagestour ist die Abholung und der Rücktransport in die Jassing zu organisieren. **Kritischste Passagen:** 1) Aufstieg aus dem Zagelboden zum G'hacktbrunn. 200 Hm Spitzkehrengelände. 2) Abfahrt vom Trawiessattel (auf den ersten 200 Hm ca. 35°).

2. Etappe (Tag 2): 34 km / ca. 2600 Hm / ca. 12 Std.

Start: Seebergalm, 1245 m, beim Seebergsattel.

Verlauf: Steilanstieg auf die Seeleiten (1734 m). Kurz weiter nach Osten, um den Staritzen Ostgipfel auch mitzunehmen. Von dort aus weiter über den Staritzenweg auf den Hutkogel (2035 m). Abfahrt ins Ochsenreichkar. Aufstieg über die Weihbrunnkesselscharte zum Schiestlhaus (2156 m, Winterraum immer geöffnet). Aufstieg auf den Hochschwab (2277m). Abfahrt zur Biwakschachtel. Weiterweg zum Rauchtalsattel und Aufstieg zum Hochwart (2210 m). Abfahrt zur Hochalm (1602 m). Aufstieg über Öhler und Hinterer Polster (2057m). Von dort kurze Abfahrt zum Beginn des nordseitigen Felsenfensteraufstieges auf den Großen Ebenstein. Steilaufstieg auf den Großen Ebenstein (2123 m). Abfahrt zur Sonnschienalm. Nächtigung im Schutzhaus.

Kritischste Passagen: 1) Seeleitenaufstieg im letzten Drittel wegen Steilheit (30°-35°, Lawineneinzugsmöglichkeiten beachten!). 2) Nordseitiger Anstieg auf den Großen Ebenstein (ca. 150 Hm, je nach Linie max. 45° oder 55°, Pickel und Steigeisen zu empfehlen!). Bei stärkerem NW-Wind (der übliche „Luftpartner" in dieser Region) ist diese Etappe kaum machbar.

Peter vor dem Mali Borovac mit der eingezeichneten Route *Born to live*

Die Vorgeschichte

Paolo Pezzolato. Dieser Name begleitet mich als Kletterer schon seit vielen Jahren. Mehr zufällig als geplant wiederholte ich einige seiner neuen Kletterrouten im Velebitgebirge, und ich war schlichtweg begeistert! Gemeinsam mit seiner Partnerin Sara Gojak hatte er dort viele Routen erstbegangen, und manche davon zähle ich noch heute zu den schönsten Routen, welche ich jemals geklettert bin. Stets war die Linienführung eine elegante. Seine Absicherung empfand ich als angenehm und da er alle Routen ausnahmslos von unten im Vorstieg eingerichtet hatte, gab es auch kaum deplatzierte Haken oder unlogische Klettermeter. Ich folgte Paolos Spuren in den Jahren darauf auch in anderen Gebieten. Denn ich wusste ja, was mich erwartete. Pezzolato-Touren waren ein Garant für tolle Felsqualität und schöne Klettereien.

Paolo Pezzolato - 2021 zu Besuch im Grazer Bergland

Mächtig trohnt das Biokovogebirge über der Makarska-Riviera

Im neuen Jahrtausend hatte er das Biokovogebirge quasi neu entdeckt. Dieses befindet sich in Dalmatien, südlich von Split im Bereich rund um Makarska. Dort gab es zwar viele hohe Berge, aber sehr wenige Kletterrouten. Paolo war der erste, der dort neue, lange Routen mit Bohrhaken ausstattete. Neun Tage waren nötig, um die 630 Meter lange *Dalmatinski San* am Bukovac einzurichten und erstzubegehen. Mit dieser Traumroute startete er die neue Erschließungsepoche dieses wilden Gebirges. Er war der Hauptprotagonist. Zaghaft näherte auch ich mich dem Biokovogebirge.

Wir verbrachten unsere Sommer-Familienurlaube damals gerne in Kroatien. Stets am Meer und doch in der Nähe von Kletterfelsen. Während meine Frau kiloweise Bücher mitnahm, nahm ich stets das Kletterzeugs mit. Die Jungs ihre Laufschuhe und genügend Fußbälle. Und natürlich auch ihre Kletterpatschen.

So kletterten wir rund um Trogir, im Jahr darauf rund um Omiš und letztendlich landeten wir in Makarska. Familienurlaub.

Vormittags kletterten wir im Schatten durch irgendwelche Wände, nachmittags lagen wir in der Sonne am Meer. Und abends genossen wir das Leben in einer Bar. Cevapcici und Pelinkovac. Pljeskavica und Ožujsko Pivo. Calamari und Plavac.

Ich war und bin verliebt in dieses Land. Ich mag die Menschen. Ich mag die Gegend. Klettern hatte keinen hohen Stellenwert in Kroatien. Klar, das war ja eigentlich unnützes Tun. Damit konnte man kein Geld verdienen, sondern maximal Geld verbrennen. Boris Čujić hatte die ersten guten Kletterführer über Kroatien herausgegeben und darin nahm er auch einige der Klettermöglichkeiten des Biokovogebirges auf. Doch über die langen Routen gab es keine Führerliteratur.

Nebensaison-Idylle - im Hintergrund das Biokovogebirge

Man war also wirklich gefordert, wenn man Paolos Spuren folgen wollte. Denn nur mit einem Topo „bewaffnet", fand man weder Berg noch Zustieg. Geschweige denn den Abstieg. Viele Erkundungstouren und Wanderungen waren nötig, um sich in diesem Gebirge zurechtzufinden. So kam es auch, dass ich dort still und heimlich die eine oder andere Sportkletterroute eingebohrt hatte.

Rüdiger. Vor über 10 Jahren empfahl ich einem Grazer Bekannten, Rüdiger Hohensinner, das Biokovogebirge einmal zu besuchen. Er tat dies. Und es muss wohl Liebe auf den ersten Blick gewesen sein. Denn von da an besuchte er das Gebirge mehrmals jährlich. Und schön langsam wuchs er zu einem echten Gebietskenner der dortigen Region heran. Gemeinsam mit seiner Frau eröffnete er auch erste längere Neutouren dort.

Es waren dies recht schöne und leichte Genusskletterein. Sie ähnelten vom Charakter der Kletterei jenen Routen, welche er zu dieser Zeit auch im heimischen Grazer Bergland eröffnet hatte. Gut geputzte Touren. Top Material. Mit Liebe gemachte Routen. Zu- und Abstiege wurden angelegt und markiert. Einstiegs- und Ausstiegsbereiche gesäubert.

Im Herbst 2016 fuhr auch ich nach längerer Abwesenheit wieder mal ins Biokovo. Auch Rüdiger war vor Ort. Er hatte schon lange zuvor mehrmals freundliche Einladungen ausgesprochen. Sei es zum gemeinsamen Klettern oder nur zum Plaudern.
Ich hatte nicht klar abgelehnt, doch in Wahrheit wollte ich diesen Einladungen damals einfach nicht nachkommen. Mein Urlaubsplan hatte dies nicht vorgesehen. Es war ein Missgeschick mit meinem Auto, welches uns letztendlich doch noch zusammenbrachte. So trafen wir uns eben ungeplant.
Und am Ende des Urlaubes diskutierten wir darüber, eventuell gemeinsam eine Erstbegehung im Biokovogebirge zu machen. Uns verband zwar die Liebe zur Region, aber als Kletterer und Erschließer trennte uns damals noch viel. Wir vereinbarten, uns Gedanken über mögliche lohnende Projekte zu machen. Immerhin hatten wir ja viele Wandfotos und Kletterbilder aus dem Biokovo, aber jeder von uns hatte seinen eigenen Zugang darüber, was lohnend ist und was nicht.

Rüdiger und ich, wir kannten und respektierten uns zwar, aber miteinander geklettert sind wir bis dahin keine einzige Route. Noch nie zuvor hatte uns das Seil miteinander verbunden.

Idee und Planung

Zuhause bekam ich von „Rü" bald darauf die ersten Mails mit Wandfotos und möglichen Linien. Meine Begeisterung über seine Ideen hielt sich, freundlich gesagt, in Grenzen. Zu unterschiedlich waren damals noch unser Kletterniveau und unsere Erfahrung mit Erstbegehungen. Ich kletterte fast zwei Grade schwerer als mein Freund und hasste es, in einer Wand putzen zu müssen. Schließlich sandte ich ihm meinen Gegenvorschlag. Es war dies eine Linie am *Mali Borovac*. Mehr als 10 Seillängen lang. Wenige Wochen zuvor war ich an diesem Berg Pezzolatos Route *Tommy* geklettert und dabei hatte ich immer wieder neugierig nach links geschielt. Genau dort setzte meine Planung an. Auf mehreren Wandfotos hatte ich die Linie eingezeichnet. Seillänge für Seillänge zu Papier gebracht. Sogar den Schwierigkeitsgrad und die jeweilige Länge pro Seillänge hatte ich schon geschätzt.

In einer Excel-Datei hatte ich darüber hinausgehend auch bereits die Logistikplanung vorgenommen und in einer weiteren Excel-Datei die Materialplanung. All das sandte ich Rüdiger sauber per Mail zu. Mir war klar, dass meine Wunschlinie sich stellenweise oberhalb des siebenten Grades einpendeln würde.

Nachdem Rüdiger sich meine Planung durchgesehen hatte, war ihm wohl klar, dass es für ihn nur zwei Möglichkeiten gab. Die erste wäre gewesen, die eigentlich nur locker diskutierte gemeinsame Erstbegehung still und kopfschüttelnd abzusagen. Die zweite war es, zuzusagen, denn umzustimmen und umzulenken auf ein anderes, leichter zu erreichendes Ziel, war ich nicht. So gut kannte er mich damals schon. Die Telefonleitung zwischen der Obersteiermark und Graz lief heiß.

„Du, Peter, ich bin dabei. Aber dort, wo es schwer ist, musst sowieso du führen. Ich weiß nicht, ob und wo ich führen kann. Aber nur zum Tragen will ich auch nicht mitkommen. Mir fehlt einfach die Erfahrung in so einem Gelände."

„Passt. Ausgemacht. Freut mich. Wir machen das schon. Erstes Dezemberwochenende. Die Tage sind kurz. „Arbeitsbeginn" 9.30 Uhr in der Wand und Rückzugsbeginn um 15 Uhr. Ich denke, in zwei Tagen kommen wir weit und machen dann je nach Lust und Laune im Frühling fertig, oder auch nicht."

„Ok. Du…zur Linie…ähm…da ist ein richtiges Dach drinnen. Wie willst du das machen? Da hab ich ja jetzt schon die Hose voll davor."

„Ich glaub', ich hab' da Risse gesehen. Das Dach muss einfach Risse haben. Vielleicht geht's leichter, als man glaubt. Und danach legt sich die Wand eh zurück. Ich mach mal den unteren Teil und oben, wo es sich zurücklegt, übernimmst du. Und somit haben wir schon einen Routennamen. „Supercrack". Cool, gell?"

„Ok. Du sagst was, wo und wie. Ich schau mir das mal an und hoffe wirklich, dass auch ich was dazu beitragen kann."

Der Dezember kam. Ich hatte ein Hotelzimmer für uns in Makarska reserviert. Ein Doppelzimmer. Mit Ehebett. „Rü" musste fahren. Er steuerte den nötigen Allraduntersatz bei. Ohne diesen die halbstündige Auffahrt von Makarska hinauf zum Ausgangspunkt *Miletin Bor* zu wagen, wäre zu unsicher.

Kroatische *Macadamian Roads* sind nun mal sehr tückisch und verdammt schwer fahrbar. Immerhin hatte ich mir meine Reifen einen Monat zuvor dort etwas ramponiert. Der Wetterbericht stimmte uns zuversichtlich. Sonnige Tage würden uns erwarten. Wir starteten an einem Donnerstag zu Mittag. Für die Erstbegehung hatten wir uns Freitag und Samstag vorgenommen. Sonntag würde leichtes Ausklettern in einer gemütlichen Route am Programm stehen und danach eben die Heimfahrt.

Anreise

Am vereinbarten Park & Ride-Parkplatz vor den Toren der Stadt Graz trafen wir uns. Sechs Stunden später checkten wir im Hotel ein. Der Hotelportier schaute etwas ungläubig, als er uns mit unseren riesigen Rucksäcken sah. Denn wir nahmen zunächst mal all unser Material mit aufs Zimmer, um für den Tag Nummer eins sauber zu packen. Schließlich gingen wir noch ein zweites Mal zu unserem Auto, um auch das Bohrequipment zu holen. Zwei Koffer mit der Aufschrift „Bosch". Darin zwei baugleiche Bohrmaschinen, genügend Akkus und die Ladegeräte. Damit die Leute um uns herum was zum Schauen hatten, nahmen wir die Bohrmaschinen heraus und so marschierten wir wieder hinein ins Hotel. Jeder von uns hatte in der linken Hand den blauen Bohrmaschinenkoffer und in der rechten Hand die Akkubohrmaschine.

„Is there something not ok in your room?", fragte der Portier mit großen Augen. Diese wurden noch größer, als ich antwortete: *„The wardrobe and the bed are shaking. We'll fix it!"*

Diese Konversation sollte der Beginn einer langjährigen Freundschaft werden. Nachdem wir sauber unsere Rucksäcke gepackt hatten, ging es zum Abendessen und danach ab ins Bett. Meine Nacht verlief unruhig. Ich war aufgeregt. Angespannt.

Tag 1

Exakt im Zeitplan standen wir oberhalb von *Miletin Bor* in der Sonne und blickten hinauf zum *Mali Borovac*. Beeindruckend schön, aber auch genauso beeindruckend steil, baute sich diese mächtige Wand vor uns auf.

Der 1. BH in der Route *Born to live* wird gesetzt...

Mit schwerem Gepäck gingen wir über das grobschottrige Zustiegsgelände hoch zum geplanten Einstieg. Die Gespräche wurden weniger. Umziehen. Herrichten. Durchatmen.

„Mach's gut, Peter!" „See you on the first belay, Rüdiger!"

Mehrere Jahre waren schon vergangen, seitdem ich meine letzte wirklich schwere Erstbegehung gemacht hatte. Nun war es endlich wieder soweit. Auf ging es ins Neuland. Der Fels war gut. Die Linie klar. Nur vier Bohrhaken setzte ich in der ersten Länge. Durchatmen. „Rü" kam nach und trug in seinem Rucksack all das, was wir noch benötigen würden. Im Vorstieg war ich nur bewaffnet mit der Bohrmaschine und einem kleinen Satz Friends. Zehn Expressschlingen, auf welchen bereits die Bohrhaken vormontiert waren, hatte ich ebenso dabei. Auf Klemmkeile, Normalhaken und Cliffs verzichteten wir.

Unser Zugang war es, die Route in Freikletterei so einzurichten, dass man sie auch wiederholen konnte. Wir wollten keinen Egotrip hinterlassen. Nein, wir wollten eine schöne Route hinterlassen, welche auch Wiederholern gefallen würde.

Wie üblich, steckte die Bohrmaschine bei mir in einem Holster. Wenn ich eine geeignete Position gefunden hatte, aus welcher ich bohren konnte, dann zog ich wie in einem Wildwestfilm, nur anstatt des Colts eben die Bohrmaschine. Mut und gesunde Selbsteinschätzung waren gefragt. Und so machte ich mich dann eben auch auf in die zweite neue Seillänge an diesem Tag. Meter für Meter näherte ich mich dem sperrenden Dach. Als ich knapp unterhalb des Daches den zweiten Standplatz einrichtete, lag eine weitere wunderschöne Seillänge in perfektem Fels hinter mir. Die Absicherung war ok. Zwar wesentlich weiter als in Pezzolatos Routen, aber durchaus noch verantwortbar. Ich war zufrieden. Es lief gut. Wenig später stand mein Partner

Eindrucksvoller Tiefblick nach der 2. SL

Die Schlüsselpassage in der 3. SL

neben mir. Der Blick nach oben endete bald. Das Dach war groß. Nach unten sah es faszinierend schön aus. Eine senkrechte Wand in bestem Fels und weit darunter das blaue Meer.

„Ich gehe jetzt das Dach an und hoffe, dass ich oberhalb irgendwo einen vernünftigen Stand bauen kann. Dann hab ich drei Längen wie geplant gemacht. I glaub', wir kommen heute noch weiter. Und du kannst oben dann mit der nächsten Länge weitermachen. Denn da legt sich die Wand sicher schön zurück und es wird kletterfreundlicher!"

„Ohhhkeeee...pfffff...alles Gute. Ich hab' dich!...Nur...wo san die Risse? Ich seh überhaupt keinen Riss! Da is es nur glatt!"

„Pffff...leck is des schwer. Pfff..."

Meter für Meter kletterte ich hinein in die dritte Länge. Es war enorm anstrengend, den ersten Bohrhaken oberhalb der Dachkante zu bohren. Als dieser steckte, versuchte ich mehrmals, das Dach zu meistern. Kein Riss weit und breit war zu sehen, nicht einmal gute Griffe waren zu spüren. Schwere Züge waren nötig, um darüber hinaus zu klettern. Doch auch danach wurde es nicht wirklich leicht. Meine Kräfte aber wurden weniger. Ich hatte die Wahl. Bohren aus der Kletterstellung mit übersäuernden Muskeln oder Augen zu und weiter. Ich entschloss mich weiterzuklettern. Das erschien mir sicherer. Nach einem Runout konnte ich endlich stehen. Zwar kein „No Hand Rest", aber es reichte, um die Bohrmaschine anzusetzen. Durchatmen.

„Stand ‚Rü' - ich hab das Luder. Wir haben das Dach! Und ober mir legt es sich zurück! Yess!"

„Gratuliere!!!"

Wenig später startete ‚Rü' mit seinem Nachstieg. Auf seinem Rücken der schwere Rucksack.

„Alter, wo sind hier die Griffe??? Wie soll ich da jemals raufkommen??? Wenn ich den letzten Bohrhaken unterm Dach aushänge, dann...was mach ich dann???? Supercrack!!! Da is nix. Gar nix! Ich scheiß mich grad voll an!"

In der 4. SL - nach wie vor Traumfels!

Nachdem er den letzten Haken unter dem Dach ausgehängt hatte, pendelte er sanft am Seil baumelnd ins Freie. Irgendwie schaffte er es aber dann doch noch, zu mir hochzukommen. Er war fix und fertig.

„Noch nie hab' ich so was Schweres in meinem Leben klettern müssen. Ich bin tot! Supercrack. Ha? Wo bitte war da ein Riss? Null, gar nix. Dieser Tour den Namen ‚Supercrack' zu geben, wäre so, wie wenn man zu Beate Uhse Frau Papst sagen würde!"

„Jetzt komm mal runter! Tief durchatmen! Genieße den Ausblick. Genieße die Stille. Jetzt erholst dich hier am Stand und dann machen wir Materialübergabe und du darfst die nächste Länge führen! Schau mal, wie ich es geplant hatte: Die Wand legt sich zurück. Du machst das dann sicher gut!"

„Ja, die Wand legt sich eh zurück. Von 180 Grad überhängend in absolut senkrecht, und das in einer Ausgesetztheit, dass es einem den Atem nimmt. Beim besten Willen, ich kann da sicher nicht rauf. Da musst du weitermachen, bitte!"

Und so kam es, dass ich auch die vierte Länge an diesem Tag führen musste. Der Fels war nach wie vor hervorragend. Die Kombination aus Kletterform und Moral erlaubte es mir, diese Länge mit nur wenigen Bohrhaken zu eröffnen.

Am nächsten Stand kam es erneut zur gleichen Diskussion wie am Stand darunter. Nun aber sah der Weiterweg wirklich weniger abschreckend aus. Ich wollte, dass auch ‚Rü' an diesem Tag sein positives Vorstiegserlebnis haben sollte. Und so redete ich ihm gut zu. Motivierte ihn. Und das mit Erfolg. Er übernahm die Führung. Nach wenigen Metern bohrte er den ersten Haken, gleich danach den zweiten und wenig weiter den dritten.

„Peter, ich bohr' dir deine Linie tot! Du setzt in einer Länge weniger Haken als ich auf 10 Metern!"

„Bleib ruhig. Du machst das schon. Und du machst das gut so. Komm. Nicht aufgeben. Wirst sehen, du schaffst das!"

Danach folgten 30 Meter in schnellem Tempo mit immer weiter werdenden Bohrhakenabständen. Im Nachstieg stellte ich fest, wie gut seine Leistung war. Ja, so hatte es am Tag eins somit für beide gut gepasst. Das Bollwerk des unteren Wandteiles lag hinter uns. Abseilen. Rückweg. Duschen. Abendessen. Schlafen.

Rüdiger übernimmt in der 5. SL die Führung - gebohrt wird ausnahmslos aus der Kletterposi

Tag 2

Nachdem wir an den zurückgelassenen Seilen mit Hilfe von Steigklemmen unseren Umkehrpunkt erreicht hatten, gelangen uns noch drei weitere schöne Längen im Neuland. All diese Längen führte Rüdiger. Nachdem Kraft und Motivation am Ende waren, hörten wir nach acht Seillängen auf. Acht wunderschöne Seillängen. Jeder von uns hatte vier davon im Vorstieg eröffnet. Teamwork. Wir hatten perfekt harmoniert. Am Abend schlenderten wir gemütlich hinein ins Zentrum von Makarska. Adventmarkt auf Kroatisch war angesagt. Mann, war das gemütlich! Und so anders als daheim. Adventmarkt unter Palmen. Es gab sogar einen kleinen Kunsteislaufplatz und bald liefen darin zwei Platzhirschen. Nämlich wir. Die Steirer. Der Weihnachtsmann tanzte zur Musik von AC/DC und trank Pelinkovac statt Glühwein. Am nächsten Tag kletterten wir noch eine leichte Route und fuhren danach wieder zurück in die Steiermark. 600 km. Tags darauf ging ich nach der Arbeit eine Schitour im Schein der Stirnlampe. Winterpause.

Tag 3 *Wenn der Plan nicht aufgeht*

Wie geplant, standen wir an einem schönen Maitag wieder am Fuße des *Mali Borovac*. Unser Plan sah vor, dass ich mit leichtestem Gepäck acht Seillängen der Route *Tommy* vorsteigen sollte. Denn nur wenige Meter von dort entfernt befand sich unser - im Vorjahr erreichter - Umkehrpunkt. „Rü" würde im Nachstieg den Materialträger machen. Danach würde ich die noch verbleibenden, geschätzten fünf Seillängen bis zum Gipfel ebenfalls führen und einrichten. So der Plan.

Locker kletterte ich bis zu unserem höchsten Punkt des Vorjahres, während „Rü" mit dem schweren Rucksack nachstieg.

Es hatte schon fast etwas Arrogantes an sich, diesen großen Klassiker aus der Hand des Meisters Paolo Pezzolato als „Zustiegsweg" zu missbrauchen. Aber das war nun mal der leichteste Weg, um dorthin zu gelangen, wohin wir wollten, um unsere Route fertig zu stellen.

Im Frühjahr des nächsten Jahres gelang der Gesamtdurchstieg

Dann startete ich ins Neuland. Wie geplant waren zwei schwere Verschneidungslängen zu meistern. Sie gelangen gut. Danach legte sich die Wand zurück.

Die Glücksgefühle stiegen. Es war in der 13. Vorstiegslänge an diesem Tag. Ich erreichte einen Absatz und plötzlich brach meine kleine Welt in sich zusammen. Vom Gipfel war nichts zu sehen. Nichts! Vor mir baute sich eine weitere, etwa 50 Meter hohe, senkrechte Wand auf. Auf keinem meiner Wandfotos war diese zu sehen gewesen. Doch sie war da! Ausweichen: Fehlanzeige. Da war tatsächlich noch eine Wand.

Fünf Bohrhaken hatte ich noch am Gurt. Fünf Bohrhaken für 50 Meter senkrechten Fels. „Rü" kam nach und wir versuchten unsere Lage zu sondieren. Die Möglichkeiten auszuloten. Mein Kopf aber war leer. Es war etwas eingetreten, mit dem ich nicht umgehen konnte. „Rü" versuchte mir den möglichen Weiterweg durch die Wand zu erklären. Ich aber sah keine Linie. Keine Möglichkeit. Bis hierher hatte ich unsere Seilschaft souverän geführt, doch nun war ich am Ende.

Tag 3 *Wenn aus zwei Kletterern eine Seilschaft wird*

„Ich kann nicht mehr. Ich seh keinen Ausweg. Ich bin leer. „Rü" bitte führ uns du hier raus. Übernimm du den Vorstieg."

„Ok. Ich probier's. Fünf Bohrhaken haben wir noch."

Und so stieg er los. Ein erster Bolt. Danach eine Sanduhr. Ein Friend. Dann wieder ein Bolt. Und plötzlich sah ich sie! Die Linie! Ich sah den einzig richtigen Weg aus dieser Wand hinaus!

„Du, jetzt gehst noch fünf Meter leicht nach rechts, da versuchst mit einem Friend abzusichern, dann in der Verschneidung drei Meter rauf und dann nach links an die Kante. Da musst wieder einen Bolt setzen!"

„Alter, das hab' ich dir vorher schon zehn Mal so erklärt und du hast es nicht gecheckt!"

„Echt jetzt? Egal. Du kannst dich auf mich verlassen! Ich bin dein Navi!"

Und so leitete ich meinen Kameraden auf den rechten Weg. Etwa acht Meter unter dem geplanten Standplatz setzte er den dritten Bohrhaken in dieser Länge. Ich plapperte wie ein Wasserfall. Ich war ja auch super gelaunt. Denn immerhin hatte „ich" ja den Weg aus der Krise gesehen...

„Du hast jetzt noch zwei Bohrhaken. Einen nimmst für den Stand und als zusätzliche Redundanz nutzt du den Baum ober dir!"

„Peter, bitte bitte bitte, sei jetzt endlich still! Du sagst mir jetzt schon zum zehnten Mal genau das, was ich dir lang und breit versucht hab' zu erklären! Nur du hast nichts kapiert. Gar nichts! Und du hast null gesehen."

Meine Stimmung war gut. Und wie so oft in steilen Wänden, war mir nach „Singen" zumute.

„This is the Dodo's Delight! Dodo's Delight! Shining bright in blue and white, this is the Dodo's Delight!"

"Peter, hör auf zum Singen! Bitte!!"

Wenig später standen wir zu zweit am Stand. Einen einzigen Bolt hatten wir noch. Das musste reichen für die letzte Seillänge. Und tatsächlich reichte dieser. Überglücklich umarmten wir uns am Gipfel. Der *Mali Borovac* hatte seine längste und zugleich schwerste Route bekommen.

Als wir dieses Projekt begonnen hatten, waren wir uns als Kletterer noch fremd gewesen. Während der Erstbegehung waren wir an unseren Aufgaben gewachsen. Und am Ende war eine neue Seilschaft geboren. Eine Seilschaft, bei der jeder genau wusste, welche Stärken und Schwächen der andere besitzt und welche man selber hat. Wir hatten unser Paradies gefunden. Unser Kletterparadies. Im Biokovogebirge. Wir waren geboren, um zu leben. Mit den Wundern jeder Zeit. Sich niemals zu vergessen, bis in alle Ewigkeit. Wir waren geboren, um zu leben für den einen Augenblick, bei dem jeder von uns spürte, wie wertvoll das Leben ist!

Glücklich am Ausstieg - eine neue Seilschaft war geboren!

INFO

Biokovo / Mali Borovac, *Born to live* 8+ (7 obl.) 500 m

Besonders schöne und elegante Kletterei im fast ausschließlich traumhaften Fels! Die Absicherung mit BH ist in den schwierigsten Passagen sehr gut, im leichteren Gelände auch größere BH-Abstände. Der 7. Schwierigkeitsgrad ist zwingend zu klettern! Im Gesamten die dzt. schwierigste und längste Route am *Mali Borovac* mit ziemlich direkter Linienführung bis zum Gipfel. Kreuzt in der 6. SL die Route *Tommy* und führt dann immer rechts von dieser weiter.

Schwierigkeit: Großteils zw. 5 u. 6+, einige Stellen 7- u. 7, je eine Passage 7+ bzw. 8+ (Dachüberhang); 7 obl.

Ausrüstung / Material: 50-m-Einfachseil, 8 Expr., 2 Band-Schlingen u. ein kleines Sortiment Friends.

Erstbeher: P. Pesendorfer u. R. Hohensinner, 9. u. 10. Dez. 2016 + 12. Mai 2017.

Zufahrt / Zustieg: Vom nordwestl. Stadtende (Ampel) von Makarska Auffahrt (vorbei an einem Supermarkt) bis zur kl. Ortschaft Veliko Brdo und nach der Kirche links (Ri. Restaurant „Panorama") auf schmaler u. steiler Asphaltstraße bis zu deren Ende. Ab hier auf tw. sehr grober Schotterstraße (Geländefahrzeug vorteilhaft!). Bei der 1. Gabelung rechts, mehrere Kehren aufwärts bis zur letzten (Links-)Kehre (*Miletin Bor*, Parkmögl. für 2-3 Pkw), welche bis ca. 200 Hm unter die SW- bzw. S-Wände des *Mali Borovac* führt. Der markierte Wanderweg zum Gipfel (gleichzeitig Abstiegsweg) führt dir. von der Kehre weiter aufwärts in das Geröllkar). Der Schotterstraße nordwestl. noch ca. 400 m aufwärts folgen bis zum höchsten Punkt (für Allradfahrzeuge Zufahrt bis hierher mögl.). Hier rechts ab ins Gelände und den Steigspuren und Steinmännern folgend hinauf zum Wandfuß. E. ca. 10 m links der Route *Tommy*, ziemlich genau in Gipfelfalllinie.

Abstieg: Vom Gipfel östlich in wenigen Minuten abwärts zum markierten Wanderweg, über welchen man wieder zur letzten Kehre der Schotterstraße gelangt.

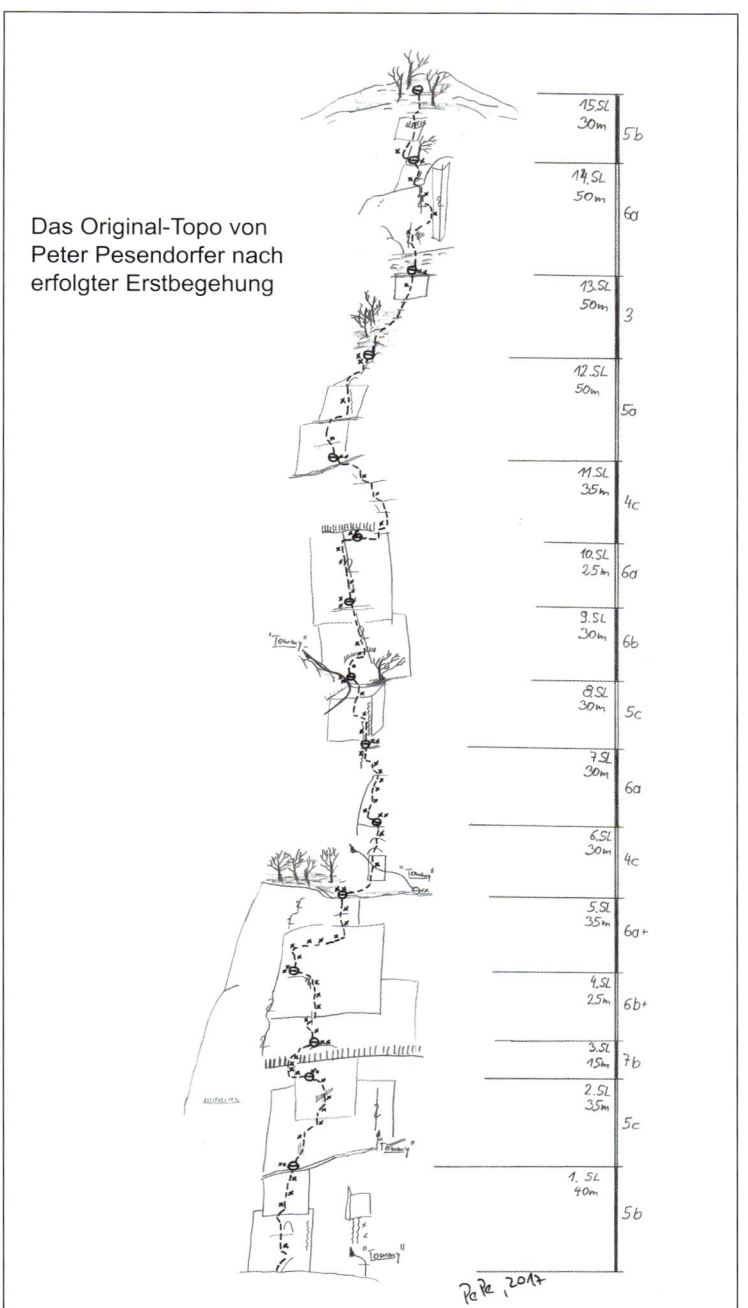

Das Original-Topo von Peter Pesendorfer nach erfolgter Erstbegehung

Seilschaften & Erschließer

Hugo Stelzig und Klaus Hoi - seit über 60 Jahren eine Seilschaft!

Aus dem Familienalbum

Seilschaften gibt es viele. Natürlich gibt es viele, denn es gibt auch viele Kletterer. Von Jahr zu Jahr steigen die Zahlen derer, die Hand an den Fels legen. Klettern ist in. Klettern ist hipp. Doch viele sagen nach kurzer oder etwas längerer Zeit dem Klettersport auch wieder adieu. Manche wechseln die Sportart. Gehen nach ihrer Kletterkarriere golfen oder schnorcheln, spielen Dart oder mutieren zum Passivsportler und verbringen sonnige Stunden nur noch im Liegestuhl. Das ist in Wahrheit völlig normal. Nicht jeder Kletterer hat die Berge in seinen Genen. Manche Kletterer heiraten, gründen eine Familie und finden irgendwie kaum noch Zeit zum Klettern. Andere wiederum legen pro Jahr stetig an Gewicht zu, bis sie sich schließlich irgendwann verrollen. Es ändern sich eben bei den meisten Menschen die Schwerpunkte und Prioritäten im Laufe der Jahre.

Eine ganz besondere Spezies unter der Familie der Kletterer sind die Erschließer. Das sind diejenigen, bei denen wahrscheinlich bereits in der Genanalytik erkennbar ist, dass mehrere Chromosomen in die falsche Richtung zeigen. Erschließer haben in der Regel einen vollkommen anderen Zugang zum Klettern als normale „Konsumenten". Erschließer bleiben dem Klettersport zeitlich gesehen zumeist recht lange erhalten.

Klettern und Erschließen hat einen hohen Stellenwert bei diesen Menschen. Und natürlich eine gewisse Priorität. Denn das Erschließen von Routen ist ungleich aufwändiger als das Wiederholen derselbigen.

Mit den Namen mancher Erschließerseilschaften bin ich aufgewachsen. In meinen jungen Jahren waren das die klassischen Seilschaften à la **Kaltenbrunner** und **Saar**. In meinen Sturm- und Drangzeiten folgten wir den Spuren von **Schinko** und **Sikorovsky**. Später denen von **Rudi** und **Helga Lindner** oder **Albert Precht** und **Sigi Brachmayer**.

In den 90er-Jahren begann die eigentliche Erschließung moderner, langer Routen - mit durchaus gegebenem Anspruch an die Sportlichkeit. Mancher dieser „modernen" Erschließerseilschaften folgte ich liebend gerne. Ich wusste, was ich bei wessen Tour zu erwarten hatte. Je nach Gebiet und Datum der Erstbegehung lernte ich aus ihren Bewertungen, die auf mich wohl zukommenden Ansprüche richtig abzuleiten.

Welche ostösterreichischen Seilschaften der Neuzeit prägen mich? Welchen Erschließern der Neuzeit folgte ich oftmals auf langen Routen durch die Wandfluchten meiner Hausberge? Es ist schier unmöglich, alle Erschließer anzuführen und doch versuche ich mein Bestes. Natürlich völlig subjektiv, aber doch ehrlich. Unfälle kann man auch als Chance sehen und man darf ruhig seine Lehren daraus ziehen. Ich habe vom Leben eine zweite Chance bekommen und ich habe versprochen, diese zu nutzen. *„Das Leben ist zu kurz, um schlechte Routen zu klettern und um schlechten Wein zu trinken."* Getreu diesem Motto lebe und klettere ich seitdem.

Dachstein

Klettern im Dachsteingebiet hatte für mich stets etwas Besonderes an sich. Es begann schon mit der weiteren Anfahrt als zu den sonst üblichen Zielen und endete stets mit unglaublich befriedigenden Eindrücken. Fast Food war anders. Das Dachsteingebirge ohne **Klaus Hoi** und **Hugo Stelzig** wäre wohl in etwa so etwas wie Italien ohne Pizza oder Wiener Schnitzel ohne Panier. Hoi-Stelzig, so etwas nennt man wohl „Lebensseilschaft". Klaus Hoi kennt man. Klaus ist eine alpine Berühmtheit. 1942 wurde er im steirischen Liezen geboren. Fast 20 Jahre lang war er der Ausbildungsleiter des Verbandes der Österreichischen Berg- und Skiführer. Der zwei Jahre ältere Hugo Stelzig war stets sein treuer Begleiter. Rund 50 Erstbegehungen im Dachsteingebirge und insgesamt rund 500 Neutouren im gesamten Alpenraum gehen auf ihr Konto. In ihrer *Großen Verschneidung* (6+) in der Windluckenwand holte mich als kleinen jungen „Möchtegern" in den Neunzigern die Realität des sechsten Grades wieder ein und in der *Serpentine* (6+) in der Dachstein-Südwand genoss ich im Jahr 2015 einen der schönsten Anstiege der Ostalpen. Ihre *Metamorphose* (9- od. 7+/A0) zählt für mich zu den schönsten Dachsteinklettereien, die ich je unternommen habe!

Klaus Hoi - 2010 in der Route *Büchsenschuss* Hoi & Stelzig im Jahr 1959 Hugo Stelzig - 2015 am Austriaschartenkopf

Sechs Jahrzehnte klettern die beiden schon miteinander. Sechs Jahrzehnte! Klaus und Hugo haben verschiedene Erschließungsepochen nicht nur hautnah miterlebt, sondern auch selbst in eindrucksvoller Art geprägt. Natürlich waren die beiden auch im Gesäuse aktiv und eröffneten dort Route um Route. Doch fürs Gesäuse wählte ich eine andere Seilschaft. Eine jüngere.
Aber auch eine, die wohl dieselbe Liebe zu den Heimatbergen hat, wie es Klaus Hoi und Hugo Stelzig im Dachsteingebirge eindrucksvoll zeigten. Aber nicht nur das Alter unterscheidet diese beiden Seilschaften, sondern auch ihr Zugang zum Berg und ihr Zugang zur Erschließung neuer Routen.

Gesäuse

Es gibt sie angeblich wirklich: die Nordwandkletterer. Und zwar die wahren Nordwandkletterer. Jene, die das dunkle Ambiente lieben und die Sonne eher meiden. Ich zähle mich nicht dazu. Meine Gesäuse-Nordwandrouten sind an einer Hand aufzählbar. Kleiner Ödstein, Festkogel und Buchstein, jeweils von der Südseite aus, das waren meine bevorzugten Ziele. Und da wären wir auch schon bei meiner Gesäuseseilschaft.
Wo „Hollinger" draufsteht, ist Qualität drinnen. Das hatte ich alsbald für mich erkannt. Und wenn dann eventuell auch noch **Jürgen Reinmüller** mit von der Erschließerpartie war, dann konnte die Tour eigentlich nur gefallen. **Andreas Hollinger**, Jahrgang 1973, lebt mit seiner Familie im Gesäuse, liebt das Gesäuse und arbeitet auch im Gesäuse. Er ist als Nationalpark-Mitarbeiter wohl so etwas wie ein modernes „Gesäuse-Urgestein".

Jürgen Reinmüller wurde 1982 in Leoben geboren und lebt als selbstständiger Bergführer in Admont im Herzen des Gesäuses. Beide sind hauptverantwortlich für die moderne Gesäuse-Kletterführerliteratur und haben das Gesäuse wirklich in ihrem Blut. Wer ihren Spuren folgt, wird dies immer wieder feststellen können. Elegante Anstiege. Schöne Linien. Vernünftige Absicherung. All das kann man in Routen wie *Spaltenzone* (7), *Lindnbia* (6-) oder *Via Appia* (7+) - alle am Buchstein, in jeder einzelnen Seillänge erleben. Und das ein oder andere Mal freut es mich, wenn in einem der Wandbücher in meinen bescheidenen Routen auch ihre Namen als Wiederholer auftauchen. Wohl auch ein Zeichen von gegenseitiger Wertschätzung. Denn das Leben ist zu kurz, um schlechte…ah - das hatten wir schon mal.

Hochschwab

Im steirischen Gamsgebirg, wo einst Erzherzog Johann glücklich war, da verdiente auch ich mir meine ersten alpinen Sporen. Viele Jahre brauchte ich, um zu einem recht passablen Gebietskenner heranzureifen. Die Entwicklung des Kletterns und die Klettergeschichte im Hochschwab faszinierte mich seit meiner Schulzeit. Die modernen Erschließer, deren Spuren ich stets versuchte zu folgen, waren…beide keine Einheimischen. Sie wohnten zwar nun im Hochschwabeinzugsgebiet, doch es handelte sich um waschechte „Zuagroaste", wie man in der Hochsteiermark zu sagen pflegte.
Die Rede ist von **Gerhard Grabner** und **Tom Richter**. Ich studierte noch in Leoben, als ich eines Tages im Postkasten meiner

Andreas Hollinger — Jürgen Reinmüller — Tom Richter — Gerhard Grabner

Eltern einen Brief von Gerhard Grabner vorfand. Darin waren drei Topos. *Porzellanpfeiler* (7+), *Schattenspiele* (8) und *Tabula rasa* (7-). Diese Routen, welche die Grabnersche Handschrift trugen, signalisierten so etwas wie den Startpunkt der Moderne im Hochschwab. Route um Route eröffnete Gerhard, viele davon gemeinsam mit seinem Freund Tom Richter. Tom lebt mit seiner Familie im beschaulichen Aflenz und ist mittlerweile in Pension, was nicht mit „Ruhestand" zu vergleichen ist. Ich glaube nahezu alle langen „Richter-Routen" wiederholt zu haben.

Seine *Magic Line* (9-) und *Schmelztiegel* (8) haben mir außerordentlich gut gefallen. Sein Hang zu aalglatten Reibungsklettereien weniger. Da hatte ich es eher mit Gerhards Routen. Wer seine „Domtouren" kennt oder seine „Festlbeilsteinrouten", der weiß, wo gute Felsqualität im Hochschwab zu Hause ist.

Gerhard lebt in Parschlug bei Kapfenberg und verdiente sich seinen Lebensunterhalt als selbstständiger Kunstschaffender. Seit 2020 ist auch er bereits in Pension. Beide sind aber natürlich nach wie vor kletternd hochaktiv. Tom ertappt man immer wieder am Abzug der Bohrmaschine. Keiner investierte mehr Zeit in akribische Sanierungen an steirischen Felsen wie er. Und wenn ich einen von beiden treffe, so freue ich mich stets darüber. Denn sie prägten irgendwie auch mein alpines Tun. Und ich mag beide sehr und schätze sie. Das letzte Vierteljahrhundert im Hochschwab trägt ihre Handschrift. Und sie waren eine kongeniale Erschließerseilschaft, die nicht nur in *Liebe zum Detail* (7+) am Trawiespfeiler und der *Renaissance* (7+/8-) an der Stangenwand ihr Können eindrucksvoll unter Beweis stellte.

Denn die beiden waren auch umtriebig im Grazer Bergland. Sehr umtriebig. Doch meine Grazer-Bergland-Seilschaft ist eine andere. Und zwar eine ganz besondere.

Grazer Bergland

Diese besondere Seilschaft stellten für mich **Franz Horich** und **Max Ostermayer** dar. Stellten, weil es diese Seilschaft leider nicht mehr gibt. Franz Horich war wohl der wichtigste und innovativste Erschließer des Grazer Berglandes. Im Jahr 2014 verunglückte Franz im Alter von 76 Jahren dort, wo er am glücklichsten war und bei der Tätigkeit, die er am liebsten ausübte. Im Grazer Bergland, beim einsamen und liebevollen Putzen einer Neutour. Mit seinen Routen bin ich aufgewachsen. *Brunntalpfeiler* (6+), *Waschrumpel* (6-) oder *Henkelgalerie* (5+). Jede ein kleines Meisterwerk für sich!

In den 90er-Jahren band er sich oft in das Seil von Max Ostermayer ein. Max, von Beruf Amtsleiter und studierter Jurist, war in der Seilschaft der „Junior Partner". Klar, denn er war um mehr als 35 Jahre jünger als der Altmeister. Zusammen erschlossen sie auch viele schöne leichte Kletterrouten und haben somit den Anfängern der nächsten Generationen wunderschöne Wege hinterlassen. Ihr *Waldgeisterweg* (6+) auf der Koralm wird heute noch gerne geklettert. Genauso ihre Routen *Das Letzte im Fels* (5) am Röthelstein und der *Ho Chi Minh Pfad* (5), ebenfalls am Röthelstein. Max hat von Franz das akribische Putzen gelernt und in seinen eigenen Routen perfektioniert. Manch neuen Anstieg im Grazer Bergland habe ich mit Max später eröffnet.

Altmeister Franz Horich im Jahr 2013... und der Jungmeister Max Ostermayer

Höllental

Der Weg hinaus ins wilde Höllental war für mich als Mürztaler stets ein kurzer. Im Hochschwab belächelte man uns milde, wenn wir von Klettereien in Niederösterreich erzählten. „Geklettert wird im Schwobn" sprachen die Alten. Wir ließen uns von diesen despektierlichen Äußerungen nicht abhalten und genossen die wunderschönen langen Routen in der Stadelwand und an der Blechmauer, um nur zwei der schönen Wände zu nennen.

Harald Braun - 2021 mit „Putzwerkzeug" bei der Vorderen Stadelwand

Und dass diese Routen so gut geputzt waren, lag weniger an mir als an der „Putzmaschine" Max. Horich & Ostermayer, das bedeutete auch Lachen ohne Ende. Zwei sonnige Gemüter. Zwei Lausbuben. Im Jahr 2021 eröffneten Rüdiger Hohensinner und ich einige neue Anstiege im Grazer Bergland. Eine Zwei-Seillängen-Kreation tauften wir in Anlehnung an diese große Seilschaft auf den Namen *Käpt'n Horich und Max Kombüs*.
Max war natürlich längst von einem „Horich'schen Kombüsenjungen" zu einem echten Erschließer-Kapitän herangereift.
Doch lustige Namenskreationen hatten beiden immer schon gefallen. Wir waren uns beim Erschließen sicher, wenn es einen Gott gibt und einen Kletterhimmel, dann sitzt Franz Horich da oben auf einer Wolke und schaut uns hier unten im Bergland beim Erschließen zu.

Oftmals fanden wir an den Einstiegen mancher Route eine kleine rote Tafel. Darauf stand neben dem jeweiligen Routennamen stets das Kürzel „AK & HB".
Fredl Kapfenberger und **Harry Braun** waren für mich die prägendste Seilschaft im Rax-Schneeberg-Gebiet. Ihre Routen wie *In Vino Veritas* (6+) oder der *Reichensteinerweg* (7-), beide am Großofen, zähle ich nach wie vor zu den Top-Ten-Routen in Niederösterreich. Tja, und mit ihrer Route *Hic Rhodus - Hic Salta!* (8) in der Blechmauer setzten sie sich schon zu Lebzeiten ein ge-

waltiges Denkmal. Fredl und Harry sind beide Kinder der 40er-Jahre. Fredl wuchs in Hainfeld fern der Berge auf, während Harry in Murau groß wurde. Als im Jahr 2019 die neuen Routen am Ausweichkogel im Hochschwab erstmals für „Gäste" geöffnet wurden, waren es diese beiden, die den Erstbegehern die Ehre ihres Besuches gaben. Wenn man ihren Gesprächen lauschte, war man sich nicht sicher, ob es sich tatsächlich um zwei Mittsiebziger handelte oder um zwei Gymnasiasten im Maturajahrgang. Klettern hält jung.

Alfred Kapfenberger - 2019 beim Klettern am Ausweichkogel

Hohe Wand

Die letzte größere Wandflucht im Osten Österreichs habe ich auch stets gerne besucht. Wenn bei uns noch Schnee lag, konnte man in den ost- und südseitigen Routen vor den Toren Wiens oftmals schon im T-Shirt klettern.

Doch welche Seilschaft war es, deren Spuren ich am liebsten gefolgt bin? Riedl-Königsberger? Kosa-Wolf? Die letzte Seilschaft, die ich hier nennen darf, ist eine ganz besondere und gleichzeitig eine typische Erschließerseilschaft. Eine einsame, so wie es viele in Österreich gibt. Ich folgte am liebsten den Spuren der Seilschaft „Behm-Bosch".

Zumeist hat sich **Thomas Behm** nämlich alleine durch die Wände von oben nach unten gearbeitet. Er hat stets recht liebevoll geputzt und munter drauf los gebohrt. Begleitet wurde er stets von seiner Bohrmaschine. Von seiner „Bosch".

Es gibt wohl keinen Kletterer in Österreich, der mehr Bohrhaken gesetzt hat als Thomas. Wenn seine Werke fertig waren, lud er oftmals gute Freunde zur offiziellen Erstbegehung ein.

Auf Wildenauers Spuren (7) am Hochkogel oder *Detonation Boulevard* (7+) an der Sonnenuhrwand sind nur zwei von vielen dortigen Behm'schen Meisterwerken. Thomas ist ein liebenswerter Mensch. Mittlerweile ist er auch schon über 50 und lebt in den Niederungen vor seiner Hohen Wand.

Und wenn er nicht in seinen Wänden vor seiner Haustür klettert, dann findet man ihn wahrscheinlich irgendwo auf einem Berg zwischen dem Hochkönig und dem Höllental. Und manchmal trifft er genau dort auf andere seiner Zunft. Auf die, die noch immer am Berg unterwegs sind und auf die, die noch immer mit Freude am Erschließen sind. Denn es gibt sie noch. Die „Jungs aus dem Familienalbum".

Thomas Behm in seinem Element - beim Erschließen steiler Wände in Niederösterreich

Genusskletter-Marathon

Am Wetzsteinmugel begeistern einige der schönsten Kurzrouten des Hochschwabgebietes!

Auweh

2020 war wirklich ein ganz eigenartiges Jahr. Ein Jahr, wie es kein vergleichbares je zuvor gab. Ein Jahr, welches absolut keinem anderen ähnelte. Obwohl der Winter durchaus so verlief, wie ich es leider schon mal erlebt hatte. Denn im März trug ich meinen rechten Arm in einem Gilchrist-Verband. Schulterluxation. Eine klitzekleine Unachtsamkeit hatte mir einen Kurzaufenthalt im Brucker LKH verschafft. Nun ist die Schulter ja für einen Kletterer und Schifahrer nicht irgendetwas, sondern etwas ganz Wichtiges! Diese Luxation war somit das Blödeste, was mir passieren konnte.

Skurril wurde das Ganze aber erst, als man mir den MRT-Termin absagte und auch die Physiotherapie strich. Corona war gekommen, um zu bleiben. Für solche Kleinigkeiten wie die meinigen wollte niemand Ressourcen verschwenden. Ich nahm diese Situation, so unangenehm, wie sie nun auch war, mit Gelassenheit hin und stellte kurzerhand einfach auf konservative Eigentherapie um. Nachdem Händeschütteln nun auch verpönt war, fiel es auch kaum jemandem auf, dass ich meinen rechten Arm - selbst nach Ablegen des Verbandes - für viele Dinge des täglichen Lebens nicht benutzen konnte.

Wie schimpfte ich über die Schitourengeher, die während des Lockdowns unterwegs waren! Und wie sehr erst über die Kletterer, die an den Felsen ihrer Sehnsucht nachgaben! Ich diente allen Bergsportlern, die mich kannten, als leuchtendes und sehr diszipliniertes Beispiel. *„Na wenn sogar du dich an alle Beschränkungen in dem Lockdown hältst und ned am Berg unterwegs bist, dann geh i a ned!"*, so lautete oftmals der Tenor entfernter Bekannter. Denn mit Ausnahme von Rüdiger hatte kaum jemand mein Malheur mitbekommen.

Als der Lockdown leicht gelockert wurde, begann ich vorsichtig wieder zu klettern. Im Nachstieg. Hinter Rüdiger. Ich kletterte Routen, die ich jahrelang verpönte, weil sie mir zu leicht waren. Ging Plattenklettern, obwohl ich mein Leben lang steile Sachen stets bevorzugt hatte. Kurzum, ich versuchte schlicht und einfach das Beste aus der Situation zu machen.

Klein Schinko und klein Kasparek

Rüdiger hatte zu dieser Zeit kaum Aufträge als selbstständiger Handwerker und ich befand mich in einer Kurzarbeitsphase.

Das war für uns beide der Beginn eines intensiven Erschließungsjahres. Eines Jahres, in dem „Genussklettern" angesagt war. Wohl oder übel. Oftmals trafen wir uns wochentags schon zu Mittag, um irgendwo im Hochschwab oder im Grazer Bergland neue Möglichkeiten zu erkunden oder um ganz einfach absolut genüsslich zu klettern. Oder um eben die eine oder andere neue Route einzurichten.

Keine Arbeit und viel Zeit zum Klettern, in Kombination mit stark eingeschränkten Reisemöglichkeiten. Staubige Gesichter. Durstige Seelen. Glückliche Bergsteiger. Von Woche zu Woche fiel es uns leichter, Verständnis für die Erschließungszeit zwischen den Weltkriegen und die damaligen Protagonisten aufzubringen. Wie einst Raimund Schinko und Fritz Kasparek, so zogen auch wir einfach und unbekümmert drauf los. Der Vergleich hinkt natürlich und hält mit den Originalen niemals stand, aber irgendwie passt er dennoch.

Wir hatten im Hochschwab schon das Klettergebiet der *Feinspitzplatten* mit Routen bis zum unteren 8. Grad erschlossen und im Grazer Bergland gelang uns mit der *Goldader* eine Route, welche ihrem Namen mehr als gerecht wurde. Und an der *Schatzinsel* - einem neuen Sportklettergebiet im Grazer Bergland - eröffneten wir Route um Route. Aus den dort geplanten zwei wurden in der Endausbaustufe über 20.

Das recht flache Klettergebiet der Rauchtalplatten im Hochschwab hatte ich 15 Jahre zuvor mit meinen Kindern, aber vor allem für meine Kinder erschlossen. Mehrere bis zu vier Seillängen lange Anstiege in bestem Fels findet man darin.

Unweit entfernt davon eröffnete Rüdiger mit seiner Frau und unserem gemeinsamen Freund Matthias im Jahr 2019 das Klettergebiet des Ausweichkogels. Hier findet man Routen mit zumeist vier bis fünf Seillängen im gemäßigten Schwierigkeitsbereich und noch dazu in allerbestem Fels und mit vernünftiger Absicherung.

Beides Gebiete, welche wir öfters besuchten, denn mit meiner Routine konnte ich auch im rekonvaleszenten Zustand alle der dortigen Routen recht gut klettern. Schulterbelastungen vermied ich so gut es ging. Route um Route spulten wir dort genüsslich ab. Wir machten Meter. Sonnige Meter. Genussvolle Meter.

Die Idee

„Kaiser hoch 6", so lautete ein guter Bericht über ein tolles Enchainment im Tiroler Kaisergebirge und nahezu zeitgleich war in der alpinen Presse vom „Schermberg Nordwand Triple" in Oberösterreich zu lesen. Beides absolut interessante Projekte und coole Ideen, wie wir fanden.

Nachdem ich eigentlich fast jährlich irgendein Projektziel brauchte, um meine Motivation hoch zu halten, überraschte mich diesmal Rüdiger mit einer Idee. *„Was hältst von einem Genusskletter-Marathon? Klettern wir hintereinander mehrere lohnende und gut abgesicherte Routen in bestem Fels. Und mit sauberer Sicherungstechnik. Nix am laufenden Seil oder so!"* Und schon waren wir am Planen. Idee um Idee ward geboren. Die verschiedensten Routenkombinationen wurden überlegt. Nordseitige wie südseitige, moderne wie alte Anstiege wurden in die Überlegungen mit einbezogen. Binnen einer Woche stand unsere Planung in groben Zügen. Wir würden uns im Hochschwab auf der Südseite sukzessive nach oben schrauben.

Beginnen würden wir an den Rauchtalplatten auf einer Seehöhe von etwa 1100 Metern und aufhören würden wir am 2214 Meter hohen G'hacktkogel. Rauchtalplatten - Ausweichkogel - Wetzsteinmugel - Wetzsteinkogel - G'hacktkogel, das wären die Wände, die wir hintereinander durchsteigen würden. Die Gehstrecken zwischen den ausgewählten Gebieten würden sich allesamt im gemütlichen Bereich zwischen 10 und 30 Minuten bewegen. Allerdings wären vorher noch einige „Arbeiten" zu erledigen, um dem Anspruch des „Genussklettern" und auch des „Genusswandern" gerecht zu werden. Die vorhandenen Routen am Wetzsteinmugel hatten uns leider wenig überzeugt, aber rechts dieser Routen wartete perfekter Fels eigentlich nur darauf, von uns erschlossen zu werden. Und die Gehstrecken zwischen

Traumfels in den neuen Routen am Wetzsteinmugel

Rauchtalplatten-Ausstieg und Ausweichkogel-Einstieg sowie zwischen Ausweichkogel-Ausstieg und Wetzsteinmugel-Einstieg mussten erst ordentlich ausgekundschaftet werden.

Und überhaupt, auch den in der Führerliteratur angegebenen Weg vom Wetzsteinkogel zum Wetzsteinmugel gab es in Wirklichkeit gar nicht. Die Natur hatte nämlich längst schon mehrere nahezu undurchdringliche Latschensperren angelegt.

An die Arbeit

Wir begannen natürlich zuerst mit der Erschließung von Neuland am Wetzsteinmugel. Weil das einfach angenehmer und lustiger war als das Suchen nach Durchschlupfmöglichkeiten in endlosen Latschengürteln. Insgesamt drei neue Anstiege mit jeweils zwei, drei und vier Seillängen richteten wir in wirklich ausgezeichnetem Fels am „Mugel" ein.

Es war uns ein Anliegen, diese Routen möglichst sauber zu putzen und die Absicherung so vorzunehmen, dass auch Wiederholer eine Freude daran haben würden. Die Anstiege richteten wir ausnahmslos gut abseilfähig ein, sodass je nach Lust und Laune auch willkürliche Kombinationen möglich sein würden. Die neuen Klettereien im 6. und 7. Schwierigkeitsgrad gefielen uns tatsächlich außerordentlich gut. Der Platz am kleinen Gipfel war einmalig schön und die Ruhe am Wandfuß genossen wir stets sehr. Eine kleine Perle konnten wir hier, inmitten des am stärksten frequentierten Bereiches des ganzen Hochschwabgebirges, an einem bislang völlig unbeachteten, kleinen Felsen ans Licht bringen. Somit blieben nur noch zwei Baustellen offen, um das Projekt „Südseiten-Genusskletter-Marathon" zu starten. Zwei Wegstrecken mussten noch detailliert erkundet werden. Wir begannen natürlich mit der leichteren.

Schneller - höher - stärker

Und so standen wir bereits einen Tag nach der Kletterroutener- öffnung am Ausstieg aus den Rauchtalplatten. Die Sonne brannte unbarmherzig vom Himmel. In einer Hand eine kleine Säge - stibitzt aus Opas Holzschuppen - und in der anderen eine Rosenschere - stibitzt aus Omas Garten. Nach mehr als einer Stunde Suchen und Zwicken, Stolpern und Schwitzen waren wir schließlich am Einstieg der Routen des Ausweichkogels angelangt. Ideal war unser Weg nicht, aber wir würden wiederkommen, um ihn zu verbessern. Natürlich gleich tags darauf. Wer rastet, der rostet.

Wieder standen wir am Beginn unserer geplanten Latschengasse. Ich holte Omas kleine Rosenschere aus meinem Rucksack und war bereit, den Kampf mit den dicken Latschenästen erneut aufzunehmen.

„Peter, bitte ned lachen, wennst siehst, was ich gleich ausm Rucksack holen werde."

„Sag ned, Rü, du hast die Rosenschere vergessen? Oder die kleine Handsäge?"

„Na, i war heute Vormittag im Baumarkt und hab' was Passendes gekauft!", sprach der wackere Wegesucher und packte voller Stolz eine nigelnagelneue, etwa einen halben Meter lange Astschere aus. Na Bumm! Das war ein ungleicher Kampf...

Rosenschere gegen Astschere war so wie Spritzpistole gegen Maschinengewehr! Das Gerät erwies sich aber als absoluter Volltreffer. Bis zu einem Durchmesser von 25 Millimeter ergaben sich die stechenden Latschenzweige, fast ohne Widerstand zu leisten. Ich ließ Rüdiger den Vortritt. Er zwickte gut gelaunt und lachend eifrig vor sich hin und ich räumte hinter ihm auf.

Die erste, sanft angelegte Latschengasse und der passende Weg waren bald fertiggestellt. Am Abend begann es zu regnen. Wir beschlossen das nächste Schönwetterfenster zu nutzen, um die letzte Baustelle - einen möglichst direkten Weg zwischen Ausweichkogel und Wetzsteinmugel - in „natura" zu erkunden. Auf „Google Earth" und im „Geoinformationssystem des Landes Steiermark" hatten wir den theoretisch möglichen Weg am Papier ja schon gefunden. Aber eines war mir klar, auch ich werde vorher in den Baumarkt fahren!

Nie wieder werde ich mit Omas Rosenschere ausrücken wenn's ums Grobe geht!! Und so kaufte auch ich mir eine massive Astschere. Natürlich eine größere, als es die des Freundes war. Eine, die laut Herstellerangaben bis zu einem Durchmesser von 42 Millimeter geeignet war. Diese war aber blöderweise schon zu groß, um im Rucksack innen transportiert zu werden. Also gab ich sie außen drauf. Und so starteten wir Tage später wieder gemeinsam, um den zweiten unbekannten Wegabschnitt zu erkunden. Am Weg dorthin wurden wir von den Wanderern ob unserer Ausrüstung mehrfach recht seltsam beäugt.

Denn auch Rüdiger hatte seine Astschere außen am Rucksack befestigt. Die Stunde der Wahrheit kam näher. Tatsächlich: Es deckten sich Fantasie mit Google-Earth-Bildern und dank unserer guten Ausrüstung schafften wir es recht rasch, einen freien Durchgang bis zum Wetzsteinmugel zu kreieren.

Natürlich schnitten wir auch die stacheligen Barrieren am Weiterweg frei. Nach getaner Arbeit kletterten wir noch eine elf Seillängen lange Route bis hinauf zum Gipfel des Wetzsteinkogels, in dessen Nähe wir gut versteckt für den „Tag X" ein Trink- und Essensdepot anlegten. Ein durch und durch erfolgreicher Tag ging zu Ende. Es war angerichtet. Unser Marathon war vorbereitet. Der Weg war frei!

Ein sonniger Tag kündigt sich an...

Rüdiger startet den Marathon mit der Route Die Daltons (5-, Rauchtalplatte)

Tag X

Was kann man über die Umsetzung Interessantes berichten? Dass wir in der Morgendämmerung in die Route *Die Daltons* (5-) eingestiegen sind, um danach auf frischem Weg zum Ausweichkogel zu gelangen und dort die Route *Yippie* (7) zu klettern. Von deren Ausstieg ging es locker und latschenfrei hinüber ins Bogenkar. Am Wetzsteinmugel kletterten wir zwei Routen, *Prima Ballerina* (7+) und *Herzblut* (7). Kritisch beäugten wir währenddessen das Treiben in der Südwestwand des nahe gelegenen Wetzsteinkogels. Die Wand war voll und drohte wegen Überfüllung geschlossen zu werden. Und das an einem Wochentag. Wir konnten uns ob des recht knappen Zeitplanes keine Stauzeiten erlauben und außerdem zeugt es nicht von bergsteigerischem Niveau, wenn man hinter anderen Stress erzeugt und Druck aufbaut. Also kletterten und kombinierten wir uns dort recht rasch über die Routen *Nirak* (5), *Borderline* (5+) und *Huibuh* (7-) hinauf bis zum Gipfel. Ohne das dortige Trinkdepot

Und weiter gehts über die Route Yippie (7) am Ausweichkogel

Vom Ausweichkogel wandern wir in Richtung Bogenkar zum Wetzsteinmugel

Peter tanzt über die Platten der Route *Prima Ballerina* (7) am Wetzsteinmugel

Am 4. Felsmassiv ging es dann mit einer Routenkombination (bis 6) hinauf auf den Wetzsteinkogel

wäre an diesem heißen Sommertag hier mit Sicherheit schon Schluss gewesen. So aber zottelten wir flotten Schrittes hinüber zum nächsten Berg, um dort die für uns schönste und obendrein auch noch längste Route an diesem Tag zu klettern - *Glückskind* (6). Nach etwas mehr als elf Stunden reiner Kletterzeit erreichten wir glücklich und zufrieden den höchsten Punkt unseres Marathons. Hinter uns lagen 45 Seillängen. Keine einzige davon wurde am „laufenden Seil" absolviert. Und jede einzelne Seillänge erfüllte für sich den Anspruch an eine „Genusskletterei". Es war ein herrlicher Augusttag. Unser Ziel war es, möglichst ohne die Verwendung von Stirnlampen durch den Tag zu kommen. Auch das hatte geklappt!

Nach einer kleinen Pause seilen wir uns ab ins Zagelkar, über welches wir zum Wandfuß des G'hacktkogels queren

Bei der Kar-Querung begegnen wir unerwartet einem großen Gemsen-Rudel...

Als letzte Route klettern wir Glückskinder die Route *Glückskind* (6), eine der modernen Genuss-Touren des gesamten Gebietes

Nach der Route *Glückskind* am 5. Felsmassiv ist es geschafft! Wir stehen nach 45 tollen Seillängen etwas müde, aber glücklich, am Gipfel des G'hacktkogels!

Fazit

Der „Südseiten-Genusskletter-Marathon" ist weder eine besondere klettersportliche Höchstleitung noch eine überaus große Ausdauerherausforderung. Es ist vielmehr die Tatsache, dass man mit Kreativität und Motivation immer noch schöne Ziele vor der jeweils eigenen Haustüre für sich selbst definieren und auch wirklich finden kann. Und so sitzen wir ein knappes Jahr später wieder zu zweit auf einem völlig einsamen Hochschwabgipfel, nach einer geglückten Erstbegehung, und sinnieren wie so oft vor uns hin.

„Rüdiger, es is immer das Gleiche. Ich find's irgendwie schade, dass wir diese Neutour jetzt fertiggemacht haben. War eine schöne Zeit. Viele Fragen. Die quälende und zugleich spannende Ungewissheit. Aber jetzt is wieder alles vorbei."

„Du, Peter, da fällt mir ein, was machen wir eigentlich im Herbst? Wir brauchen ein Ziel! Machen wir eine Nord-Süd-Kombi im Xeis? Oder…schau da rüber: 700 m hoch ist sie, die Griesstein Westwand. Da gibt's nix Gescheites. Nix Modernes. Noch nicht."

Tja, was wären in Wahrheit die großen Abenteuer ohne die kleinen?

INFO

Hochschwab

Südseiten-Genusskletter-Marathon

Ein Kletter-Enchainment der besonderen Art mit insgesamt bis zu 45 Seillängen (je nach Routenwahl), wobei 3 klettergartenmäßige Wandbereiche mit je 1 Route auf den Wetzsteinkogel und den G'hacktkogel (als Abschluss) verbunden werden. Dazwischen Gehstrecken (mit einer AS-Passage ins Zagelkar) von max. 30 Min., welche tw. mit Steinmännern markiert sind. In jedem Wandabschnitt sind mehrere Varianten u. Kombinationen möglich, welche alle gut bis sehr gut mit BH abgesichert sind. Die Felsqualität ist durchwegs hervorragend und bietet fast ausschließlich genussvolle Platten- und Wandkletterei. Das Enchainment kann nach jedem Wandabschnitt problemlos abgebrochen werden. Eine zusätzliche Verlängerung mit einer Route in der Hochschwab-Südwand wäre für absolut Unermüdliche noch möglich! :-)

Schwierigkeit: Bei der hier beschriebenen Routen-Kombination von 5- bis 7+. Bei der leichtesten Kombination bis max. 6+.

Ausrüstung / Material: 60-m-Einfachseil (Abseilen vom Wetzsteinmugel), 8-10 Expr., 2 Bandschlingen.

Erstbegeher: *Die Daltons:* P., M. u. St. Pesendorfer / *Yippie:* R. Hohensinner, M. Theissing / *Prima Ballerina + Herzblut:* P. Pesendorfer, R. Hohensinner / *Nirak:* T. u. K. Richter / *Borderline-Kombi:* Pichler, Lang, Richter / *Glückskind:* H. u. M. Pichler

Zustieg: Vom Alpengasthof Bodenbauer in Richtung Hochschwab und Trawiesalm unter die überhängenden Hundswände und in einer Kehre über die folgende Steilstufe. Wenige Min. danach führt der Wanderweg über ein (meist ausgetrocknetes) Bachbett. Gleich danach links (Steinmann) einem Steiglein bergauf entlang dem Bachbett Richtung Rauchtal folgen und dann nach links zum Fuß der markanten Rauchtalplatte, ca. 40 Min.

Abstieg: Vom G'hacktkogel in Kürze zum markierten Plateau-Wanderweg und dann rechts über das G'hackte (tw. gesichert, A bis A/B) absteigen zum Wanderweg Nr. 839, über welchen man weiter zum Ausgangspunkt absteigt, 2 Std.

Der „Ferdl"

Jugendzeit

Wenn man am Land aufgewachsen ist und seine Freizeit fast ausschließlich im Freien verbracht hat, dann erinnert man sich wahrscheinlich immer noch gerne an den Duft frisch gemähter Wiesen, an das Zirpen der Grillen und an lange Sommerabende. Wir spielten Fußball auf den Äckern und als Tore dienten uns zumeist „Heuhiefeln". Nach der Schule traf man sich eben mit einem Ball auf einer Wiese. Es gab kein Internet und auch noch keine Handys. Helikoptereltern? Dieses Wort existierte in meiner Jugendzeit noch gar nicht. Die Sommer am Land waren unbeschwerte Sommer. Hin und wieder fanden wir auf den sonnenbeschienenen gemähten Wiesen auch Schlangen an. Für uns waren ja selbst Blindschleichen schon Schlangen. Alle haben wir uns, aus eigentlich unerklärlichen Gründen, vor Schlangen gefürchtet. In der Pubertät erkannten wir, dass sich die Mädels noch mehr vor diesen Tieren ekelten als wir Burschen. Und darin entdeckten wir sofort neue, ungeahnte Chancen. Wenn irgendwo, irgendwann eine Schlange auch nur in Sicht war, versuchten wir, natürlich nur bei Anwesenheit hübscher Mädels, uns als kleine Helden zu präsentieren. Helden ohne Furcht und Tadel. Ich wurde damals zu so einer Art „lokalem Oberheld".

Aber in Wahrheit auch nur, weil ich mich eingehend schlau gemacht hatte über die verschiedensten Arten und ihr Aussehen. Rasch wusste ich, welche giftig und welche ungiftig waren. Dieses Wissen behielt ich natürlich für mich. Vorsprung durch Wissen. Wissen ist Macht! Die größte bei uns beheimatete Schlange war und ist die Äskulapnatter. Völlig ungiftig. Und faul obendrein auch noch, denn gegenüber größeren Tieren - und natürlich auch gegenüber Menschen - zeigt sie sich absolut angriffsUNlustig. Rund eineinhalb Meter lang werden diese im ausgewachsenen Zustand. Die eine oder andere habe ich bei weiblicher Anwesenheit, in völliger Coolness, leicht und lässig verscheucht. Die dunkle Supermarkt-Billigsonnenbrille wurde meinem Lausbubenimage gerecht.

Studentenzeit

Die Jahre vergingen und die Interessen hatten sich verschoben. Physikalisch gesehen könnte man sagen, dass sich meine Freizeitsportaktivitäten um 90° gedreht hatten. Aus dem „Heuhiefelfußballer" war mittlerweile ein recht guter Kletterer geworden! Mein Ehrgeiz gebot mir, einfach viel zu trainieren, ohne dabei aber das Studium an der Montanuniversität zu vernachlässigen. Sportklettern diente hauptsächlich dem Zweck, später in hohen Wänden möglichst sicher unterwegs sein zu können. Im Schnitt kletterte ich an vier Tagen in der Woche. Und das zu jeder Jahreszeit. In den Wintermonaten fand man mich oft irgendwo an kleinen Sonnenwänden zwischen Wien und dem Semmering. Manche Felsen besuchte ich oft. Sehr oft sogar. Doch irgendwie gestaltete sich alles recht zeitintensiv. Anfahrt. Zustieg. Klettern. Abstieg. Rückweg.

Mein bevorzugtes Trainingsrevier war damals die Fischerwand bei Kapfenberg. Knappe 20 Kilometer entfernt lag diese von unserer Wohnung. „Unserer" Wohnung, denn mittlerweile waren wir zu dritt. Doris war mir während der Schwangerschaft als Trainingspartnerin langsam, aber sicher abhanden gekommen. Nach der Geburt unseres ersten Kindes war plötzlich auch ich immer mehr und mehr gefordert, meinen Beitrag zum Funktionieren der kleinen Familie beizutragen. Und so kam es, dass ich unweit unserer Wohnung den alten, kaum erschlossenen Klettergarten meines Freundes Herbert wieder regelmäßig aufsuchte. Und ich richtete dort Route um Route neu ein. Alleine. Bohrte. Putzte. Kletterte. Die Steigklemme wurde zu meinem Trainingspartner. Sie hatte immer Zeit für mich und nervte niemals mit blöden Sprüchen. Und schwanger konnte sie auch nicht werden. Zumeist fuhr ich mit dem Mountainbike zum Trainieren. Es war einsam dort. Kaum jemand kannte das Gebiet und die wenigen, die es wussten, genossen allesamt die dortige Ruhe und Einsamkeit. Ich wurde zum neuen Hausherrn. Herbert übergab mir das Zepter. Aus rostigen Normalhaken wurden Klebehaken. Aus Stichtbohrhaken wurden Edelstahlanker.

Erste Begegnung

Während auf den höheren umliegenden Bergen noch genug Schnee lag, um die eine oder andere Firntour zu genießen, zog es mich an einem Wochenendtag in den einsamen Klettergarten, um in der warmen Frühlingssonne eine weitere neue Route einzurichten. Die Putzarbeit war anstrengend und so machte ich es mir zu Mittag auf einem sonnenbeschienenen Felsabsatz gemütlich. Der Absatz war groß genug, um ausgestreckt faul in der Sonne zu liegen. Ich schloss die Augen und träumte selig vor mich hin. Etwa eine halbe Stunde später öffnete ich meine Augen wieder…und da sah ich sie! Etwa einen Meter neben meinem Kopf lag eine Schlange! Der Held aus der Jugendzeit war längst Geschichte. Ich empfand pure Angst. Mein Herz war in die Hose gerutscht. Die etwa 30 cm lange junge Äskulapnatter erschien mir wie eine giftige Riesenwürgeschlange! Oh Gott! Was tun? *„Ruhig Blut, Peter. Beruhige dich!"* Wir blickten uns an. *„Äskulapnattern sind harmlos."* Bockschauen. Peter und die Schlange. Ich gewann. Denn langsam verzog sie sich.

Zuhause konnte ich Doris natürlich nichts von der Begegnung erzählen, denn dann hätte sie mich nie wieder dorthin begleitet, um mich zu sichern. Im selben Jahr sah ich die kleine Schlange immer wieder mal irgendwo am Wandfuß. Mir war klar, dort oben gibt's jetzt einen Mitbewohner bzw. eine Mitbewohnerin. Ich war für die Sicherheit der Haken zuständig und die Natter sorgte parallel für insektenfreies Klima. Arbeitsteilung.

In den folgenden Jahren sah ich sie immer wieder. Von Jahr zu Jahr hatte sie an Größe zugelegt. Schließlich näherte sich mein Studium dem Ende zu. Den gleichen Ehrgeiz, den ich am Fels an den Tag legte, zeigte ich zur Freude meiner Eltern und meiner Freundin auch an der Uni. Dann war es soweit: Das Berufsleben rief nach mir und ich folgte diesem Ruf. Zwei Jahre lang lebte ich alleine vor den Toren von Linz, kletterte hauptsächlich im Ennstal und im Mühlviertel. An den Wochenenden fuhr ich zurück, ins heimatliche Mürztal, zur mittlerweile weiter angewachsenen Familie.

Back to the roots

Ich sprühte nur so vor Energie, als ich eines Tages völlig unerwartet die Chance erhielt, als Qualitätsstellenleiter ins steirische Stahlrohrbusiness und somit zurück ins heimatliche Mürztal zu ziehen. Ich nutzte diese Chance. Wenig später entschlossen wir uns, auch gleich ein Haus im Mürztal zu bauen und zu heiraten. Ich hatte tatsächlich geheiratet! Obendrein noch dazu eine Frau mit zwei ledigen Kindern! Ok, ich war ja ihr leiblicher Vater und Doris meine Freundin seit der Schulzeit. Im Mürztal ging ich nach der Arbeit natürlich wieder regelmäßig dorthin klettern, wo ich vor Jahren als Student schon regelmäßig war. In „meinen" Klettergarten. Alleine. Und als Partnerin war sie wieder mit von der Partie, die gute alte Steigklemme. Es sah etwas verwildert am und rund um die Felsen aus. Kein Wunder, den Flecken kannte ja kaum wer und auf Wunsch der dortigen Grundbesitzer gab es auch nie irgendwelche Veröffentlichungen.

Es war ein herrlicher Herbsttag. Dicht lag der Nebel im Tal und ich kletterte alleine im T-Shirt in der Sonne. Wie ich den *Südostriss* liebte! Steil. Kräftige Züge. Gute Handklemmer. Zügig kam ich voran. Gegen Ende der ersten Seillänge, im absolut bekannten Terrain, konnte ich meine Hand nicht wie gewohnt im Riss versenken. Etwas war im Riss offenbar verkeilt. Nur die Finger konnte ich reinbringen. Da musste ich mal genauer reinschauen in den tiefen Riss…und bullerte dann fast in die Hose! Im Riss klemmte schon was Anderes. Eine große Äskulapnatter. Nein, eine riesengroße Äskulapnatter! Eingeringelt. Diese hatte sich durch meine Berührung mit Sicherheit genauso erschrocken wie ich. Sie benötigte aber Gott sei Dank etwas Zeit, um ihren eigenen Klemmknoten zu lösen und hatte somit gar keine Möglichkeit, mich ein wenig zu zwicken. Ich hing mit voller Hose in der Steigklemme. Unter mir 20 Meter senkrechter Fels. Ober mir 20 Meter senkrechter Fels. Im Riss vor meiner Nase die dicke, fette Riesenäskulap. Links glatter Fels. Rechts glatter Fels. Ich würgte das am Gipfel zuvor fixierte Seil so richtig her und flüchtete im Speedkletterstil nach oben. Ausbinden. Abhauen! Das Seil ließ ich unaufgeräumt am Fels hängen. Verängstigt zog ich von dannen. Am nächsten Tag kam ich aber wieder. Immer noch ängstlich. Aber weit und breit war keine Schlange zu sehen. Weg war sie.

Es blieb bei der einzigen Sichtung und unserer einzigen Begegnung in diesem Herbst. Doch die Äskulap schien immer irgendwo zu sein. Im Spätherbst hinterließ sie mir in einem anderen Riss ihren „Pyjama". Es ekelte mich, als ich plötzlich eine mehr als einen Meter lange Schlangenhaut im Riss sah. Ich hoffte inständig, dass sie nach dem Winterschlaf weit wegziehen würde.

Doch im nächsten März, an einem der ersten warmen sonnigen Klettertage, sah ich sie wieder. Am Felsen. An „meinem" Felsen! Sie sonnte sich. Auf „meinem" Rastplatz! Und ich hatte Angst. Keine Spur war mehr vom Helden der Jugendzeit zu erkennen. Ich musste was tun. So konnte es nicht weitergehen.

Dr. Google

Nun war die Zeit gekommen, um sich einfach der Realität zu stellen. Was lag da näher, als den berühmten Dr. Google zu konsultieren? Nach langen Recherchen war mir klar, mit wem ich es dort oben am Fels zu tun hatte. Mit einem ausgewachsenen Männchen. Wahrscheinlich wohnt, jagt und lebt es alleine dort oben. Es ist natürlich ungiftig und ungefährlich. Häutet sich regelmäßig. Klettert problemlos an senkrechten Rissen rauf und runter. Es führt einen Single-Haushalt und schläft während der kalten Monate. Mäuse und Insekten wird es am Fels keine geben, denn die frisst es. Wenn die Bussarde übers Land ziehen, versteckt es sich. Im Normalfall wird es bis zu 30 Jahre alt. Wenn es sich um dieselbe Schlange handelt, die ich schon als Jungspund sah, dann muss ich mich mit dem Tier arrangieren. Freundschaftlich, versteht sich.

Wenn Schlangen ein Schlangen-Internet hätten, würde sie mit Sicherheit auch ihren Dr. Google befragt haben, mit welcher Spezies sie es hier wohl zu tun hätte. Ich denke, sie fürchtete sich vor mir genauso wie ich vor ihr. Aber auch der Schlange musste klar sein, dass sie freundschaftlich mit mir auskommen muss, denn im Normalfall würde sie mich während ihres gesamten Lebens nie mehr los werden.

In diesem Jahr traf ich sie häufiger an am Fels. Meine Angst schwand von Begegnung zu Begegnung. Ihre im Übrigen auch.

Es war an der Zeit, ihr einen Namen zu geben. „Ferdl" erschien mir passend. Welchen Namen sie für mich hatte, entzieht sich meiner Kenntnis.

In den nächsten Jahren bot sich tatsächlich stets das gleiche Bild. „Ferdl" war regelmäßig am Fels. Und seine „Pyjamas" hinterließ er mir auch regelmäßig. „Ferdl" war wohlerzogen, denn seine „Pyjamas" hing er stets fein säuberlich auf. Während ich mich an glatten Platten fortbewegte, nutzte er Risse und Verschneidungen. An den interessantesten Stellen traf ich auf ihn. Hätte ich nicht gewusst, dass er irgendwo sein würde, ich hätte mit Sicherheit bei einer Begegnung mit ihm einen Schreikrampf bekommen und einen Abflug gemacht.

Anrainer und Besucher

Alle meine Kletterpartner und auch die wenigen Bekannten, die sich im Klettergarten vergnügten, wussten von „Ferdl". Manche hatten ihn selbst schon mehrfach gesehen oder in der einen oder anderen Route angetroffen. Alljährlich. Und immer noch konnte er sie erschrecken. Meine Freunde Heri und Robert waren Stammgäste im Klettergarten. Anrainer sozusagen.

Robert hatte „Ferdl" sogar einen Weitflug zu verdanken, denn es war nicht jedermanns Sache, im Vorstieg, weit über dem letzten Bolt, „Ferdl" im rettenden Griff schlafen zu sehen.

Heri konnte einmal sein Kletter-Jahresziel nicht erreichen wegen „Ferdl". Heris Form im Spätherbst hätte es zugelassen, nur „Ferdl" hing anscheinend tagelang in Heris Wunschroute. Und wo ein „Ferdl" ist, da ist dann eben auch KEIN Griff. Und ohne Griff kein Durchstieg. Aber alle Anrainer haben ihn akzeptiert, den „Ferdl".

Gegenüber anderen Besuchern zeigte er sich jedoch weniger freundlich, obwohl er in Wahrheit nichts tat. Die wissenden Anrainer erzählten von „Ferdls" Anwesenheit und zeigten den Besuchern manchmal sogar, wo er sich gerade befand.

„Ferdls" Anwesenheit empfanden aber die wenigsten Besucher als lustig, somit war er für uns und unsere Felsen so eine Art „Zerberus". Ein Garant für Ruhe. „Ferdl" wurde bekannt.

Weit über die Grenzen seines Lebensraumes hinaus. Auf der Veitscher Südseite gibt es sogar eine Kletterroute mit dem Namen *Ferdl 2*. Denn Freunde hatten mich gefragt, ob ich mein „Haustier" mit raufgenommen hätte zum Klettern, da sich am Ausstieg einer meiner Neutouren dort, oftmals ein ähnlich großes Tier befand.

Hausherren

Viele Begegnungen hatte ich bislang mit „Ferdl". Vormittags genoss er oftmals die Sonne in den Ostwandrouten. Gegen Abend zog es ihn auf die Westseite. Und hin und wieder war er an „meinem" Rastplatz. Schlief seelenruhig keine zwei Meter von mir entfernt, zusammengeringelt in „seinem" Spalt.

Mittlerweile erschreckte er mich längst nicht mehr, aber ich schaute vorher immer noch genau, wo ich meine Hände hineinstecke. Im Laufe unserer gemeinsamen Jahre kannte ich seine Lieblingsplätze schon recht genau. Die Zeit verflog, die Jahre vergingen...

Sommer 2021. Mein Freund Ernst wollte seine neue Drohne testen und begleitete mich als Fotograf in den Klettergarten. Mir passte das gut, denn irgendwie fehlten mir passende Fotos für die Geschichte mit dem fehlenden Bäumchen, und vielleicht würde ja das eine oder andere gute Foto dabei entstehen.

Die dortigen Routen mochte Ernst nie, und nur ganz selten war er dort zum Klettern. Kurzum, er war fast so etwas wie ein Fremder dort. Ich begann mit dem Training - und mit mir meine Steigklemme. Ernst machte das eine oder andere Foto.

Um mich herum schwirrte sein Fluggerät. Am Ende des ersten Absatzes in der Wand, kurz vor meinem gewohnten Rastplatz, griff ich in einen Riss und spürte dabei einen warmen und weichen Widerstand. Ich wusste, was das bedeutete.

„Servus ‚Ferdl'! Du auch da heute. Genieße den schönen Sommertag und die Sonne am Felsen! Ich klettere jetzt weiter und wünsche dir noch einen schönen Tag!" sprach ich zu „Ferdl".

Und relaxt kletterte ich weiter. Meter um Meter. Zug um Zug. In der Gewissheit, dass mich nirgendwo mehr eine Überraschung in Form einer schlafenden Schlange ereilen konnte.

Als ich wieder am Boden bei Ernst angekommen war, fragte er:

„Du, i hab' links und rechts g'schaut, aber niemanden g'sehen. Wo war leicht wer? Wo is da jemand gegangen? Weil du hast ja mit einem Ferdl g'redet!"

Nachdem ich Ernst aufklärte, zuckte er zusammen.

„Oida, i hob' so a Riesenschlangenangst! Wenn i g'wusst hätt, dass das a Schlange is…i hätt die Fernbedienung weggeschmissen und wäre davongerannt! So hob' i ganz normal hin und wieder a Foto von dir beim Klettern g'macht. Schau ma daham, ob wir gach den ‚Ferdl' a irgendwo auf an Büdl haben!"

Und siehe da, tatsächlich wurde die zärtliche Begegnung fotografisch festgehalten! „Ferdl" und ich - die zwei Hausherren - friedlich vereint. Der eine beim Schlafen und der andere beim Klettern.

„Ferdl" wird mittlerweile wohl schon etwa 25 Jahre alt sein. Wo er wohl diesmal im Herbst seinen Pyjama abstreifen wird? Im *Südostriss* oder in der *Ostside Story* oder gar im *Westwind*?

Wir haben uns im Laufe der letzten zwei Jahrzehnte tatsächlich recht gut aneinander gewöhnt. Auch wenn es vielleicht komisch klingen mag, irgendwann werde ich ihn nicht mehr am Felsen antreffen und er wird mir fehlen. Dann werde ich nach ihm suchen. Irgendwann wird er seine letzte Haut abstreifen und seine letzten Sonnenstrahlen am Fels genießen. „Ferdl" - mein Freund!

Gesäuse-Express

Aufstieg über die *Lugauerplan* zum Lugauer, im Hintergrund Stadelfeldschneid, Gsuchmauer (mit dem bereits im Schatten liegenden *Gsuchkar*) Gr. Ödstein, Festkogel, Hochtor (rechts der Bildmitte) und Hochzinödl

Ja, Mama!

Wer viel in den Bergen unterwegs ist und dies oftmals auch allein, dem kann es schon mal passieren, dass er kurzfristig sein Tagesziel ändert. Wetter. Schneelage. Motivation. Viele Gründe kann es dafür geben. Im Normalfall informiert man in solchen Fällen eben kurzfristig jemanden über das neue Ziel.

Speziell in Partnerschaften kommt es ganz gut an, wenn man sich als vernünftiger Bergsteiger präsentiert und dem Partner oder der Partnerin die Umplanung bekannt gibt. In Zeiten von WhatsApp geht das ganz stressfrei. Mit einem kurzen Getippsel stellt man Zufriedenheit her und wahrt den Haussegen.

„Hi, gehe heute anstatt Festkogel auf den Leobner. Vom Gscheidegger aus. Zu windig im Johnsbachtal aus NW und dadurch zu unsicher im Südoststeilbereich!" So was kommt ganz gut und vor allem auch total kompetent rüber! Charmant verfeinern kann man so etwas noch einleitend mit den Wörtern „Schatzi" und zum Schluss mit einem „Bussi". Blöd dann nur, wenn man vor lauter Freude zuhause nach der Tour die Fotos am Smartphone herzeigt und die bessere Hälfte feststellt, dass das Gipfelkreuz auf den Fotos jenes vom Admonter Kalbling ist und nicht das vom Leobner. Ja, kann schon mal dumm laufen.

„Dich könnte man wo suchen! Du sollst mir immer sagen, wo du bist! Mach sowas nie mehr! Nie bitte!" „Ja, Mama. Ja, Mama!"

Aber der Mensch lernt aus Fehlern, und selbstverständlich sind sich erfahrene Bergsteiger stets bewusst, wie notwendig entsprechend richtige Informationen über das gewählte Tourenziel sind. Man gibt das Ziel bekannt. Den Ausgangspunkt und die geplante Rückankunftszeit. So machte ich das bisher (fast) immer und ich gelobe dies auch in Zukunft so handzuhaben.

Ein Urlaubstag

Ich sitze am späteren Nachmittag noch im Büro und sehe mir so nebenbei den Lawinenlagebericht an, analysiere die Werte einiger Online-Wetterstationen. Es ist Mitte Jänner und die Schneedecke ist recht gut und stabil in der Obersteiermark. Der Wetterbericht verspricht Neuschnee über Nacht, je nach Berg und Seehöhe zwischen 10 und 30 Zentimeter. Als ob das noch nicht reichen würde, verspricht der Schnee auch ohne größeren Windeinfluss bei niedrigen Temperaturen zu fallen. Es ist soweit. Fieber bricht aus. Pulverfieber. Ich nehme mir einen Urlaubstag für morgen. Gehe ich eben alleine. Zuhause läutet das Telefon. Der Herr Kollege Amtsleiter Max Ostermayer aus Übelbach ist in der Leitung. Er hat morgen Urlaub, aber kein Auto, muss in der Früh seine kleine Tochter in die Kinderkrippe bringen und die Kleine am frühen Nachmittag wieder von dort abholen.

Eigentlich wollte ich alleine eine lange Tour machen, aber spontan beschließen wir, morgen gemeinsam „auf Tour" zu gehen. Eben etwas kürzer als geplant, aber „Chefpartie on Tour" bürgt für Qualität. Für lustige Stunden und ausreichend Blödeleien. Für rassige Abfahrten und flotte Aufstiege. Und für gutes Essen und ausreichend Bier. Kurzum, ein perfekter Powderurlaubstag für die zwei erfahrenen Familienväter. Wir einigen uns darauf, morgen rasch auf den Stadelstein zu gehen. Ich kritzle die Zeitplanung für morgen fein säuberlich auf einen „post-it"-Zettel und klebe diesen, wie gewohnt, für Doris an den Kühlschrank in unserer Küche.

Von der Pfarralm geht es Richtung Südkar und auf die Gsuchmauer

„7.15 Max in Übelbach holen. 8.00 PP Moosalm - Gössgraben. Gipfel 11.00 Uhr. Max muss Louisa in Übelbach - Kinderkrippe - holen um 13.30. Bier bei Max. 15.30 daheim."
Richtig vorbildlich.
Max machte für seine Frau einen ähnlichen Zettel. „Stadelstein mit Peserl. Bier in Leoben. Du Louisa bitte um 13.30 holen. Bin gegen 15.30 daheim."
Was erkennt der Leser nun sofort? Richtig! Beide Bergsteiger sind schon lange verheiratet, denn es fehlte bei beiden das einleitende „Schatzi" und das „Bussi" zum Schluss. Sonst noch was? Aja, ganz deckten sich die Planungen nicht. Aber die Unterschiede waren marginal. Nicht der Rede wert.

Johnsbacher Perlen

Pünktlich kamen wir am nächsten Tag weg aus Übelbach. Ein strahlend schöner, windstiller Tag. Nachdem uns irgendwie beim Reden klar wurde, dass wir etwas mehr Zeit für den Stadelstein haben würden, begannen wir ein klein wenig umzuplanen.

„Könnt ma also a was Längeres gehen, Max?"

„Jo sicher! ‚Patzi' holt die Klane. I hab' kan echten Stress."

„Super. I a ned. Fahrma ins Xeis? Bei dem frischen Pulver sicher super! Gsuchmauer Süd? Die geht si leicht aus, ohne dass wir unseren besseren Hälften was von der Umplanung sagen müssen? Sonst sagen s' wieder, wir san Chaoten!"

„Jo, machen wir! Gib Gas. Dei Kübel hat eh über 200 PS!"

Und ich gab Gas. Aus den Boxen dröhnten Pizzera & Jaus: „Wo foa ma hin? Eine ins Leben! Woooah. Wo foa ma hin? Mia foan eine ins Leben. Suach ned an Sinn, es wird kan gebn! Woooah. Wo foa ma hin? Mia foan eine ins Leben!" 🎵🎵🎵🎵🎵

Wir waren das dritte Auto am Parkplatz vor der Ebnerklamm im Johnsbachtal. Mit Vollspeed war es ins Xeis gegangen mit dem Auto, und mit Vollspeed zogen wir, begleitet vom Hund des Herrn Amtsleiters, mit unseren Leichttourenschiern hinein in den sonnigen Tag. Am Beginn des Südkares überholten wir die erste Schitourengruppe und in der Mitte des Südkares die zweite.

Nun waren wir dran mit der Spurarbeit. Eigentlich ging unser vierbeiniger Begleiter lautlos knapp hinter oder vor uns in der Schispur. Aber nicht immer.

„Max, i glaub' der Hund sagt dir grad, dass die Spuranlage ned optimal is. Der macht sei eigene!"

Spurarbeit im Südkar zur Gsuchmauer - der Hund legt aber lieber eine eigene Spur an...

Wir scherzten und lachten wie immer. Der Schmäh lief. Am Gipfel stellten wir fest, dass unsere Aufstiegszeit nur etwa halb so lang gedauert hatte als im Schitourenführer angegeben.

"Max, also da merkt man wieder, dass Führerautoren ned immer so genau wissen, was sie so schreiben. Hahaha!"

"Trottl. Recht hast. Was kann ma scho vom nie verlegenen Allander Verleger und vom Ostermayer verlangen? Ned zu viel!".

Kein geringerer als Max selbst war für die Zeitangaben dieser Tour im Schitouren-Atlas verantwortlich. Denn Max war einer der Autoren des von uns verwendeten Schitourenführers.

"Du, Max, weil wir so flott waren…könnten wir doch eventuell ins ostseitige Gsuchkar owefahren, anstatt wieder südseitig zurückzufahren. Dann müss' ma halt nochmal auffelln und rasch hoch zum Hüpflinger Hals gehen. Aber dann hätt' ma noch a zweite, leichte Powderabfahrt, von dort aus zruck zum Auto!"

Die Diskussion war kurz. Sehr kurz. Bald darauf jodelten wir hinunter ins ostseitige *Gsuchkar*. Im Gsuchkarauslauf blickten wir auf die Uhr.

Hund & Herrl genießen die Abfahrt in das *Gsuchkar*

"I glaub', wir müssen uns jetzt scho a klane Ausrede für daham einfalln lassen, weil unsern Zeitplan halt ma nimmer ein, Max!"

Max war voll bei der Sache und hatte meine Feststellung inhaltlich genau verstanden, denn er quittierte den Sager mit den Worten *"Peserl, schau auffe zur Lugauerplan. Die tät heute auch super passen!"* Und so kam es, dass wir wenig später schon unsere Spitzkehren hoch zum Lugauer machten.

800 zusätzliche Höhenmeter anstelle des gemütlichen dreißigminütigen Aufstieges zum Hüpflinger Hals. Wir konnten nichts dafür! Es war ja so sonnig und windstill. Und es gab so feinen Neuschnee. Wir mussten da hoch! Es ging einfach nicht anders. Der Schitourengott hätte das sicherlich auch so gewollt!

Die folgende Abfahrt über die *Lugauerplan* war reinster Genuss. Der notwendige 300 Höhenmeter Rückanstieg rauf auf den Hüpflinger Hals hingegen war einfach lästig. Aber wir nutzten die Aufstiegszeit, um akkordiert unser kleines zeitliches Malheur durchzugehen.

Die schriftlich aufliegende Planung zuhause hatte nämlich inzwischen mit der Realität genauso viel zu tun wie Cristiano Ronaldo mit dem Ski-Weltcup. Aus den geplanten 1000 Höhenmetern sind dann 2300 Höhenmeter geworden. Und falls uns wer in den Eisenerzer Alpen suchen würde, würde er uns dort niemals finden.

Abfahrt vom Gipfel Richtung *Gsuchkar*

Herrl & Hund beim Aufstieg und bei der Abfahrt über die *Lugauerplan*

Rückblick zur *Lugauerplan* mit unseren Spuren

Zum Schluss geht's vom Hüpflinger Hals wieder runter zur Pfarralm

Kölblwirt

Die Ankunftszeit beim Kölblwirt im Johnsbachtal verzögerte sich auch ein klein wenig, denn unser guter vierbeiniger Begleiter war schon recht müde. Wir mussten auf ihn Rücksicht nehmen. Also fuhren wir langsam. Sehr langsam. Der gute Hund musste aber immer noch laufen, während wir unangestrengt ins Tal glitten. In der gemütlichen Gaststube bekam zunächst der treue Vierbeiner ausreichend zu trinken. Erst nach ihm waren auch wir an der Reihe. Und da saßen sie. Die zwei Johnsbacher Schitourenperlengeniesser. Die Chefpartie. Einer mehr Spitzbub als der andere. Und beide tippselten eifrig Buchstaben für Buchstaben in ihr Handy. *„Hallo Schatzi, wir sind heute so lange in der Sonne gesessen und haben die Zeit leider ein klein wenig übersehen. Und beim Wirtn gibt's halt fast kein Weiterkommen beim Essen und Trinken & Tratschen. Kennst eh den Peserl (Max)! Keine Sorgen machen, ich bin bald daheim. Ich hab dich lieb! Ich freu mich schon auf dich! Bussi ! Bussi!"*

Was fällt dem aufmerksamen Leser nun auf? Richtig! Einleitung und Schluss der Nachrichten waren richtig vorbildlich geschrieben. Fast schon so, als ob da jemand ein schlechtes Gewissen gehabt hätte. Ohne etwas zu essen, brachen wir nach einem großen Bier rasch auf. Auf ging's nach Hause. Vollspeed. Seiler & Speer waren akustisch unsere Begleiter. Es dröhnte laut aus den Boxen: *„Waunst amoi nu so ham kummst, sama gschiedane Leit. Waunst amoi nu so ham kummst, host die Scheidung mei Freind!"* ♪♪♪♪♪

Im Schein der untergehenden Sonne kamen wir mit knurrenden Mägen in Übelbach an. „Patzi" sah uns die leichte Verspätung nach und brachte uns sogar ein Bier. *„Zum Essen hab' ich euch jetzt nix gemacht, weil ihr werdet richtig gut gschmaust haben, so lang wie ihr heute aus warts. Stadelstein is bei euch schon a Tagestour! Was isn mit euch los? Seids alt gworden?"*

In Kindberg erging es mir wenig später ziemlich ähnlich. Kein Essen, aber dafür leichter Hohn wegen unserer Tagestour.

Netzausfall

Tags darauf rief mich Max aufgeregt im Büro an.

„Peserl! Du Hirsch! Du hast an Bericht über unsere Tour ins Lawinenforum g'stellt! Mit Fotos von uns. Alter, wir waren am Stadelstein! Am Stadelstein! Und ned auf Gsuchmauer & Lugauer! Die ‚Patzi' sieht des sicher!"

„Ujegerl, an das hab' i ned denkt. Die Doris schaut da a immer rein. Max, da hilft nur a Netzstörung. Würfel ausstecken! Und am besten daham verstecken! A Ausfall. A paar Tage lang ka Welan daham! Dann wachst Gras drüber!"

Die folgenden Tage gab es tatsächlich so etwas wie einen Netzausfall in der Steiermark. Betroffen waren vor allem kleine Teile von Kindberg und Übelbach...

INFO

Ennstaler Alpen / Gesäuseberge / Johnsbachtal
Gsuchmauer 2116 m und *Lugauer* 2217 m

Die Schitouren im Parade-Schitourengebiet Johnsbachtal zählen zu den schönsten und vielfältigsten Ostösterreichs! Südlich des Tales führen meist sanfter ansteigende Kare und Flanken zu den beliebten Hochwinter-Tourengipfeln wie Blaseneck, Leobner od. Gscheideggkogel, welche bereits den Eisenerzer Alpen zuzuordnen sind. Nördlich des Tales (Ennstaler Alpen bzw. Gesäuseberge) befinden sich deutlich anspruchsvollere (Frühjahrs-)Tourenziele über steile Südkare zu exponierten Gipfeln. Besonders beliebt sind hier die **Gsuchmauer** (über das Südkar) und der Festkogel (über das *Schneekar*), sowie für anspruchsvollere Schibergsteiger auch der **Lugauer** mit der markanten *Lugauerplan*, welcher meist mit Zustieg über den *Hüpflinger Hals* unternommen wird. Die Kombination Gsuchmauer (über das Südkar) - Abfahrt über das *Gsuchkar* zur Haselkaralm - Aufstieg u. Abfahrt über die *Lugauerplan* u. zurück über den Hüpflinger Hals ins Johnsbachtal, ist eine sehr anspruchsvolle Schitour für alpin erfahrene Schibergsteiger mit ausgezeichneter Kondition u. großer Erfahrung, auch was die Einschätzung der Lawinen- u. Schneesituation anbelangt!

Höhenunterschied: Ca. 2300 m (inkl. Gegensteigungen).
Aufstiegszeiten: Gsuchmauer (vom P. Ebner-Klamm) über das Südkar: 3,5 Std. / 1150 Hm. **Lugauer** (von der Haselkaralm) über die *Lugauerplan* zum SW-Gipfel: 2 Std. / 800 Hm. Wiederaufstieg zum **Hüpflinger Hals**: 45 Min. / 300 Hm.
Anm.: Für die „Chefpartie" nur die Hälfte der Zeitangaben :-)
Abfahrten: *Gsuchkar* (II-III, Ost-Abfahrt mit steiler Einfahrt), *Lugauerplan* (II-III, markante Steilflanke, nach unten hin flacher werdend), Abfahrt vom Hüpflinger Hals retour zur Pfarralm (I-II, Lichtungen u. freie Almflächen) Anm.: Im Bereich Neuburgalm, Hüpflinger Hals u. Wirtsalm bitte unbedingt die Schimarkierungen einhalten, da sensibles Wildschutzgebiet!
Literatur: Schitouren-Atlas Österreich Ost (10. Aufl., Schall-Verlag 2021, 576 Seiten).

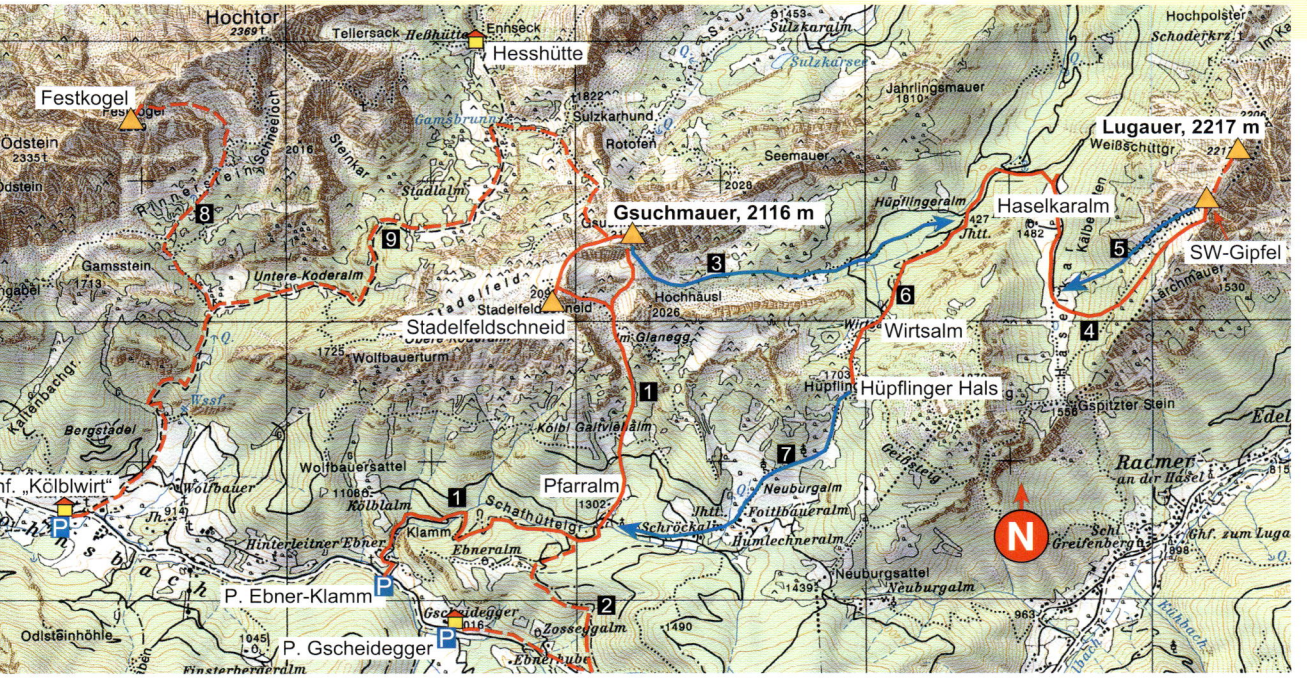

1. Aufstieg über die Pfarralm u. das Südkar zur Gsuchmauer
2. Aufstiegs-Variante zur Pfarralm
3. Abfahrt über das *Gsuchkar* nach O
4. Aufstieg über die *Lugauerplan* zum Lugauer (SW-Gipfel)
5. Abfahrt über die *Lugauerplan*
6. Wiederaufstieg von der Haselkaralm über die Wirtsalm zum Hüpflinger Hals
7. Abfahrt zurück zur Pfarralm
8. Schitour auf den Festkogel über das Festkogelkar (Schneekar)
9. Schitour über die Stadlalm u. von N zur Gsuchmauer od. Stadelfeldschneid

Sunshine

Peter am Beginn der Schlüsselseillänge der Route *Liquid Sunshine* (7+)

Die Vorgeschichte

Erstbegehungen schreiben manchmal Geschichten, die ganz und gar nicht der Ursprungsplanung entsprechen. Wenn ich mir heute das Topo unserer *Liquid Sunshine* an der *Erzegova Gradina* ansehe, so kann ich mir das Schmunzeln nicht verkneifen, denn die Erinnerungen an die Erlebnisse rund um diese Tour sind wieder da. Kuriositäten. Skurril und doch real. Erinnerungen, die einzigartig sind. Erinnerungen, die es mir wert erscheinen, einfach niedergeschrieben zu werden. Um sie so auch vor dem Vergessenwerden zu schützen.

Nach der *Born to live* war Rüdiger und mir klar, dass wir weitere Routen gemeinsam im Biokovogebirge eröffnen wollen. Das Erstbegehungsteam hatte gut harmoniert. Die Chemie stimmte und das Ergebnis war eines, auf das wir durchaus zufrieden zurückblicken durften. Schon während der Sommermonate im Jahr 2018 durchstöberten wir unsere Fotoarchive und zeichneten imaginäre Linien durch die verschiedensten Wandfluchten. Jeder für sich. Getrenntes Brainstorming. Der Mürztaler im Mürztal. Der Grazer in Graz.

Es war aber klar, dass wir uns bis Anfang Dezember auf ein gemeinsames Ziel einigen mussten. Denn die möglichen Erstbegehungstage standen fest. Das erste Adventwochenende. Danach begann, völlig unabhängig von der Schneelage, meine Schitourensaison. Und diese ging immer bis hinein in den April. Die Abfahrt würde Freitag Mittag sein, denn bis 12 Uhr müsste ich in der Arbeit sein. Urlaubstagesparer. Samstag und Sonntag Erstbegehungstage. Und dann, je nach Route und Wand, würden wir eben nach dem Ende der heiligen Schitourensaison das Werk bei Gelegenheit vollenden. Getrenntes Brainstorming. Jeder hatte somit „seine" Linien. Jeder „seine" Wände. Nun hieß es aber, Konsens in der Diskussion zu erzielen, denn sonst würde das Projekt scheitern. In der Politik nennt man so etwas wohl Sondierungsgespräche.

Hier in der rauen Welt der Erschließer war es aber weitaus schwieriger. Ich hatte zwar die Kanzlerwahl in der *Born to live* gewonnen, doch brauchte ich zum Regieren nun mal einen Koalitionspartner. Geben und Nehmen war also angesagt. In ausgewogenem Maße. Ich bewies Großmut und zeigte meinem Juniorpartner, dass ich ihm vertraute und ließ mich somit von seiner Grundidee, eine neue Route an der *Erzegova Gradina* anzugehen, überzeugen. Rüdiger hatte mehrere Wandfotos aus unterschiedlichen Perspektiven zur Verfügung, und in altbewährter Manier hatten wir darin die mögliche Linie schon eingezeichnet. Sehr konkret. Seillänge für Seillänge, inklusive der jeweils geschätzten Schwierigkeit. Auch war schon klar, wer welche Länge führen sollte und wie wir vorgehen würden.

Das Material wurde abgestimmt und die Sachen wurden gepackt. Meine Tourenschi standen fertig präpariert zu Hause im Keller. Ein letztes Mal noch Fels angreifen vor dem Winterschlaf. Alles war gut geplant. Wir mussten es ja nur noch umsetzen. Ein Formalakt quasi.

Die Anfahrt klappte wie am Schnürchen. Der freundliche Hotelportier begrüßte uns im Stammhotel und anhand seiner Blicke war klar, dass wir bei unseren letzten Besuchen höchstwahrscheinlich bleibende Eindrücke hinterlassen hatten.

Ich fühlte mich, im Gegensatz zu meinem Partner, beim Abendessen noch voll fit. Rüdiger hatte leichtes Fieber und verabreichte seinem Körper eine Unzahl an Medikamenten. Er fühlte sich nicht gut, und genauso sah er auch aus. Ein Häufchen Elend. Nach dem Essen packten wir die Rucksäcke für den nächsten Tag und gingen zu Bett.

Ein Doppelzimmer in einem Hotel. Ein Ehebett für eine Seilschaft. Ich hoffte, dass er sich bis zum nächsten Tag etwas erholen würde. Die Anspannung vor einer Erstbegehung empfand aber auch ich immer schon als Belastung. Die Nächte davor verliefen stets unruhig. Immer wieder sah ich auch in dieser Nacht die Wand vor mir. Sah die Strukturen und versuchte sie richtig zu interpretieren.

Diese Nacht verlief aber noch viel schlimmer.

Tag 1

Die Ungewissheit tat mir nicht gut. Gegen zwei Uhr morgens wachte ich auf. Magenschmerzen. Heftige Magenschmerzen. Ich kannte die Symptome leider schon zu gut. Ich hatte die Wand noch nie zuvor aus der Nähe gesehen und musste mich zum ersten Mal auf jemand anderen bei einer Erstbegehung verlassen.

Tag 1: Der magenmarode Peter in der 1. SL von *Liquid Sunshine*

Auch waren mir weder Zustieg noch Abstieg bekannt.
Die absolute Einsamkeit dort oben. Die Tatsache, dass nichts passieren darf, in Kombination mit der Kürze der Dezembertage. All das arbeitete in meinem Kopf. Und das schlug sich eben auf meinen Schwachpunkt, auf meinen Magen.
Sollte etwas passieren, so müssten wir uns selbst helfen. Bergrettung? - Fehlanzeige. Wir waren im Biokovo und nicht im Hochschwab. Gegen Morgen zu steigerten sich die Magenschmerzen immer mehr und näherten sich einer grausamen Kolik. Das Frühstück fiel aus. Rüdiger hatte sich auch nicht wirklich erholt, aber er brachte mir zumindest Kräutertee aus dem Frühstücksraum mit. Aus der nahen Apotheke holte er Medikamente für mich. Und die warf ich mir gleich doppelt ein. Parallel dazu warf sich der Juniorpartner auch noch einige Tabletten ein. Ich blieb im Bett und krümmte mich vor Schmerzen.

Der Zeitplan war obsolet. Gegen 9 Uhr beschlossen wir, meine Schmerzen zu ignorieren und fuhren los hinauf zum Berg. Am Ende der holprigen Straße angelangt, hieß es die enorm schweren Rucksäcke zu schultern und zum Wandfuß zu gehen.
Langsam, sehr langsam gingen wir. Ich wollte sehen, ob ich zumindest den Zustieg schaffen würde. Alles wirkte irgendwie grotesk und etwas seltsam.

Am geplanten Einstieg rasteten wir lange und „Rü" schnitt einige kleine Bäumchen weg. Das Wetter war gut. Meine Magenschmerzen wurden weniger. Ich kannte das und wusste, dass diese in einigen Stunden vorbei sein können.

Und so beschlossen wir, dass „Rü" zumindest mal die erste Seillänge beginnen sollte. Sichern könnte ich und vielleicht ginge sogar der Nachstieg. Wir mussten uns ja eigentlich nur an den Plan und das Topo halten, also Augen zu und durch!

Der erste Wandteil hatte etwa 150 Meter und war absolut senkrecht. Danach folgte ein Absatz. Die ersten Meter im Neuland. Der erste Bolt. Der erste Friend. Das Tempo war gut. Der Fels sehr gut.

Meter um Meter gelangte mein Partner höher und genau dort, wo wir den ersten Stand geplant hatten, richtete er ihn ein. Gut gemacht!

Unwahrscheinlich griffig und luftig beginnt die 3. SL (Rüdiger bei der Erstbegehung)

Bekleidung, Erste-Hilfe-Set, Trinkflaschen und Hardware hatten wir im 25-Liter-Haulbag verstaut.

Nachdem er diesen am Hilfsseil hochgeholt hatte, stieg ich nach. Ich fühlte mich besser und wollte meinen Partner nicht im Stich lassen. Die Aufgabe des Nachsteigers in unserem Team war klar. Der Nachsteiger sollte alles sauber frei klettern und sich nur auf die Bewegungen und die Bewertung konzentrieren. Und tatsächlich - es klappte! Die Länge hatte mir gut gefallen. Perfekter Fels und schöne Züge. Und mit etwa 7- nicht zu schwer. Am Stand übernahm ich nun die Verantwortung und auch die Bohrmaschine sowie zehn Expressschlingen.

Die Magenschmerzen waren fast schon weg. Wie üblich hatten wir auf jeder Exe bereits einen Bolt vormontiert. Fünf Friends kamen dazu. Not more - das war's. Unser Stil war es nun mal, auch im Vorstieg frei zu klettern. Dort zu bohren, wo dies frei aus der Kletterstellung möglich sein würde. Keine Normalhaken. Keine Keile. Nach wenigen Metern setzte ich den ersten Bohrhaken. Der Fels war gut. Mir gefiel es. Die Länge lief gut.

Am nächsten Stand angelangt, war mir klar, dass ich diese Länge nicht gerade überbohrt hatte. Ich war wieder ich. Welcome back to life!

Um die nächste Länge beneidete ich „Rü". Leicht überhängend und mit vielen Griffen garniert, ging es leichter als erwartet weiter. Erst zum nächsten Stand hin sank sein Vorstiegstempo.

Im Nachstieg wurde mir bewusst warum. Dennoch eine weitere geniale Länge. Nach weiteren 50 Metern im nach wie vor perfekten Fels richtete ich einen Standplatz auf der erwarteten großen Terrasse ein. An diesem Standplatz deponierten wir die übrig gebliebenen Bohrhaken, unsere Hämmer, die Friends und auch die Bohrmaschine. Nur die leeren Akkus durften mit nach unten. Zwecks Neuaufladung.

Das Tagwerk war vollbracht. Wir waren mehr als nur zufrieden. Unser Einsatz hatte sich gelohnt. Krank gestartet und gesund ins Etappenziel gekommen. Im Schein der untergehenden Sonne, mit Blick auf das Meer, stiegen wir ab. Rückfahrt. Hotel. Cevapcici. Rotwein. Schlafen.

Ein schöner Dezembertag geht zu Ende...

Tag 2

Im Laufe des Vormittags erreichten wir ohne Magenschmerzen und auch ohne Fieber unser Materialdepot. Aus der Nähe sah unser Weiterweg viel steiler und schwerer aus als unsere Planung aus der Ferne. Das gezeichnete Topo war somit völlig wertlos geworden. Was tun? Wir überlegten und diskutierten. Schauten und analysierten. Schließlich entschieden wir uns für eine völlig neue Linie, von der wir aber nicht einmal ansatzweise wussten, wie es weiter oben weitergehen könnte. Wandaufnahmen? Fehlanzeige. Wir hofften aber, dass wir nach einigen Seillängen auf einen weiteren großen Absatz gelangen würden, hinter dem sich möglicherweise ein markanter Wasserrillenpfeiler befinden könnte.

Angespannt begann ich nun mit der ersten neuen Länge am Tag 2. Seillänge um Seillänge spulten wir ab. Es war schon spät am Nachmittag, als ich mit der neunten Seillänge beschäftigt war. Bis hierher war der Fels durchwegs ausgezeichnet und die Kletterei sehr schön. Nun legte sich die Wand zurück. Neugierig kletterte ich höher und plötzlich sah ich ihn, einen etwa 150 Meter hohen Pfeiler, welcher sich mächtig vor mir aufbaute. Meine Jubelschreie zeigten „Rü", dass sich unsere Hoffnung erfüllt hatte. Trotz der fortgeschrittenen Tageszeit konnte ich nicht anders und musste einfach noch eine zehnte Länge machen. Hineinklettern in den Pfeiler. Eine einzige Wasserrille führte auf den ersten 60 Metern durch die Plattenwand. Die Kletterei hielt, was sie versprach. Im Schein der untergehenden Sonne richtete ich nach 30 herrlichen Klettermetern den letzten Stand ein und gemeinsam seilten wir uns von dort aus ab. Das Kletterjahr ging gut zu Ende. Und das erste Ziel für 2019 stand somit auch schon fest.

Am 2. Tag waren wir wieder genesen am Werk - das machte sich auch gleich an den ordentlichen BH-Abständen bemerkbar (hier „Rü" in der 5. SL)

Winter

Schitour reihte sich an Schitour. Langsam, aber sicher wich der Pulverschnee dem Firn. Geschickt gelang es mir in langen Verhandlungen, meinen Partner davon zu überzeugen, dass er mir die nächste Länge schenken sollte. Eine absolut senkrechte Wasserrille im perfekten Fels. Ich brachte mein gesamtes Verhandlungsgeschick ein, um mir diese Perle zu sichern. „Rü" gab sich mit folgenden Worten geschlagen:

„Ja dann machst halt du die Wasserrille, weil wenn ich nein sage, ziehst ein Gesicht auf, wie wenn es 14 Tage Regenwetter geben täte - ich kenn dich ja!"

Die Vorfreude war groß. Der Mai kam. Und mit ihm das schlechte Wetter. Im Juni sollte es nach Korsika gehen, und danach würde es wohl schon zu heiß sein, um in der Rille eine gute Figur abzugeben. Verschiedenste Wetterberichte und Prognosen wurden studiert. Wir entschieden uns für die bessere. Der Plan sah wie folgt aus: Abfahrt Freitag 12.30 Uhr. Samstag früh starten und die Route fertigstellen. Je nach Prognose sollte es zwischen 12 und 15 Uhr beginnen, ausgiebig zu regnen. Samstagabend feiern und Sonntag im Regen wieder zurückfahren. 1200 Kilometer für einen Klettertag. Den Einsatz war es uns wert!

Ein ganz normaler Anreisetag

Freitag 12.30 Uhr. Park & Ride-Parkplatz am Grazer Stadtrand. Ausnahmsweise war ich diesmal pünktlich am Treffpunkt. Von „Rü" keine Spur. Die letzten Male waren wir mit seinem Allrad-Pkw nach Kroatien gefahren, da die Makadam-Schotterstraßen ohne Geländeauto nicht gut fahrbar sind. Vor kurzem hatte er sich einen hochgestellten Allrad-Lkw-Verschnitt gekauft, auf dessen Ladefläche ein „Schneckenhaus" montiert war. Also so eine Art Wohnmobil auf Basis Allrad-Lkw. Ohne Schneckenhaus sollte es nun die erste größere Ausfahrt werden.

Am Telefon erklärte er mir den Grund seiner Verspätung. Er hatte erst unterwegs daran gedacht, dass der Schlüssel für den Tank des neuen Gefährts - liebevoll als „Wackeldackel" bezeichnet - noch in seiner Werkstatt lag und er ihn somit holen musste. Besser hier daran gedacht als erst dann, wenn der Tank leer gewesen wäre.

Als er am Treffpunkt ankam, beschlossen wir auch gleich, an der nahegelegenen Tankstelle den Tank vollzumachen. Wir wechseln nun in den Konversationsmodus. „Rü" an der Zapfsäule, ich stehe daneben.

„Das ruckelt aber g'scheit. Bricht immer wieder ab: Da brauchen wir lang, bis der Tank voll wird!"

„Egal, wir haben heute nur noch Abendessen am Programm, Ruckis packen und ohne Beschwerden gut zu schlafen!"

Von Tankstelle zu Tankstelle arbeiten wir uns vo[r]. Und das bei der 1. Ausfahrt des "Wackeldackels[".]

„A so ein Scheiss! Schau mal, wie blöd das ist und wie schlecht das geht! Grad mal 10 Liter hab' i bis jetzt reinbekommen."

„Ja dann hör' bitte sofort auf, weil du tankst grad falsch!! Du tankst Super statt Diesel!"

" Shit…was mach' i denn jetzt?"

"Jetzt geh mal rein in die Tankstelle, zahlst den Super, ich denk inzwischen nach und dann entscheiden wir, was wir tun!"

Wieder führten wir Sondierungsgespräche. Wir beschlossen,

das restliche Tankvolumen mit Diesel gänzlich aufzufüllen und nach jeweils etwa 100 km wieder zu tanken, um so das Mischungsverhältnis immer mehr in den grünen Bereich zu bekommen. Und natürlich langsam zu fahren und darauf zu achten, ob der Motor zu „nageln" beginnen würde. So tuckerten wir also drauf los. Der Sonne entgegen. Von Tankstelle zu Tankstelle.

In Makarska bezogen wir zufrieden unser Nachtlager. Wir hatten die entscheidende Situation unserer Erstbegehung mit dieser grandios logistisch gemeisterten Anfahrtsleistung sicher schon hinter uns - da waren wir uns einig. Denn was nun folgen sollte, würde uns wohl nicht mehr wirklich fordern. Gute Nacht!

Straßenzustand im Mai rauf nach *Miletin Bor*

Tag 3

Während des Frühstücks gingen wir nochmal den Zeitplan durch. 7.30 Uhr: Parkplatz am Ende der holprigen Bergstraße. 11 Uhr: Umkehrpunkt am Beginn der senkrechten Wasserrille. 14 Uhr: Gipfel. Wir gingen von vier neuen Seillängen aus und setzten auf den Wetterbericht, der den Beginn des folgenden Landregens am spätesten prognostizierte. Think positive! Nur wenige kennen die Straße, welche von Makarska hinauf führt zum Ausgangspunkt vieler Routen im Biokovo. Hinauf nach *Miletin Bor*. Wegen dieser Straße organisierten wir uns zumeist ein hochgestelltes Mietauto vor Ort. In der Steiermark würde man solche Almstraßen nur mit Mulis oder Jeeps befahren. Ich bin diese Strecke mit Klettergepäck mehrmals zuvor auch schon mit dem Mountainbike hinaufgefahren. Das war stets fordernder als die Klettereien danach. Doch mit dem Wackeldackel würde das sicher ganz problemlos gehen.

Und da standen wir nun am Beginn der *Macadamian Road* hinauf zum Berg. Fünf Minuten früher als geplant. Aber wir blickten aus der Wäsche wie zwei begossene Pudel. Links neben uns eine Straßenwalze. Rechts neben uns ein Grader, also eine Straßenplaniermaschine. Und etwa 100 m vor uns zwei Bagger. Wir hatten zwar vor einem Monat gehört, dass die Straße unfahrbar sein sollte, da man sie sanierte, gingen jedoch davon aus, dass das schon erledigt sei. Falsch gedacht. Absolut unfahrbar! Riesige Steine lagen auf der aufgerissenen *Macadamian Road*. Absätze von bis zu einem Meter taten sich auf.

Zu Fuß würden wir bis zum Einstieg zusätzlich eineinhalb Stunden brauchen, die wir erstens nicht hatten und zweitens wären wir nach dieser Tortur mit den schweren Rucksäcken wohl auch nicht mehr in der Lage, eine gute Vorstiegsleistung im Neuland abzuliefern.

Aber wir waren ja Gebietskenner. Wir wussten, dass es auch von der Nachbarortschaft Bast aus möglich war, hinauf nach *Miletin Bor* zu fahren. Wir kehrten um. 20 Minuten später standen wir am Beginn der Bergstraße in Bast. Und täglich grüßt das Murmeltier: Links neben uns eine Straßenwalze. Rechts neben uns ein Grader, also eine Straßenplaniermaschine. Und etwa 100 m vor uns zwei Bagger...

Hier sah die Straße sogar noch schlimmer aus als drüben, oberhalb von Makarska. Das Schicksal meinte es wahrlich nicht gerade gut mit uns. Und wieder kehrten wir um. Zurück dorthin, wo wir vor 20 Minuten mit dem Wackeldackel den Rückzug antraten. Die Zeit verging. Die Wolkenfront näherte sich. Wir standen wieder neben der Straßenwalze oberhalb von Makarska.

Fantastischer Tiefblick aus der 11. SL bei der Erstbegehung - es wird immer regnerischer!

Zu Fuß gehen war keine Alternative. Und so starteten wir die Mission Hoffnung. Hoffnung darauf, dass die Straße weiter oben noch nicht aufgerissen sein würde. Die Mission sah vor, dass ich zu Fuß vorgehe und die gröbsten Steine wegrolle, während „Rü" versucht, den Wackeldackel hochzubringen.

Wir erreichten wider erwarten doch noch unseren geplanten Ausgangspunkt *Miletin Bor*. Mit dem Wackeldackel. Mehrfach musste unterwegs auch der Fahrer aussteigen, um beim Beseitigen von Hinkelsteinen zu helfen. Mehr als eine Stunde hatten wir schon verloren, somit durfte der Regen heute bitte einfach nicht kommen! Und so gingen wir unbeirrt, aber ab nun mit höchster Pulsfrequenz, ans Werk. Keine Verschnaufpause. Kein Jammern. Kein Wimmern. Gott sei Dank war es windig und kühl, somit schwitzte man wenig. Speedklettern war auch angesagt. Und dann war es endlich soweit.

Wir hingen am Stand vor dem Neuland. Unterhalb der Wasserrille, welche uns senkrecht den Weg weisen sollte. Vor dieser Länge hatte ich Respekt und mir war klar, dass hier die richtige Mischung aus Kletterkönnen und Brutalität notwendig sein würde, um dem gewählten Stil treu bleiben zu können. Bohren aus der Kletterstellung. Kein Meter technisch. Keine Keile. Keine Cliffs oder dergleichen. Kein Bohrhakenraster.

Als ich den ersten Bohrhaken setzte, begann es zu regnen. Die Steilheit, in Kombination mit dem trocknenden Wind, ließ mich aber durchaus ruhig bleiben. Es ging. Motivation und Wille waren ungebrochen. Wenn man so viel auf sich nimmt, kann man nicht einfach umkehren, nur weil es ein wenig regnet! Nein! Ich schaffte die Länge sauber und erreichte einen kleinen Absatz, auf dem ich den nächsten Standplatz einrichtete. Die klettertechnische Schlüssellänge lag somit hinter uns, das war klar. „Rü" kam nach und es lag nun an ihm, die nächste Länge vorzusteigen. Ich redete ihm gut zu. Motivierte ihn und versuchte, ihm den richtigen Weg zu weisen. Die Linie, die ich machen wollte. Die Linie, so wie sie geplant war. Er hielt sich aber nicht an meine Anweisungen. Klar, ich hing sicher am Stand und er musste da, weit ober mir im kompakten Fels, im Nieselregen

Rüdiger am Beginn der 12. SL - es setzt bereits Regen ein...

Neuland erschließen. Wir diskutierten, aber die Entscheidung trifft immer der Vorsteiger. Er setzt letztendlich die Tatsachen mit der Bohrmaschine.

Als ich nach dieser Länge am Standplatz bei „Rü" ankam, lobte ich ihn zwar für die mutige Vorstiegsleistung, doch mein Gesichtsausdruck dürfte ihn davon offenbar nicht überzeugt haben. Ich gestehe, dass ich diese Länge als richtige Auskneiflänge empfand und angespeist darüber war, dass die „Perle" daneben nicht wie geplant realisiert wurde. Wir wechseln nun in den Konversationsmodus. Zwei Kletterer hängen gemeinsam an einem Standplatz, etwa 400 Meter über dem Wandfuß, in einer senkrechten Wand. Und sie sind gerade bei einer Erstbegehung, wobei es regnet.

„Gell, du bist richtig angezipft, weil i ned in die sauglatte Platte geklettert bin, sondern so rauf!"

„Na…passt scho…host e gut g'macht!"

„I hob mi do echt ned ummi getraut! Da war's nur glatt!"

„Na passt eh. Eh klar. Hast ja ober dir ein Bäumchen gesehen und als Grazer-Bergland-Kletterer hat's dich da hingezogen!"

„Geh mir jetzt bitte ned auf'n Geist!"

„Du mir a ned. Kannst a glei du weiterklettern da auffe. Is sicher ned schwerer als a Fünfer. Des leichte Gelände is eh eher deines und Regen bist eh g'wöhnt!"

Und so kam es, dass „Rü" die nächste Länge im fast schon strömenden Regen eröffnete. Die war aber dann selbst für mich im Nachstieg nicht mehr ganz so leicht, aber zugeben konnte ich das natürlich nicht. Eine leichte Seillänge führte mich dann endlich hinaus aus der steilen Wand. Wenige Minuten später standen wir am Gipfel der *Erzegova Gradina*.

Mittlerweile waren wir aber wieder die besten Freunde. Glücklich reichten wir uns die Hände. Ja, wir waren stolz und zutiefst zufrieden. Wir hatten so viel auf uns genommen, um diesen Traum gemeinsam zu verwirklichen. Der Regen hörte langsam auf. Mystisch war der Tiefblick. Nebelschwaden zogen vorbei. Die Wände waren triefend nass.

Peter im Nachstieg in der bereits deutlich nassen 12. SL

In der 13. SL beginnt es dann richtig zu regnen - aber da müssen wir einfach durch!

WhatsApp

Am Gipfel piepste das Handy von „Rü". Ein befreundeter kroatischer Kletterer hatte ihm ein Foto gesendet. Es zeigte ihn und seine Partnerin, mit Seilen am Rücken, triefend nass vor unserem Wackeldackel. Also ein Livebild. *„Climbing not possible. We have rappelled down on Pajevina because of rain. You are hiking here?"*

Wir mussten schmunzeln. Gemeinsam formulierten wir die Antwort: *„We are on the top of Erzegova Gradina. We have finished a big wall first ascent now."*

"Good joke. HAHAHA", kam postwendend vom kroatischen Freund retour. Nun sendeten auch wir Livebilder, und ein kleines Video, welches ich in der vorletzten Länge gemacht hatte.

Es zeigte „Rü" beim Vorstiegsbohren in senkrechter Wand bei weiten Abständen - und obendrein im Regen.

Am Rückweg sahen wir das wenige Stunden zuvor zurückgelassene Rückzugs-Rapidglied des Freundes in einer Route von Paolo Pezzolato an der *Pajevina*. 20 Meter links davon machten wir wie zwei Lausbuben eine Räuberleiter und setzten den ersten Bohrhaken unseres nächsten gemeinsamen Projektes.

Damit hatten wir unsere als nächstes geplante Linie an diesem Tag auch noch markiert - und klar und eindeutig reserviert.

Aber das ist eine andere Geschichte...

Triefend nass aber sehr zufrieden!
(am Gipfel der *Erzegova Gradina* nach der erfolgten Erstbegehung)

INFO

Biokovo / *Ercegova Gradina*, *Liquid Sunshine* 7+, 350 m

Sehr elegante Route in meist wunderschönem Fels!
In den beiden Schlüsselseillängen steile Kletterei entlang von tw. seichten Wasserrillen und über glatte Platten mit guter BH-Absicherung. Im leichteren Gelände tw. weitere BH-Abstände bzw. Absicherung mit Friends mittl. Größe. Sämtliche BH wurden aus der Kletterstellung im Vorstieg gesetzt.

Schwierigkeit: Großteils zw. 5 u. 6+, einige Stellen 7- u. 7, eine Passage 7+ (steile Wasserrunse), 7 obl.

Ausrüstung / Material: 50-m-Einfachseil, 8 Expr., 2 Bandschlingen u. ein Sortiment mittelgroßer Friends. 50-m-Doppelseil, falls über die Route abgeseilt wird.

Erstbegeher: P. Pesendorfer u. R. Hohensinner, 8. u. 9. Dez. 2018 + 18. Mai 2019.

Zufahrt / Zustieg: Vom nordwestl. Stadtende (Ampel) von Makarska Auffahrt (vorbei an einem Supermarkt) bis zur kl. Ortschaft Veliko Brdo und nach der Kirche links (Ri. Restaurant „Panorama") auf schmaler u. steiler Asphaltstraße bis zu deren Ende. Ab hier auf tw. sehr grober Schotterstraße (Geländefahrzeug vorteilhaft!), bei der 1. Gabelung rechts, mehrere Kehren aufwärts bis zur letzten (Links-)Kehre (*Miletin Bor*, Parkmögl. für 2-3 Pkw). Von hier folgt man dem markierten Wanderweg in Richtung *Borovac* ca. 3 Min. Bei einem Wegweiser waagrecht nach rechts auf deutlichem Steig in Richtung *Krst* und *Solilo*. Diesem ca. 20 Min. folgen bis unter die markante, senkrechte Einstiegswand der *Ercegova Gradina*. E. etwas rechts eines markanten, angelehnten Pfeilers (25 Min.).

Abstieg: Der Abstieg vom Gipfel ist einfach und logisch. Man folgt der leichtesten Möglichkeit abwärts in die Schlucht zur *Pajevina*-Wand (ca. 30 Min.) und steigt von dort entlang des markierten Wanderweges ab, über welchen man wieder zur letzten Kehre der Schotterstraße gelangt (insges. 1 Std.).

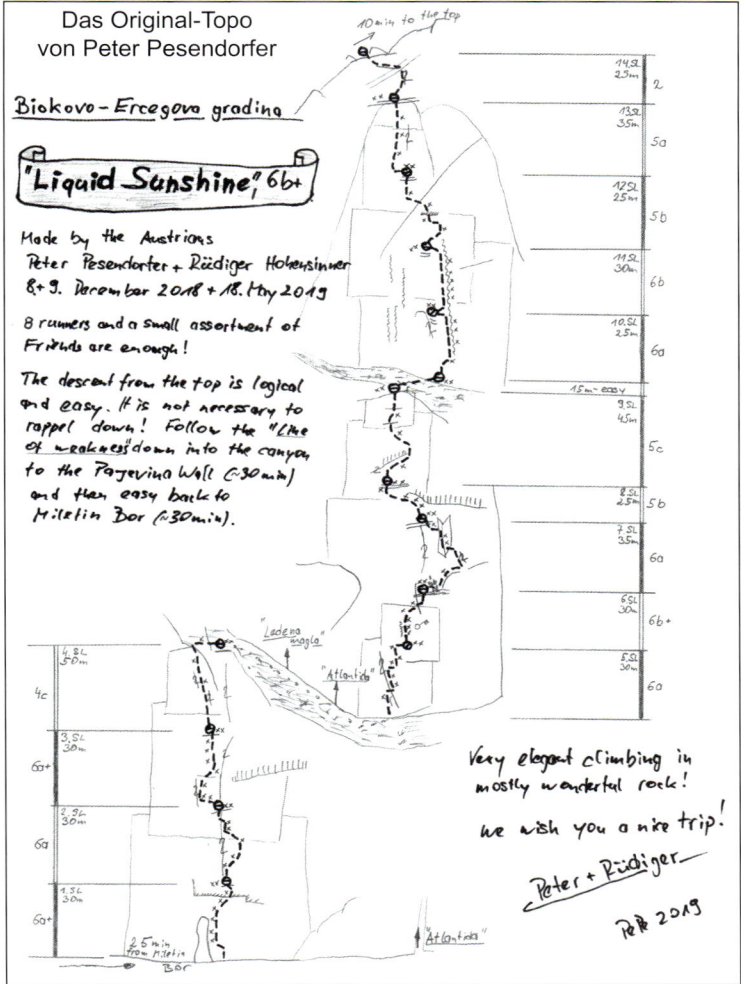

Das Original-Topo von Peter Pesendorfer

Makarska im Abendlicht - im Hintergrund der Gebirgszug des Biokovo, wo wir unsere Träume realisieren konnten...

Sonnenaufgang beim Aufstieg über das Veitschalpen-Plateau zu unserem ersten Tagesziel, dem Gipfel der Hohen Veitsch

Die Planung

Es gibt Schitouren, die beginnen tatsächlich erst am jeweiligen Ausgangspunkt. Frei nach dem Motto: *„So, jetzt sind wir beim Parkplatz angekommen. Wo gemma hin?"* Die meisten Schitouren beginnen aber wohl mindestens schon einen Tag zuvor. Nämlich dann, wenn man die Tourenplanung macht. Wenn man den Lawinenlagebericht checkt und die Wetteranalysen der letzten Tage durchführt. Man sucht sich die passenden Online-Wetterstationen aus und betrachtet die Windverhältnisse der letzten Tage, in Kombination mit den Schneeberichten und Temperaturanalysen. Also eigentlich klassisch, so wie man es gelernt hat. Ach ja, da fehlt noch etwas Wesentliches - die Schitourenführer! Denn irgendwoher muss ja die Idee zur Tour kommen.

Schitourenführer sind die Dinger, in welchen Routen sauber beschrieben sind. Und da haben die altklassischen Bücher und/oder Ringmappensysteme noch immer nicht ausgedient. Die modernsten Führer, welche unsere Gegend gut abbilden, sind der Schitourenatlas aus dem Hause Schall sowie die tollen Bildbände aus dem Hause Sodamin. Natürlich fehlen diese beiden auch nicht in meiner Alpinbibliothek. Sie stehen friedlich neben all den anderen. Neben jungen und alten, neben modernen und überholten.

In manch alter Literatur findet man sogar noch Routen, welche im Normalfall stets ungespurte Einsamkeit garantieren. Die Planung zu der hier beschriebenen Schitour begann allerdings schon wesentlich früher. Nämlich im Herbst 2020, als COVID gerade eine kleine Pause machte.

Zu dritt saßen wir, nach einer schönen Klettertour, auf meiner Terrasse beim Kaffee. Wir hatten die Route *Fahrt ins Blaue* am Festkogel hinter uns. Wir, das waren in diesem Fall Ernst Lammer, Andy Eibegger und ich. Irgendwann kamen wir beim Quasseln auf den nächsten Winter zu sprechen. Berge und Routen wurden diskutiert. Wir freuten uns schon sehr auf den Schnee. Alle drei waren und sind wir einfach leidenschaftliche Schitourengeher. Schließlich holte ich mein Notebook aus meinem Arbeitszimmer und zeigte den Freunden eine Schitourenplanung.

„Jungs, ich möchte irgendwann gegen Ende Februar - wegen der Tageslänge - eine Schitour von der Veitscher Brunnalm aus machen. Und diese erst im Salzatal beenden. Rund 3700 Höhenmeter und sicher ca. 55 Kilometer. Veitsch - Turntalerkogel - Seeleiten - Staritzen - Hutkogel - Hochschwab - Hochwart - Hochalm - Polster-Überschreitung - Polstersattel - Lang-Eibl-Schlucht - Salzatal. Was sagts? Seids dabei?"

Mir war klar, dass bei beiden die Frage eine rein hypothetische war. Sie waren sofort Feuer und Flamme. Wir gingen die Route am Notebook gemeinsam durch. Und natürlich diskutierten wir auch meine Zeit- und Weg-Planung. Somit ging ein schöner Gesäuse-Klettertag einher mit der Vorfreude auf eine tolle, bereits in Grundzügen durchgeplante Schitour. Der Winter konnte kommen. Aber halt - noch nicht ganz. Denn ein Mosaiksteinchen in der Planung fehlte noch.

Das Wandern ist des Peserls Lust...

Keiner von uns dreien hatte die Wegstrecke zwischen dem Seeberg und dem Turntaler Kogel jemals gemacht. Keiner kannte den Verlauf. Da gab es für uns keine Wände zum Klettern und auch keine Steilabfahrten. Und als Mountainbikerevier taugte es nicht, da man hinter jeder Kurve Angst haben musste, wertvolle Zeit bei unnötigen Diskussionen mit Jägern oder Grundbesitzern zu verlieren. Aber um im Winter nicht wertvolle oder obendrein gar nicht zur Verfügung stehende Zeit mit Kartenlesereien oder GPS-Suchen zu vergeuden, wurde im Dreierkollektiv beschlossen, dass einer von uns die Strecke noch im Herbst genau erkunden sollte.

„Ich wohne ja jetzt in Seiersberg und bin nur noch so selten in der Veitsch. Da ist es schon weit rauf, aufn Seeberg!" meinte Ernst.

Und Andy legte wegen seiner neu gebauten Villa gleich noch ein paar Kilometer mehr auf die CO_2-Waage. Zumindest umschrieb er seine Ablehnung recht gekonnt:

„Peter, die Doris hat glaube ich vor kurzem einmal gesagt, sie möchte demnächst einige schöne Herbstwanderungen machen. Und da wäre das ja eine Superwanderung! Ihr gehts einfach

vom Seeberg aufn Turntaler Kogel und so ganz nebenbei erkundest du die ideale Winterstrecke für unsere Tour! Da dränge ich mich gar nicht erst auf!"

Der Arbeitsauftrag war also erteilt. An einem schönen Oktober-Wochenende gingen wir somit wandern. Doris und ich. Wir starteten bei der Seebergalm und trotteten hinauf in Richtung Göriacheralm. Zu Fuß. Denn die Idee, die Strecke mit dem Mountainbike zu erkunden, hatten wir wegen mangelnder Sinnhaftigkeit verworfen. Als wir am späten Vormittag auf der Göriacheralm waren, erhielt ich einige wunderschöne Kletterfotos. Von Andy und Ernst. Ihr Text passte ideal an jenem Tag: *„Liebe Grüße vom Beilstein. Deine ‚Nimmerland' ist super. An welchen Felsen klettert ihr grad rum?".* Grrrrrrrr. Grrrrrrr.

Doris summte leise lächelnd vor sich hin: *„Das Wandern ist des Peserls Lust, das Waahaandern!"*

Schließlich gingen wir weiter zur Turnaueralm. Und gerade auf diesem Teilstück wurde uns drastisch vor Augen geführt, wie wichtig eine gute Kenntnis der besten Wegmöglichkeiten war. Forststraße über Forststraße. Es schien hier schon fast mehr Forststraßen als Bäume zu geben. Dass der Sommerweg im Winter ungehbar war, erkannten wir sofort. Also suchten wir die richtigen Forstautobahnen. Als wir uns der Turnaueralm näherten, hörten wir schon von weitem:

„I glaub's ned. Des is da Peda. Da Peda geht wandern. An so an Tag. Wandern! Ned klettern. Und a ned Mountainbiken. WAAHAANDERN!" Die Anwesenden gaben sogar schon Prognosen ab: „I tipp auf g'rissene Ringbandln in den Fingern!"

„Dann tipp' i auf a Schulterverletzung!"

Gerne gesellten wir uns zur lustigen Runde voller guter Bekannter. Dieser Wandertag wurde schließlich ein langer Wandertag. Ein ganz langer. Im Schein unserer Stirnlampen kehrten Doris und ich letztendlich erst spät abends zurück zu unserem Ausgangspunkt, der Seebergalm. Wandern ist eben anstrengend. Aber nun war die gesamte Tour bekannt. Es gab kein Fragezeichen mehr bei der Linie.

Wintererkundungen und Umplanung

Mehrere Erkundungstouren im und ums Hochschwabgebiet hatten wir schon unternommen. Die *Lang-Eibl-Schlucht* war unser Problem. Es lag einfach zu wenig Schnee. Viel zu wenig.

Nur bis auf etwa 1500 m Seehöhe konnten wir diese einigermaßen vernünftig abfahren. Es fehlten also mehrere hundert Höhenmeter bis zur Talsohle. Und auch der elendslange Hatscher hinaus ins Seetal war schneefrei. Es war wie verhext. Von der Brunnalm bis zur Mitte der *Lang-Eibl-Schlucht* waren die Verhältnisse richtig gut. Aber ein mehr als zweistündiger Fußmarsch hinaus ins Salzatal passte so ganz und gar nicht in unser Konzept. Und der erste Teil des Fußmarsches würde obendrein durch grausigstes Blockgelände führen. Mehr gefährlich und rutschig als gescheit. Nein, das wollten wir nicht.

Wir wollten Schi fahren und nicht Schi tragen. 50 Kilometer großartig und dann mindestens 5 Kilometer Schi tragen. Nein! Wir mussten uns was einfallen lassen. Es war bereits Mitte Februar und die Aussicht auf Neuschnee war nicht gegeben. Wir mussten also rasch umplanen und unsere Tour starten. Ansonsten drohte uns der Schnee im wahrsten Sinne des Wortes unter den Schiern wegzuschmelzen.

Und da saßen wir drei nun an einem Sonntag aufgefädelt nebeneinander. Traurig und zerknirscht auf der Kachelofenbank in meinem Hause. Nach der Erkundungstour in der *Lang-Eibl-Schlucht*. Nicht einmal das kühle Bier schmeckte. Lockdownzeit. Alle Gasthäuser hatten geschlossen. Also tranken wir unser „After-Tour-Bier" eben bei mir daheim.

„Was haltet ihr davon, wenn wir vom Polstersattel einfach nach Süden abfahren in die Jassing. Superidee oder?"

„Andy, in der Jassing fließt die Laming. Und die Laming fließt in die Mur. Und die Mur in die Drau. Und wo is die Salza? Wir wolen ins Salzatal! Und ned ins Murtal! Eibegger, du kennst di nix aus!"

Ernst hatte es recht direkt auf den Punkt gebracht. Das *Gschöderer Kar* schied aus, da uns die Strecke zu kurz erschien und wir das Kar schon zu oft befahren hatten.

Das *Weittal* fiel ebenfalls aus, da wir die dortigen Bedingungen auch kannten und diese mindestens genauso schlecht waren, wie jene in der *Lang-Eibl-Schlucht*. Ich holte schließlich den alten Holl-Schiführer aus meiner Bibliothek. Wir blätterten darin und schauten auf die gute alte ÖK 50.

Und plötzlich war sie da, die Idee! Direkt von der Hochalm weg müsste man über die *Stadurzrinne* in den Antengraben gelangen. Und in den Antengraben hinein führt direkt vom Salzatal aus eine Forststraße. Und diese schlängelt sich - nach der Karte - bis auf etwa 1100 Meter Seehöhe hinauf.

Somit würde die Tour zwar um einige Kilometer kürzer werden als unsere ursprünglich geplante, aber die Linie wäre mit Sicherheit eine richtig spannende. Keiner von uns kannte den Antengraben. Keiner kannte die *Stadurzrinne*. Wir beschlossen daher, diese Möglichkeit zu erkunden. Rasch zu erkunden, denn die Warmfront spielte gegen uns.

Ernst genehmigte sich am folgenden Donnerstag einen Urlaubstag, um den *Antengraben* bis hinauf zur Hochalm zu erkunden. Da wir nicht wussten, wie weit der Graben mit Schiern befahrbar sein würde, nahm er auch gleich von jedem von uns ein Paar Turnschuhe mit. Diese sollte er am Ende der Schiabfahrtsmöglichkeit deponieren, falls er der Meinung sei, dass diese Umplanung sinnvoll wäre. Denn mit Turnschuhen wäre es sicher angenehmer zu gehen als mit Schischuhen.

Gespannt wartete ich am Donnerstagabend auf die Ergebnisse seiner Erkundung. Der Wetterbericht für Samstag wäre wahrlich ideal. Sonnig und windstill. Eine kalte, klare Nacht würde eine gut durchgefrorene Schneedecke garantieren und die Sonne für schöne Firnschwünge untertags sorgen.

Herrliche Abfahrten bei unseren ersten Erkundungstouren!

Erkundungsergebnis

Dieses kam schriftlich. Kurz und prägnant per WhatsApp: *„Vom Parkplatz im Salzatal am Forststraßenrand nahezu durchgängig mit Schiern gehbar. Antengrabenstraße hat Schnee. Stadurzrinne total direkt befahrbar. Etwa 45°. Morgen Regenerationstag. Samstag geht's! Schuhe, Bier und Schoko deponiert auf etwa 900 m Seehöhe - da morgen sehr warm und ev. Schnee richtig wegschmelzen wird. LG Ernst- König des Antengrabens!"*

Es war also angerichtet. Andy nahm sich den Freitag frei und regenerierte zuhause. Ernst arbeitete bis zu Mittag und ging danach in die Sauna. Ich sah das mit der Regeneration weniger streng, denn sowohl am Donnerstag als auch am Freitag arbeiteten Rüdiger und ich hart an der Erstbegehung einer Neuroute im Grazer Bergland. Die *Klondike* (7+) wurde geboren. Das war ganz schön anstrengend. Aber Regeneration wäre ohnehin wichtiger für die zwei Älteren unseres Teams. Als jüngstes Teammitglied hätte ich Regeneration sowieso nicht so nötig wie die zwei Oldies.

21. Februar 2021

Es war stockdunkel, als mich die Jungs zuhause abholten. Immerhin konnte ich auf Grund des geographischen Vorteiles eine Stunde länger schlafen als die beiden. Als wir auf der Brunnalm ankamen, stieg ich als erster aus, denn ich hatte ja meine Schitourenschuhe bereits an. Noch war es dunkel.

„Jössas Buam! Do ist es total glatt und eisig! Aufpassen Buam!"
Nur mit Mühe und akrobatischen Verrenkungen konnte ich einen Abflug am Glatteis verhindern. Ich holte meine Schi aus dem Auto und stand am Straßenrand. Ernst folgte. Die kühle Luft war angenehm. Ruhig war es am Berg. Nichts war zu hören. Kein Vogelzwitschern. Kein Motorengeräusch. Absolut nichts.
Krachhhhhhh!!!!!!!!! Laut schepperte es! Andys Schi flogen in hohem Bogen auf die Straße und er knallte mit voller Wucht auf den eisigen Untergrund.

„Au! Au! Au! Mein Knie! Mein Rücken! Mein Kopf! Au! Des kann's ja ned geben!!! Die Tour is für mi schon aus, bevor s' noch ang'fangen hat! I hab' ma sicher was brochen! I glaub', i brauch an Arzt!"

Ernst und ich sammelten Andys verstreute Ausrüstungsgegenstände ein. Unser Mitleid für ihn hielt sich in Grenzen. Während ich Andy half, wieder auf die Beine zu kommen, ihm Mut zusprach und meinte, er solle es zumindest versuchen, drückte ihm Ernst die Autoschlüssel in die Hand.

„Wennst so ungeschickt bist, dann bleibst jetzt gleich do! Und kommst dann, genau gemäß Zeitplan, mit dem Auto und einer Jause für uns zur Seebergalm."

Ernsts letztes Konfliktlösungsseminar hatte wohl auch schon im letzten Jahrtausend stattgefunden. Doch seine liebevolle Ansprache funktionierte. Zu dritt gingen wir los. Einer top motiviert und leise vor sich hinsingend. Einer müde und gähnend. Und einer permanent kleinlaut jammernd. Hinauf ging's auf die Hohe Veitsch. Der Schnee knarrte und ohne Harscheisen wäre es unmöglich gewesen, überhaupt aufs Plateau zu kommen.
Der Zeitplan sah vor, dass wir uns zu Sonnenaufgang am Weg zwischen Graf-Meran-Haus und Gipfel befinden sollten. Und so war es auch. Die Stimmung war einmalig schön.
Dicht lag der Nebel im Mürztal und immer heller wurde es am Horizont. Die Sonne ging auf. Und mit ihr verschwanden auch auf wundersame Weise Andys Schmerzen. Eine wahre Spontanheilung hatte stattgefunden und wir wurden Zeugen dieses medizinischen Phänomens. Am Gipfel fellten wir ab. Zum ersten Mal an diesem Tag. Weitere sechsmal würden wir insgesamt noch im Laufe dieser Tour abfellen.

Pickelharte Abfahrt am frühen Morgen vom Gipfel der Hohen Veitsch

Herrliche Winterlandschaften auf den Aflenzer Staritzen Richtung Hochschwabgipfel

Die Abfahrt über den *Teufelssteig* war pickelhart und eisig. Jede Schispur des Vortages war ein potenzieller Blombenzieher. Es ratterte und knatterte. Kurz vor der Rotsohlalm tauchten wir in den kalten Nebel ein. Dieser begleitete uns, mit Ausnahme der unmittelbaren Gipfelregion um den Turntaler Kogel, bis hin zur Göriacheralm.

Was gab es über den Weiterweg zu sagen? Nun, dass wir entgegen dem „Mainstream" eine großartige Grabenabfahrt hinunter zur Seebergalm hingelegt hatten. Es fühlte sich in etwa so an, wie wenn man gegen die Einbahn fährt. Es schien so, als ob es an jenem Tag Freibier auf der Göriacheralm gab, denn der dahinter liegende Turnauer Hochanger wurde regelrecht gestürmt - zu Fuß, mit Schneeschuhen und mit Tourenschiern.

Das mit dem Gegenverkehr hatten wir wahrlich gut gemeistert. Danach folgte Querverkehr. Im Gänsemarsch überquerten wir mit angeschnallten Schiern die apere Seeberg-Bundesstraße. Ich stand in Straßenmitte und stoppte den Verkehr für die nachfolgenden Oldies. So wie es wohl Konrad Lorenz für seine Graugänse immer gemacht haben dürfte. Die Autofahrer schmunzelten alle ob des skurrilen Anblicks. Im Seeleitenanstieg mussten wir mehrfach links „blinken" und ausscheren, um zu überholen. Eigenartigerweise waren recht viele Leute unterwegs dort rauf. Ob die alle wirklich wussten, was sie taten, darf wegen der interessant anzusehenden Spitzkehrenumfalltechniken allerdings bezweifelt werden.

Im *Ochsenreichkar* - bald erreichen wir das Schiestlhaus

Am Seeleitengipfel gönnten wir uns eine kleine Rast. Fellwechsel war angesagt. Wir waren noch immer exakt im Zeitplan. Die folgenden Schneebedingungen auf den Staritzen waren wunderbar. Es war leicht gehbar. Und ich bin leicht eingegangen. Die fehlende Regeneration davor machte sich also beim Jungspund bemerkbar. Einsam waren wir unterwegs auf den Staritzen.

Doch was war das? Nach der Abfahrt ins *Ochsenreichkar* und dem erneuten Auffellen sahen wir vor uns zwei Riesenrucksäcke auf Schiern. Die Rucksäcke bewegten sich in Richtung *Weihbrunnkesselscharte*, also in dieselbe Richtung, welche auch wir anvisierten. Man sah keine Köpfe, so groß waren die Rucksäcke. Es gibt sie also wirklich, die Rucksacktouristen. Also Rucksäcke, die gehen. Als wir freundlich grüßend an den zwei Rucksäcken vorbeigingen, erkannten wir, dass sich auf der Vorderseite der Rucksäcke in Wahrheit menschliche Wesen befanden. Und sogar sehr freundliche. Es handelte sich bei den Ultrarucksackträgern nämlich um die bekannten Alpinisten Erich und Ulli Haderer, und ihr Gepäck verriet, dass sie wohl vor hatten, länger durchs Gebiet zu streifen.

Wir gaben uns keine Blöße und zogen flott vorbei. Denn alsbald würde eine Pause am Programm stehen. Und zwar eine richtig gemütliche.

Schiestlhaus

Seit vielen Jahren genossen wir stets die Erholungspausen im Winterraum des Passivhauses unweit des Hauptgipfels. Die südseitige Glasfront bewirkt bei Schönwetterperioden, dass die Temperatur im Innenbereich meistens gut über plus 10° liegt. Und so war es auch diesmal, als wir dort ankamen. Niemand war im Schiestlhaus und somit okkupierten wir drei gleich einmal den gesamten Winterraum. Schischuhe ausziehen. Fellwechsel. Bekleidungswechsel. Essen. Trinken. Und faul in der Sonne sitzen. Das stand am Programm.

Denn eine der Auswirkungen unserer Umplanung, nämlich nicht die *Lang-Eibl-Schlucht* zu befahren, sondern stattdessen die *Stadurzrinne*, war, dass wir unsere Pause von geplanten 15 Minuten auf 30 Minuten erhöhen durften. Wir waren immer noch exakt im Zeitplan. Kurz vor unserem Aufbruch in Richtung Gipfel öffnete sich die Tür zum Winterraum. Ulli Haderer stand verblüfft da.

„Mei da isses so schön warm - wie gibt's denn das?"

„Wir haben den Kachelofen extra für euch eingeheizt, damit ihr es schön warm habts heute Nacht!"

„Wie, wirklich? Der Erich schaut grad draußen, wo er an Biwakplatz schaufeln kann für unser Zelt. Aber da herinnen wäre es wirklich viel angenehmer!"

„Geh bitte den Erich holen - hier habts Platz, weil wir verlassen euch bald wieder. Uns war nur wichtig, dass wir für euch einheizen konnten. Weil ihr findets wahrscheinlich weder Kachelofen noch Buchenholz. Abgesperrt haben wir ihn auch schon. Den Kachelofen. Also habts nix mehr zu tun!"

Als Erich in den Winterraum kam, war er fast sprachlos.

„Das mit dem Ofen war aber a Schmäh, oder? Also ich wünsch euch dann noch a schöne Abfahrt. Fahrts owe nach Seewiesen nehm ich an, richtig?"

„Na, wir fahren nach Gschöder. Drum müssen wir uns a bissl tummeln."

Hunger

„Ich träum grad von einem Wiener Schnitzel."

„Ernst, ned schon wieder. Immer wenn du bei einer langen Tour anfängst vom Essen zu reden, wird meine Speichelproduktion angeregt."

„Peter, der Ernst hat recht. A Wiener Schnitzel, a dünnes, mit knuspriger Panier. Und dazu Petersilienkartoffel. Und a gemischter Salat."

Mein Magen knurrte unentwegt, während wir im letzten Sonnenlicht aufstiegen zum Hochwartgipfel. Ich war fasziniert von der Schönheit der Berge im Abendlicht.

Später Nachmittag am Hochschwab-Gipfel

Von dort drüben kommen wir her...

„Gschöder? Des is aber no gscheit weit heute. Dann halten wir euch nimmer länger auf. Danke fürs Einheizen!"

Unsere Pause war vorüber und wir hatten diese richtig genossen. Die Lebensgeister waren wieder aktiviert. Auch der Jungspund war wieder fit geworden. Flotten Schrittes gingen wir rauf zum Gipfel des Hochschwab. Hinunter zur Fleischer-Biwakschachtel gab es zarten Firn, ehe es wieder ans Auffellen ging. Fell rauf, Fell runter und dann doch wieder rauf. Der letzte Anstieg an diesem Tag führte uns hinauf zum Hochwart.

„Schauts zruck, Jungs. Drehts euch um! Schauts, wie der Zagelkogel im letzten Licht leuchtet. Was sagts dazu?"

„Dazu? Ich hätte gern Preiselbeeren dazu - und du Andy?" meinte Ernst - und wie aus der Pistole geschossen kam die Antwort:

„Ich bin noch unschlüssig. Eventuell doch Pommes statt der Petersilienkartoffeln. Aber ich seh's schon ganz deutlich vor mir. Goldgelb. Knusprig. A Schweinswiener!"

Mein Magen knurrte immer stärker. Neben mir fantasierten die

Dem abendlichen Sonnenlicht entgegen bei der Abfahrt vom Zagelkogel

„Umdrehen, Ernst - was sagst dazu?"
„Dazu? - Preiselbeeren hätt i zum Schnitzl gern dazu!"

zwei Kollegen und nun sah ich es auch schon vor mir: Das Wiener Schnitzel! Doch halt, das vor mir war ja gar kein Schnitzel, sondern das kleine Gipfelkreuz vom Hochwart.
Pünktlich, genauso wie geplant und völlig überwältigt von den landschaftlichen Eindrücken, reichten wir uns am Gipfel die Hände. Ein letztes Mal an diesem Tag fellten wir ab. Die Abfahrt hinunter zur Hochalm hatten wir im Hochwinter bereits mehrfach unternommen und die Linie stets optimiert. Es war ein herrliches Schwingen. Links neben mir schwang Ernst und ich hörte immer nur: „Wiener Schnitzel." Das hielt an bis zur Einfahrt in die *Stadurzrinne*. Hier setzten wir unsere Stirnlampen auf, denn im nunmehr bereits recht harten Zustand eine Steilrinne im Dunkeln abzufahren, wäre alles andere als klug gewesen. Bald darauf erreichten wir die Forststraße und auf dieser ging es abwärts, bis uns - genau beim Turnschuhdepot - der Schnee ausging.
Wir beschlossen der Einfachheit halber, die Schi auf den Rucksack zu schnallen und erst gar nicht großartig zu versuchen, entlang der Schneereste am Forststraßenrand abzufahren.

Nach etwa 20 Gehminuten sahen wir bereits schemenhaft mein Auto am Waldrand hinter einem Schranken stehen.
Doris wartete am vereinbarten Treffpunkt bereits auf uns. Wir waren im Zeitplan. Immer noch. Nur 15 Minuten musste sie auf uns warten. Unsere Freude war groß, sie hier zu sehen und zu wissen, dass sie große Mengen an „Fressalien" für uns mithatte. Und kühle Getränke. Plopp. Das erste Bier schmeckte hervorragend. Königlich!
Nun lag es an Doris, uns von Gschöder aus zurückzubringen - die Jungs in die Veitsch auf die Brunnalm und mich ins Mürztaler Wohnzimmer. Am Rücksitz saßen die zwei Jungs und der Duft von den mitgebrachten Vanillekipferln verwandelte den Innenraum unseres Autos in ein wohlduftendes Paradies.
Und die Jungs plapperten am Rücksitz. *„Dorli, was sagst du zu einem Wiener Schnitzel? Mit Preiselbeeren!"*

Der letzte Anstieg führt hinauf zum Hochwart

Pünktlich zum Sonnenu
am Hochwart - was wär
die kleinen v

„Na, Ernst, mit Ketchup, aber dazu viele Pommes. Richtig heiße und fettige Pommes!"

„Ok Andy, nehmen wir auch. Ich seh schon das dünne knusprige Wiener. Goldgelb rausgebrutzelt. Und dazu ein frisch gezapftes Bier!"

„Bremsen, Dorli! Bremsen! Abbiegen! Da rechts geht's eini! Zum Schnitzel! Zu den Pommes! Ins Gasthaus Leitner. In die Greith!"

Ernst protestierte und Andy schloss sich lautstark an…und…zugegeben…ich auch. Denn immerhin träumten wir seit Stunden von nichts anderem mehr.

Doris jedoch fuhr seelenruhig weiter und meinte nur: *„Buam, der Lockdown ist zwar aus, aber Gasthäuser haben alle zu. Trinkts also noch a Dosenbier und esst euren Kuchen auf. Denn eure Schnitzelträume sind leider nur Schäume!"*

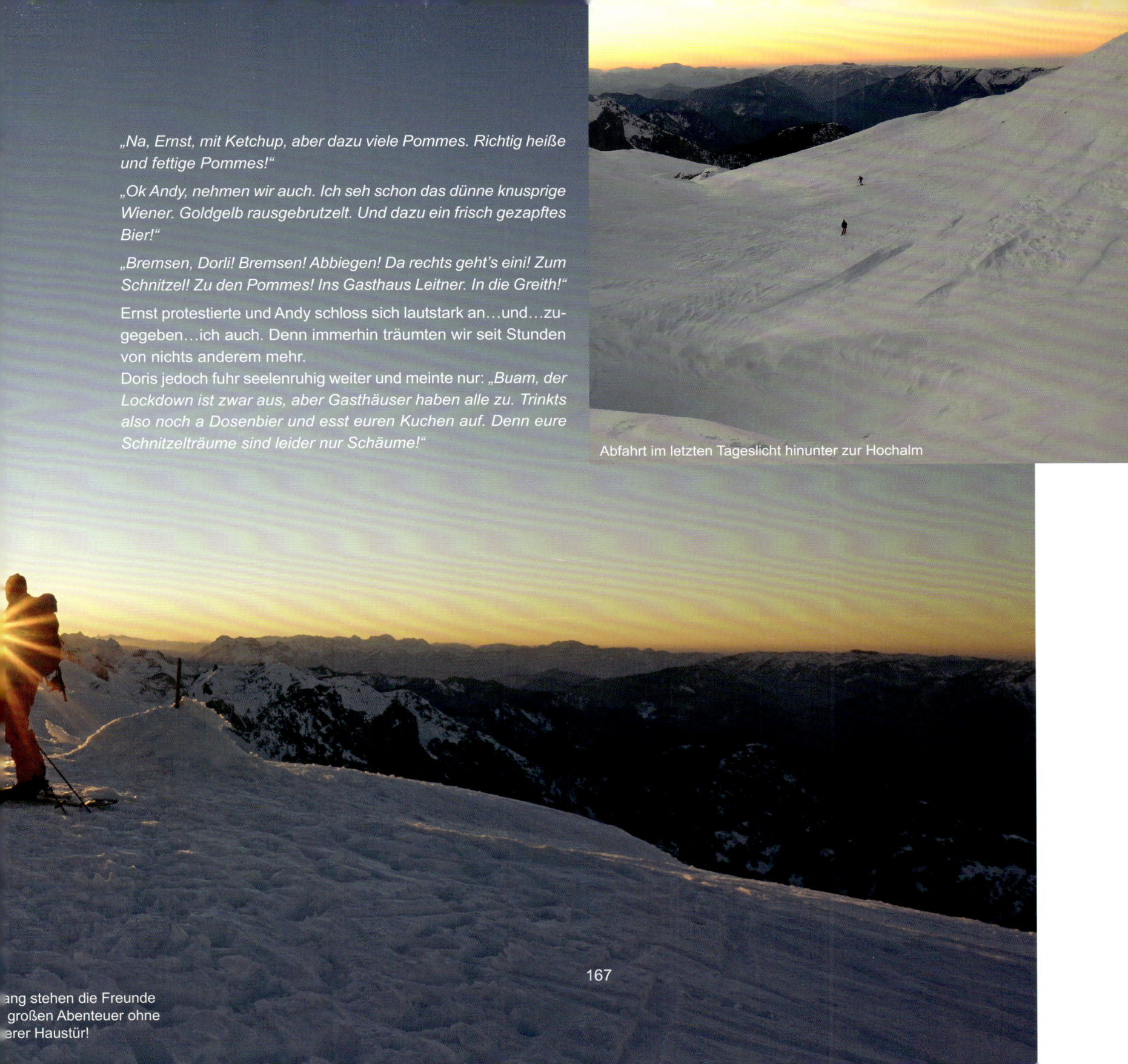

Abfahrt im letzten Tageslicht hinunter zur Hochalm

Ratengrat und Breite Wand hoch über dem Murtal - das „Kleine Paradies" von Don Kamille und Pepperone

Don Camillo & Peppone

Die Vorgeschichte zur Vorgeschichte der Vorgeschichte
Es gibt wenige Fernsehfilme, die ich mehrfach gesehen habe. Aber diejenigen welchigen, die es auf meine Wiederholungsliste geschafft haben, werde ich wohl auch in Zukunft immer wieder ansehen. Sofern sich die Möglichkeit dazu ergibt.
Die Verfilmungen von Giovannino Guareschis Figuren Don Camillo und Peppone zählen eindeutig dazu. Es sind dies liebenswerte Geschichten. Geschichten in deren Mittelpunkt zwei Menschen stehen, die für Außenstehende konträrer gar nicht sein könnten. Doch in Wahrheit brauchen sie sich gegenseitig. Schätzen sich gegenseitig. Sie sind beste Freunde und zugleich größte Feinde. Sie haben unterschiedliche Ansichten, aber doch in Wahrheit dieselben Ziele. Guareschis Geschichten spielen sich rund um die kleine Ortschaft Brescello (im Film die fiktive Ortschaft Boscaccio) in der italienischen Emilia Romagna ab. Peppone ist der rasch aufbrausende kommunistische Bürgermeister des verschlafenen Örtchens, während Don Camillo der schlagfertige katholische Pfarrer im selben Ort ist.

Die Vorgeschichte der Vorgeschichte
Frühling. Wie nahezu an jedem Freitagnachmittag gingen Rüdiger und ich gemeinsam klettern. An jenem Tag waren wir im Grazer Bergland, genauer gesagt am Ratengrat unterwegs.
Dieser Fels galt in meiner Erinnerung schon Ende der 90er-Jahre als völlig erschlossen. Meine Freunde Rüdiger und Matthias jedoch hatten in den letzten Jahren die eine oder andere Sanierung dort durchgeführt, und sogar tatsächlich noch schönes Neuland erschlossen. All dies war aber selbstverständlich nur dank ihres enormen Arbeitseinsatzes möglich. Vor der Südostwand blieb Rüdiger stehen und blickte nach oben.
„Du, Peter…da musst du mir bitte einen Gefallen tun und mitkommen…irgendwann mal…da will ich eine neue Linie näher anschauen. Eine voll logische Linie, eine, wo komischerweise noch nie zuvor wer was gemacht hat. Eine steile. Plattig. Rissig. Und überhängend auch. Da brauch ich dich als Partner bitte."

Und dann zeigte er mir voller Begeisterung seine Linie. Seine neue Entdeckung. Ich versuchte so gut es ging, seinen Ausführungen zu folgen. Seillänge für Seillänge scrollten meine geschulten Erschließer-Argusaugen vom geplanten Einstieg hoch zum geplanten Ausstieg. Ich folgte exakt seinen Worten.
Das, was ich sah, weckte aber alles andere als Begeisterung in mir. Dort, wo keine Bäume seine neue Linie verdeckten, war zwar zwischen den Graspassagen sogar hin und wieder Fels erkennbar. Aber letztendlich war mir klar, dass es sich hierbei um eine reine Schnapsidee handeln könnte. Mein Selbstschutzmechanismus erkannte blitzartig, wieviel Arbeit wohl nötig sein würde, um hier erfolgreich zu sein.
„Na, was sagst, Peter, is das nicht a super Idee?"
Der Stratege in mir war gefordert. Wie signalisiert man einem Freund leichte Zweifel an seiner Zurechnungsfähigkeit, ohne ihn zu verletzen. Wie sagt man klar „NEIN!", ohne dies auszusprechen?
„Ja gern. Schauen wir uns das mal aus der Nähe an. Nehmen wir irgendwann mal die kleine Bohrmaschine mit, klettern eine Route daneben und richten im Nachgang abseilend ein paar Standplätze ein. Im schlimmsten Fall haben wir ein paar Euro verbrannt, aber Geld wird eh überbewertet."
Ich war sehr zufrieden mit meiner strategisch wohlüberlegten und auf Zeit bauenden Antwort.
„Ok, super - dann machen wir das gleich mal nach meinem Urlaub. Denn die nächsten zwei Wochen bin ich in Kroatien! Also in drei Wochen!"
Somit war klar, Rüdiger hatte nicht dieselben Konfliktlösungsseminare besucht wie ich und am Ende des Tags war ich der Gelackmeierte.

Die Vorgeschichte
Etwas oberhalb des Ratengrates befindet sich die Breite Wand. Der linke Wandteil wurde in den letzten Jahren zu meiner Spielwiese. Mehrere schöne Routen in bestem Fels konnte ich dort eröffnen. Die Wandhöhe beträgt zwar nur rund 120 Meter, aber diese sind wirklich von hoher Qualität. Ich wollte Rüdigers Mai-

urlaub klammheimlich nutzen, um ihm einerseits zu zeigen, „wie" guter Fels in Kombination mit möglichst wenig Putzarbeit auszusehen hat, und ihn damit gleichzeitig auf ein anderes Ziel umlenken. An zwei Nachmittagen bohrte ich einsam und allein dort oben in der sogenannten „Breiten Wand" eine neue Route ein. Insgesamt fünf Seillängen. Nach seinem Urlaub würde ich ihn damit konfrontieren. Und damit kommen wir zur eigentlichen Geschichte. Aber um der Gefahr zu entgehen, einseitig zu formulieren oder gar engstirnige Ansichten zu Papier zu bringen, bitten wir im Geiste Giovannino Guareschi um Hilfe. Um seine Worte, frei nach seinem Zitat:

„Humor ist die Medizin, die am wenigsten kostet und am leichtesten einzunehmen ist."

Don Kamille & Pepperone

Eine kleine Welt. Ein Landstädtchen. Irgendwo in der Steiermark. Im Winter erschauert man unter der Herrschaft des Regens. Im Sommer aber schwingt die Sonne ihr Strahlenzepter. Entzündet die Leidenschaften und bringt das Gehirn zum Kochen. Doch in der klaren Helle bewahren selbst die ärgsten Konflikte noch einen Hauch von Liebenswürdigkeit. Und so können hier Dinge passieren, die nirgendwo sonst auf der Welt möglich sind. Es ist im Frühsommer 2021. Der rote Bürgermeister Pepperone hat vor einigen Tagen seinem Freund Don Kamille voller Zuversicht von seiner neuen Route an der „Breiten Wand" erzählt. Das Gespräch endete, wie so viele derartig ähnlich gelagerte in den Jahren davor. Mit Don Kamilles Sieg und Pepperones Zugeständnis.

Und so klettern die beiden wenige Tage später mit schwerem Gepäck durch die Wandflucht des Ratengrates. Um der Schnapsidee Hochwürdens auf den Zahn zu fühlen. Pepperone tat dies nur um der Freundschaft willen. Aber siehe da: Tatsächlich bohrten sie Standplätze ein! Standplätze für Don Kamilles Projekt, welches Dank göttlicher Fügung nun offenbar zum Arbeitsauftrag für beide geworden war. Schon tags darauf machten sie weiter.

Sie stiegen in brütender Hitze den steilen Weg hinauf zur Wand und alsbald fanden sie sich schneidend, grabend, bohrend und putzend wieder. Inmitten der einsamen Sommerhitze. Nicht einmal Schlangen waren an solchen Tagen in den Wänden und selbst den Gelsen schien es zu heiß zu sein. An solchen Tagen war das Bergland menschenleer. So konnten beide ohne jede Scheu Hand ans Werk des vermeintlichen Wahnsinns legen.
Die Tage vergingen und irgendwann hörten sie auf zu zählen, wie oft sie dort schon hoch gegangen waren, um an ihrem Werk weiterzuarbeiten. Die Tage waren kurze Tage, denn sie begannen erst, nachdem der Herr Bürgermeister seine Amtsstube verlassen hatte und nach Don Kamilles ausgiebigem Mittagsgebet. Aber am Ende jedes gemeinsamen Arbeitstages fanden sich die beiden, nach all der vorangegangenen Zankerei und Streiterei, stets wieder friedlich vereint, nebeneinander sitzend auf der roten Bank am Rande des großen staubigen Parkplatzes vor den Toren des bereits schlafenden Landstädtchens. Nur noch der große Fluss vermochte ihre Worte zu vernehmen.
„Hochwürden, nach all der Schufterei bestehe ich darauf, dass wir morgen hochgehen und nicht mehr am Ratengrat weiterarbeiten, sondern am Bürgermeisterprojekt in der darüberliegenden Breiten Wand. Dort ist es sicher schon recht sauber. Und wir werden ohne Putzzeug klettern und schauen, ob alle Bohrhaken an den richtigen Stellen sind, wovon ich natürlich - ohne überheblich sein zu wollen - zutiefst überzeugt bin!"
Was wie ein Befehl klang, war auch einer. Pepperone hatte einfach genug vom Staub. Genug von all der Schufterei. Pepperone wollte ernten.

Fertig oder doch nicht?

Und so kam es, dass beide am nächsten Tag am Einstieg der neuen Bürgermeisteridee standen. Pepperone war zufrieden. Dieser Zustand hielt aber nur so lange an, bis Don Kamille die Frage in den Raum stellte, warum man die neue Kreation nicht mit einem eigenständigen Start weiter unten beginnen lassen könnte? Don Kamille sah göttliche Felsstrukturen und leichte, liegende Platten. Und er sah viele Blumen und Käfer, Ameisen und Erdwespen. Kamille sah sich im Paradies. Pepperone jedoch sah umgestürzte Baumleichen und Moos und nicht enden wollende Arbeit.

Doch die Aussicht auf eine Vermehrung der Wählerstimmen ließ ihn schließlich schweren Herzens zustimmen. Nichts ward fertig. Nichts! Zwei weitere Arbeitstage waren nötig, um die Route um zwei Seillängen nach unten zu verlängern. Und so standen sie Tage später wieder am vermeintlichen Ende ihrer Arbeit, angelangt am tiefsten Punkt der Route.

„Herr Bürgermeister - wir könnten ja beide Routen miteinander kombinieren oder sogar verheiraten! Die katholische am Ratengrat mit der kommunistischen auf der Breiten Wand. Die Gehstrecke dazwischen beträgt gerade einmal 100 Meter. Noch dazu sehr gemütlich und leicht fallend über die Gamswiese. Aber vielleicht überlegen wir uns, diese kleine Ausgeburt des Kommunismus noch weiter nach unten zu verlängern, denn im Wald, da sah ich Pfeiler und Platten und…"

„Jetzt reicht es, Don Kamille! Jetzt platzt mir die Hutschnur! Für solche Blödheiten können Sie Ihren Doktor Spiletti vielleicht begeistern. Mich jedoch nicht! Aus, Schluss! Und eine Verbrüderung mit euch schwarzen Krähen kommt überhaupt nicht in Frage. Niemals!"

Schweigend gingen beide zu Tale. Hintereinander. Mit Respektsabstand. Nicht mehr nebeneinander. Ihre Ansichten waren wieder einmal gänzlich konträr gewesen. An diesem Tage verabschiedeten sich die beiden ohne Abschlussplauschchen. Zu verärgert über den jeweils anderen waren sie.

Don Kamille aber tat es leid, seinen Freund Pepperone verärgert zu haben und wie immer, wenn kein Ausweg leicht für ihn erkennbar war, fragte er seinen Herrn.

„Herr, ich weiß, wir sollen unsere Gegner schätzen wie unsere Freunde. Aber Pepperone ist ein Sturschädel sondergleichen! Er erkennt die Möglichkeit nicht und weigert sich, diese zu sehen. Nicht einmal reden will er darüber. Und dabei wollte ich ihm auch vorschlagen, unsere Ratengrattour mit einem eigenen Ausstieg zum Gipfel hin nach oben zu verlängern. Ich weiß, das hätte wieder Arbeit bedeutet. Aber das wäre die Route ganz sicher wert. Doch nun getraue ich mich nicht einmal mehr, diesen altmodischen Tyrannosaurus mit dieser phänomenalen modernen Idee zu konfrontieren. Herr, könntest vielleicht du ihm die Erleuchtung schicken?"

„Ach, Don Kamille! Nicht Pepperone ist dein Problem! Das Problem liegt einzig und allein bei dir, Don Kamille. Bei dir und deinem fehlenden Einfühlungsvermögen. Denk mal darüber nach!"

Na bumm, das hatte gesessen. Hochwürden begann darüber nachzudenken. Alleine. Bei einem guten Glas Rotwein. Zuhause in seiner Sakristei. Er überlegte, wie er wohl den ersten Schritt setzen könnte. Unbedingt wollte er die Route mit einem eigenständigen Ausstieg hin zum Ratengratgipfel verlängern. Und dazu brauchte er Pepperone.

Plötzlich läutete das Telefon. Der Bürgermeister rief an. Und er legte los wie ein Bürgermeister eben loslegt, wenn er in Rage ist.

„Hochwürden, einerseits verfluche ich den Tag, an dem wir uns kennen gelernt haben, aber andererseits muss ich ehrlich zugeben, dass ich mir Ihre Idee näher angesehen habe. Die Felsaufbauten im Wald unterhalb des geplanten Routenbeginns bei der Gamswiese. Machen wir das! Besser leicht klettern und kurz im Wald gehen als diese höllische Schotterwiese raufzugehen. Das wäre dann ja auch der ideale Zustieg für alle anderen Routen dort oben. Ich weiß, wir haben einen Vogel. Keine andere Seilschaft hat einen größeren."

„Ach, Herr Bürgermeister, das freut mich sehr, dass Sie Ihre Meinung geändert haben. Auf Sie ist eben Verlass. Einmal „hü" und einmal „hott". Einmal „ja" und ein anderes mal „nein". Ganz wie in Ihrer Politik. Aber ich begleite Sie bei dieser Arbeit. Gerne. Ich könnte es mit meinem Gewissen als Hochwürden ja gar nicht vereinbaren, Ihnen bei dieser Arbeit nicht zu helfen. Obwohl ich überhaupt keine Lust mehr verspüre, dort etwas zu machen. Ihnen zuliebe mache ich es. Aber nur unter einer Voraussetzung: Sie helfen mir auch noch, unserer Ratengrattour einen neuen Ausstieg zu verpassen. Ich glaube, das geht!"

Tags darauf hatte sich Pepperone still und heimlich, und natürlich alleine, die Ratengratausstiegsidee von Don Kamille angesehen und diese für gut befunden. Und so kam es eben, wie es einfach kommen musste: Es wurde weiter geputzt und gebohrt, gejammert und geflucht. Gebetet und philosophiert. Gelacht und gescherzt. Und dann war sie reif, die Zeit, um endlich unbeschwert dort zu klettern. Ohne Rucksack. Ohne Gartengeräte. Ohne Bohrmaschine. Dafür mit jeder Menge guter Laune.

Don Kamille und Pepperone stehen am Einstieg ihrer neuen Kreation. Es ist einsam im Bergland. Nur die Vögel und die Steinböcke hören den beiden zu. 17 Seillängen. Das bedeutet bei ihnen mindestens 17 Meldungen, welche im Normalfall recht wenig mit dem Klettern an sich zu tun haben.

Erstbegehung

P: *„Hochwürden, hören Sie den Glockenschlag von unserem Gemeindeamt? Es ist Zeit für die erste Seillänge. Und als Bürgermeister führe ich. Die Länge müsste Ihnen liegen. Sie verlangt nämlich weniger Hirn als pure Kraft."* (Seillänge 1 beginnt mit einem Überhang.)

K: *„Ja, Herr Bürgermeister, Sie dürfen mir folgen in dieser zweiten Länge. Eine Länge, die genauso geradlinig verläuft wie ihre Politik."* (Seillänge 2 verläuft im Zickzack.)

P: *„Sehen Sie die Farbe des Felsens Hochwürden? Leuchtend rot. Und die Oberfläche ist durchgehend messerscharf. Das arbeitende Volk ist so etwas gewohnt und meistert das mit Links.*

Der Herr Bürgermeister Pepperone bei der Erstbegehung in der 3. SL von *Don Kamille* - unglaublich, was auch noch im Jahr 2021 am Ratengrat erschlossen werden konnte!

Wenn Sie sich hier genauso plump anstellen wie auf Ihrer Kanzel, werden Ihre zarten Predigerhände einen starken Blutverlust erleiden!" (Seillänge 3 weist den rauesten Fels des gesamten Grazer Berglandes auf.)

Die *Fakir-Platte* in der 3. SL

Hochwürden Don Kamille in der 3. SL der gleichnamigen Route

K: *„Herr Bürgermeister, diese Seillänge wird Ihnen am Beginn schwerfallen. Sie müssen sich überwinden. Der Linksruck bleibt politisch unser Geheimnis!"* (Seillänge 4 beginnt mit einem kleinen Linksquergang.)

P: *„Rot leuchtet der Pfad und steil geht es aufwärts. Eine wahre Bürgermeisterlänge!"* (Seillänge 5 führt durch einen senkrechten roten Riss.)

K: *„Herr, hilf mir bitte. Warum nur darf Pepperone hier die schönen Längen führen und ich den Ranz?"* (Seillänge 6 führt im leichten Gelände vom Steinbockklo zum Gamsklo.)

P: *„Wieder rot und rau und steil! Sagen Sie danke, Hochwürden, dass Sie mir folgen dürfen! Ich bringe Sie auf den rechten Weg, denn der Umweg über die Vernunft wäre bei Ihnen ein unendlich weiter!"*

K: *„Herr, beruhige mich, sonst erschlage ich diesen Ketzer!"* (Seillänge 7 führt in steilem rotem und rauem Fels zum Ratengratgipfel.)

Grinsend reichen sich die beiden die Hände am Gipfel. Es funkelt in ihren Augen. Sie sind zufrieden. Und glücklich. Rasch eilen sie leicht bergab zum Beginn des zweiten Teiles.

Der Herr Bürgermeister bei der Erstbegehung in der 5. SL von *Don Kamille*

Don Kamille ist nun dran mit der Führung. Mehrfach setzt er an, um den Einstieg sauber zu meistern. Kamille flucht.

K: *„Pepperone, du Hornochse - das geht nie und nimmer im sechsten Grad! Das ist schwerer!"*

P: *„Papperlapapp. Selbst der alte Spiletti würde sich hier weit besser anstellen als du! Wenn ich sechs sag, bleibt's bei sechs! Hier bin ich der Bürgermeister!"* (Seillänge 8 ist schön zu klettern. Pepperone ließ sich bei der Bewertung auch später nicht umstimmen. Aus Prinzip nicht.)

P: *„Wallfahrergelände, miserabliges!"*

K: *"Halleluja!"* (Seillänge 9 besticht durch schönes Gehgelände im angeseilten Zustand.)

P: *„Die Führung bleibt bei mir! Das miserablige Gelände gilt ned!"*

K: *„So sei es, Herr Bürgermeister, dein Wille geschehe…"* (Seillänge 10 ist wie sie ist und ob dieser Wechselführungsänderung unterstellte später Don Kamille dem Herrn Bürgermeister betrügerische Absichten.)

K: *„Herr, ich bitte dich. Wenn der Baum jemals brechen sollte, dann bitte zu dem Zeitpunkt, an dem Pepperone darunter durchklettert. Aber dieser Sturschädel hält wahrscheinlich sogar das aus!"* (In der 11. Seillänge muss man unter einem umgestürzten Baum durchklettern.)

P: *„Fast schon zu genussvoll für Sie, Hochwürden - man kommt ins Schwärmen. Soll ich ein Liedchen anstimmen?"* (Seillänge 12 ist einfach schön.)

K: *„Herr, ich bin mir sicher, Pepperone hat mich übers Ohr gehauen. Warum darf er die schönen Längen führen und ich den Ranz?"* (Seillänge 13 gehört nicht zu den Top Ten der Breiten Wand, aber sie ist dennoch weit besser als es Don Kamille zum Zeitpunkt der Erstbegehung empfand.)

P: *„Völker, höret die Signale! Auf zum letzten Gefecht! Die Internationale erkämpft das Menschenrecht!"*

K: *„Herr, womit habe ich das verdient? Jetzt singt er auch noch die Internationale!"* (Seillänge 14 ist einfach schön.)

K: *„Pepperone, du Idiot! Für diese Seillänge wird dich das Volk abwählen! Die Absicherung ist selbst für einen japanischen Ka-*

Der Herr Bürgermeister genießt die 14. SL im 2. Teil

mikazeflieger zu schlecht! Herr, warum muss ich das Führen - Herr Pepperone ist ein Betrüger!!"

P: *„Papperlapapp, Hochwürden. Essen Sie weniger Spaghetti und trinken Sie weniger Messwein und lernen Sie Rissklettern!"* (In Seillänge 15 wurde die Absicherung zu einem späteren Zeitpunkt von den Erstbegehern aus gutem Grund wesentlich verbessert und Pepperone war im Urzustand durchaus froh darüber, diese Länge nachzusteigen).

P: *„Völker, höret die Signale! Auf zum letzten Gefecht! Die…"*

Pepperone in der 15. SL des Gesamtwerkes

all der Groll. Vergessen sind die Worte des Zweifels. Es überwiegt die Freude. Sie strahlen bis über beide Ohren. Wie zwei Lausbuben nach geglücktem Kirschenraub aus Nachbars Garten. Sie waren zufrieden. Beide. Hochwürden und Herr Bürgermeister. Den Tag ließen sie ausklingen in der gemütlichen Taverne der Klammwirtin. Bei Spaghetti und Rotwein.

November 2021. Der Herbst hatte längst seinen Einzug gehalten. Wie alle Jahre verschluckte der Nebel die Täler und nur auf den Bergen schien noch die Sonne. Und wie alle Jahre zuvor überlegten Don Kamille und Pepperone in trauter Zweisamkeit, im letzten Abendlicht hoch über dem Nebelmeer, wo sie wohl ihre nächste Baustelle beginnen könnten.

Denn eines war beiden klar: So sehr man sich auch neckte, so sehr brauchte man sich. Hier in dieser kleinen Welt. In diesem Landstädtchen. Irgendwo in der Steiermark...

Don Kamille & Pepperone bei der anschließenden Stärkung

K: *„Halt SOFORT deine Klappe, sonst nehm ich dich aus der Sicherung! Herr, womit hab' ich das verdient?"* (Seillänge 16 beginnt einfach wunderschön.)

K: *„Herr, ich mag diese Aufrichterseillänge nicht. Pepperone ist ein Betrüger!"*

P: *„Völker, höret die Signale! Auf zum letzten Gefecht! Die Internationale erkämpft das Menschenrecht!"* (Seillänge 17 führt zum höchsten Punkt. Schluss. Aus.)

Am Gipfel reichen sich beide wieder die Hände. Vergessen ist

INFO

Grazer Bergland / Ratengrat & obere Breite Wand,
Don Kamille & Pepperone **7- (6 obl.), 450 m**

In dieser Kombination mit 17 Seillängen die dzt. längste Kletterroute im Grazer Bergland! Großteils sehr schöner Fels und gute bis sehr gute BH-Absicherung. Nach Teil 1 (*Don Kamille*) max. 5 Min. Abstieg über die „Gamswiese" zum Teil 2 (*Pepperone*).
Schwierigkeit: Konstant zw. 5- und 6- mit Stellen 6, drei Passagen 7- (6 obl.). Zwischendurch auch kurze Gehstrecken.
Material: 50-m-Einfachseil, 11 Expr., KK nicht erforderlich.
Erstbegeher: R. Hohensinner u. P. Pesendorfer, 2021.
Einstieg / Route: *Don Kamille:* E. gemeinsam mit der Route *Flowers & Nurses* und anfangs gerade, dann links haltend über die schöne Plattenwand (5) aufwärts u. anschließend auf einem Band nach rechts zum 1. Stand in der Rinne. Nach der 4. SL über den steilen Riss (7-) zw. *Südostrampe* u. *Nurses & Screws* in leichtes Gelände. Die 7. SL führt links von *Flowers & Nurses* über eine steile Wand (6-) zum Ratengratgipfel.
Pepperone: E. im Wald östlich der „Gamswiese", bei der untersten Felsformation der Breiten Wand. Nach 5 SL (bis 6) erreicht man den E. der Route *Hallo Dienstmann*. Weitere 4 SL (bis 7-) rechts von dieser aufwärts zur letzten u. gemeinsamen SL (6) von *Hallo Dienstmann*.
Literatur: Kletterführer Grazer Bergland (3. Aufl., Schall-Verlag 2021, 464 Seiten, www.schall-verlag.at).

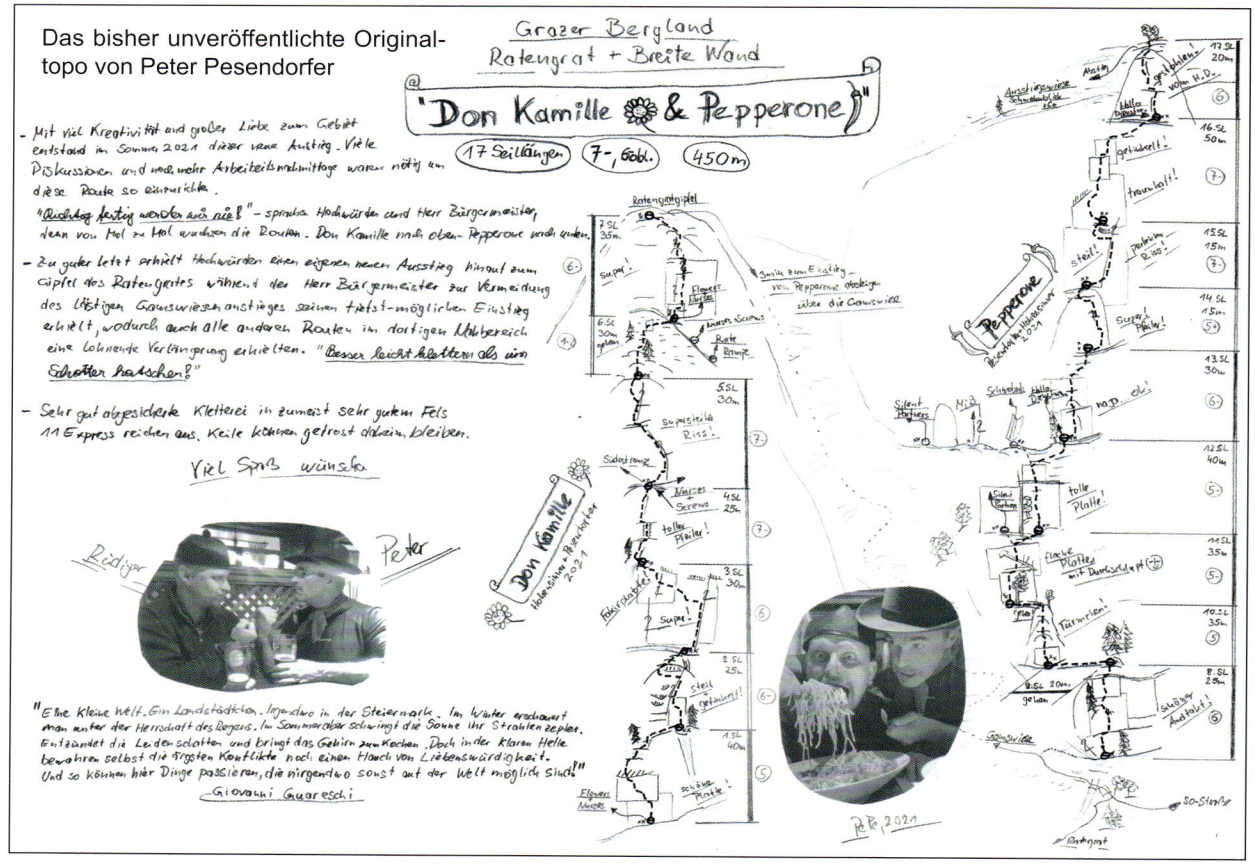

Der Modeguru ist bereit für die *10 vor 5*

Junger Modeguru

Es gab sie tatsächlich, die Jahre, in welchen ich vom Klettern besessen war. Gott sei Dank waren es nur wenige und zum Glück ist nie etwas Ernsthaftes passiert. Klettern war in diesen Jahren das Wichtigste für mich. Wenn es das Studium zuließ, brauchte ich schon mal zwei Kletterpartner innerhalb eines Tages. Vormittags eine Sportklettertrainingseinheit und nachmittags auf ins Gebirge zu einer langen Route. In den 90er-Jahren purzelte der Schwierigkeitsgrad. An der Montanuni fand sich immer wieder der eine oder andere Kletterpartner.

Stolz war ich damals auf Routen im neunten UIAA-Grad. An der heimischen Fischerwand und am Leobner Häuselberg wurde geklettert, bis die Unterarme zumachten. Wenn es ans Eingemachte ging, dann zog ich mir stets eine ultrabunte Lycrahose an. Gelb-rot-grün längsgestreift. Und natürlich kletterten die modebewussten Trendsetter stets mit weißen Tennissocken, mit bunten Rändern. Ein Pulli in Zartrosa oder Lila komplettierte den Modeguru.

In einem solchen Outfit kletterten wir auch durch die Dachstein-Südwand. Zuerst den *Steinerweg* und Tage später die *Große Verschneidung*. Während wir im *Steinerweg* sehr schnell waren, dauerte unsere Begehung der *Großen Verschneidung* in der Windluckenwand richtig lange. Der sechste Grad, in Kombination mit wenig steckenden Haken, war einfach richtig schwer für uns. Da half auch ein Neunerniveau im Klettergarten nichts.

Wolfi war damals einer meiner Kurzzeitkletterpartner. Nach einigen gemeinsam gekletterten Gesäuserouten, beschlossen wir, die Route *10 vor 5* in der Dachstein-Südwand zu klettern. Es war Anfang September und die Bedingungen in der 850 m hohen Dachstein-Südwand waren perfekt. Wir wollten früh am Morgen starten, um dann ohne Stress noch mit einer späten Gondel zurück zur Südwandhütte nach unten zu gelangen.

Schweres Gepäck und schwere Rucksäcke machen langsam. Und Schnelligkeit ist Sicherheit. Unter diesen Prämissen stand und steht nach wie vor mein Klettern. Und so stiegen wir zu. Ohne Stirnlampe, denn die war einerseits nicht notwendig, da es schon dämmerte, als wir losgingen und andererseits wäre diese in der Gondel beim gemütlichen Rückweg sowieso völlig überflüssig gewesen. Unsere dritte Südwandtour innerhalb von zwei Wochen stand also am Programm.

Wir kannten Zustieg und Abstieg bestens. Und wir waren ja richtig gut. Rucksäcke trugen wir nicht. Je zwei Getränkedosen steckten wir während des Zustieges in die Kletterschuhe. Seile am Rücken. Keine Reservebekleidung. Nur ein paar Schilling für die Talfahrt. Keine Steigeisen, aber stattdessen Jogging-High-Schuhe. All das war erprobt und hatte ja zuletzt auch gut funktioniert. Als Kleidung diente die längsgestreifte Lycrahose, durch einen rosa Pulli perfektioniert. Wolfis Outfit war sogar noch einen Tick schriller als das meinige. Rasch näherten wir uns dem Einstieg.

Alte Antitrendsetter

Doch was war das? Da standen Leute am Einstieg! Zwei! Eine Seilschaft vor uns. Und sie richteten sich gerade her, um loszuklettern. Vor uns! Oh Gott! Wir würden blockiert werden! Je näher wir kamen, umso klarer wurde der Anblick jener, die sich dort befanden.

„Peda, das sind ja volle Oldies! Die sind sicher schon über 50, oder so!"

„Geh leck! Und schau Wolfi, wie die angezogen sind. Oldstyle. Und Rucksäcke habens auch!"

„Peda, frag du, ob s' uns vorlassen, weil wir sind sicher schneller! Vorgestern haben wir beide an Neuner gezogen. Die zwei haben vorgestern eher ihren Pensionsbescheid abgeholt!"

Just in dem Moment, als ich nach freundlichen Grußworten tatsächlich fragen wollte, begann einer der beiden Antitrendsetter mit uns zu sprechen und kam somit meiner Frage zuvor. Mein Mund war bereits offen, doch der Oldie war schneller. Er hatte eine eindringliche Stimme. Eine, die man sich merkt. Und im Profil erkannte man sein kleines Bäuchlein.

„Sagts, Buam, kennts ihr die Tour schon?"

„…Ähmmm…nein…aber vor a paar Tagen sind wir die ‚Große Verschneidung' geklettert…und ihr?"

„Jo Buam, wir kennen die Tour. Is scho no weit schwara als die Verschneidung. Aber super is sie! Falls ihr schneller seids als wir, lassen wir euch in der Wand dann an einem Stand gerne vorbei. Sonst schadets euch vielleicht ned, wenn's uns vor euch sehts. Nur zwecks da Wegfindung!"

Und schon kletterte der braungebrannte Seilpartner unseres freundlichen Gesprächspartners los. Vor uns. Während auch wir rasch begannen, die Seile herzurichten, verließ auch der freundliche ältere Kletterer den sicheren Boden und stieg los. Nun ja, es war so wie es war. Vielleicht hat es ja auch was Gutes, wenn wir hinter einer Seilschaft nachklettern dürfen, welche die Route gut kennt. Würden wir eben immer wieder ein klein wenig warten, wenn wir regelmäßig zu den Oldies aufschließen.

Die gewaltige Dachstein-Südwand mit der eingezeichneten Route *10 vor 5* bzw. *10 nach 5*

Steiler Beginn in der Route *10 vor 5* (Klaus Hoi in der 1. SL, 6)

Tick tack - tick tack - die Uhr läuft

Und so stiegen auch wir los. Die ersten Längen waren recht logisch und wir waren für unsere Verhältnisse flott unterwegs. Nur das Aussuchen der passenden Placements für unsere Keile und Friends gestaltete sich etwas zeitraubend. Das Verbessern der Standplätze ging gut. Doch wir entfernten uns immer weiter von den Antitrendsettern. Die Oldies waren wesentlich schneller als wir. Und als wir im Bereich des *Salzburger Bandes* ankamen, waren die Oldies fast nicht mehr zu sehen.

„Heast as ned, wia die Zeit vageht. Huidiei jodleiri Huidiridi. Gestan no, ham d'Leut ganz anders g'redt. Huidiei jodleiridldüeiouri" ♪♪♪♪♪

Wie peinlich wäre es wohl gewesen, wenn ich am Einstieg gefragt hätte, ob sie uns vorlassen, weil wir schneller sind?

Die Zeit verging. Die Wegführung war zwar immer noch logisch, aber es steckte so verdammt wenig Hakenmaterial, dass wir immer langsamer wurden. An einigen Standplätzen tranken wir ein wenig. An anderen aßen wir unseren Proviant. Vier Schokoriegeln, mehr hatten wir nicht mit. Gott sei Dank war das Wetter wirklich perfekt, sodass unsere minimale Ausrüstung reichte.

„Peda, tua da ned so lang umadum. Nimm halt an Hakl zur Fortbewegung. Vergiss die Rotpunkt-Begehung. Kompromisslos drüber!"

„Wolfi, des tät i jetzt sogar sicher machen. Nur da is ned amoi a Hakl, und i kann die Stelle ned g'scheit absichern. Aber es geht hier, weil ich seh' die Chalkspuren von den Oldies vor uns. Die san ned nur doppelt so alt wie wir, sondern a doppelt so schnell. Und wenn die Chalkspuren passen, dann sind s' definitiv a verdammt stark!"

„Du, Peda, die haben beide schon a richtiges Wamperl g'habt. Nie hätt' i glaubt, dass die schneller sein können als wir! Aber wir sind dafür modischer! I mein…optisch schaun wir sicher schneller aus!"

Die Zeit verging. Die weiteren Seillängen fielen uns schwerer als erwartet. Mühsam nährt sich das Eichhörnchen. Endlich lagen die Schlüsselstellen hinter uns. Zwar frei geklettert, aber auch nur deshalb, damit wenigstens irgendwas an diesem Tag passte.

„Peda, i glaub' die zwa vor uns sitzen scho längst bei an Bier in der Sonne irgendwo auf ana Terrassen in der Ramsau. Schau auf die Uhr. Um 10 vor 5 geht die letzte Gondel!"

„Ja sogar mit Sicherheit. Die trinken a Bier und wir schaffen's knapp ned zur Gondel. Es wird sich ned ausgehen. Zefix!"

„Die Jungen san ålt wordn, und die Åltn san g'storbn. Duliei, Jodleiridldudieiouri!" ♪♪♪♪♪

Um zehn vor fünf standen wir am Gipfel. Wir tranken zusammen unsere letzte Dose Cola aus. Müde, aber irgendwie doch zufrieden und glücklich. Eine knappe Stunde später gingen wir schon zu Fuß hinunter von der Hunerscharte in Richtung Südwandhütte. Unser Auto erreichten wir noch bei Tageslicht.

Der Erstbegeher in der 6. SL (6, oben) und der 20. SL (7+) von *10 vor 5*

Lehrstunde

Solche Lehrstunden, wie wir sie hier erlebt hatten, sind unbezahlbar. Nie wieder würden wir jemanden unterschätzen, nur weil diese Person älter oder etwas beleibter ist. Nie wieder würden wir, im Falle eines Einstiegsstaues, aggressiv jemanden auffordern, uns vor zu lassen. So leicht und schnell es auch geht, einen Schwierigkeitsgrad rein klettertechnisch zu steigern, so zeitaufwendig ist das mit der Erfahrung. Denn um Erfahrung zu sammeln, ist es nicht genug, in kurzer Zeit viel zu tun. Erfahrung braucht einfach seine Zeit und von Jahr zu Jahr wächst der Erfahrungsschatz.

„Und gestern is heit word'n, und heit is bald morg'n!" ♪♪♪♪♪

Jahre später traf ich am Einstieg der *Sparafeld-Diagonale* im Gesäuse auf Robert Kittel. Ich hatte ihn nicht gekannt, aber mein Partner kannte ihn aus seiner Bergführerausbildungszeit. Robert war damals bereits so etwas wie eine lebende Alpinlegende. Die Planung der ersten Alpenüberschreitung mit Schi im Jahr 1971, an welcher auch Klaus Hoi, Hansjörg Farbmacher und Hans Mariacher teilnahmen, ging auf Robert Kittel zurück. Die Jungs hatten damals die Strecke von der Rax bis nach Nizza in nur 40 Tagen geschafft und dabei eine wunderschöne, alpin fordernde Aktion hinterlassen, welche bis heute unerreicht ist. Irgendwie kam mir die Stimme von Robert Kittel bekannt vor. Sehr sogar. Sie hatte etwas Unverkennbares. Und im Profil war da auch so ein kleines Bäuchlein zu sehen. Als er loskletterte, geschah dies mit Leichtigkeit. Insgeheim war ich froh, dass ich an diesem Tag keine bunte Lycra-Hose anhatte. Er hatte mich wahrscheinlich nicht erkannt. Gott sei Dank!

Wer rastet, der rostet

Bis heute weiß ich nicht, wer der zweite aus der leistungsstarken Seilschaft von damals war. Damals, als wir siegessicher unterwegs waren und trotzdem die Seilbahn versäumt haben.
Aber zwei Dinge weiß ich mit Sicherheit. Erstens: Routen aus dem Hause Hoi-Stelzig bürgen für Qualität. Ihre *10 vor 5* haben sie im Jahr 2005 selbst sanft saniert und den Namen an den neuen Fahrplan der Dachstein-Südwandbahn angepasst. Sie firmiert nunmehr unter dem Namen *10 nach 5*. Die Route zählt zu den ganz großen der Ostalpen. Völlig zu Recht.
Zweitens: Unterschätze niemals ältere Kletterer!
Robert Kittel ist in seinem geliebten Dachsteingebirge vor einigen Jahren bei einer Schitour tödlich verunglückt. Seine Frau Maria ist mittlerweile bereits 90 Jahre alt. Aber sie klettert noch immer. Und sie klettert oft. 200 Tage im Jahr sind keine Seltenheit. Wenn es zu Hause zu kalt ist, zieht es sie dorthin, wo es wärmer ist und wo die Sonne scheint. Robert selbst war eine Legende, und seine Maria ist eine ebensolche. Sie klettert immer noch mit Euphorie. Mit Leidenschaft und mit Eleganz.
Denn klettern hält jung, und das mit dem Alter sieht man, selbst als ehemaliger Modeguru, mit dem Älterwerden sowieso ganz anders!

Maria Kittel (oben u. unten links) im Jänner 2022 als 90-Jährige beim Klettern auf Gran Canaria. Robert Kittel war Freund und Kletterpartner von Klaus Hoi und Hugo Stelzig (unten rechts)

Epilog

Wir Jungen hatten damals natürlich keine Kamera am Gurt, um unser Scheitern zu dokumentieren. Viel zu schwer! Klar, denn Kameras bedeuteten für uns im analogen Spiegelreflex-Zeitalter so etwas wie „unendlich viel Gewicht". Außerdem: Vier Dosen Cola und vier Schokoriegel wogen ja schon genug!

Die 90er-Jahre waren das Zeitalter des 24er-Films. Das Zeitalter der Diafotografie. Und jenes der schweren, für uns Studenten nahezu unleistbaren Kameras. Zudem musste man schon gut fotografieren können. Blende einstellen, Zeit einstellen, scharf stellen. All das hätten wir Jungspunde damals sicher nicht hinbekommen. Nicht neben dem Klettern und Sichern sowie Schauen, wo denn die zwei „Oldies" vor uns schon sind und wie es weitergehen könnte. Später hatte ich hin und wieder, mit mehr Klettererfahrung und vielen unbezahlbaren Lehrstunden als „Kamera-Assistent" bei meinem Schwiegervater, einem passionierten Fotografen, bereits meine erste eigene Spiegelreflexkamera beim Klettern mit. Bis sie sich eines Tages selbständig machte, um in der Route *Tintenstrich* in der Roten Wand im Grazer Bergland im Freiflug ein Attentat auf meinen Partner Fred Schabelreiter zu verüben. Das Attentat scheiterte nur knapp! Zur Strafe hing das kaputte Gehäuse, nach einem Flug von über 150 Metern, mehrere Jahre auf einem Baum am Einstieg ebenjener Route. Bis heute habe ich insgesamt schon drei Kameras auf solch tragische Weise verloren. Die zweite liegt im Rauchtal, irgendwo im Schotter unter der Beilstein-Ostwand.

Nummer drei schlummert in einem Bergsee auf Korsika. Und mit ihr all die schönen Digitalbilder eines langen korsischen Kletterurlaubs. Schade, obwohl ich viele andere Fotos habe, auf welchen ich beim Klettern zu sehen bin. Nur Hias Theissing konnte diesen Urlaub schwer daheim bei seiner Frau belegen. Umso schöner ist es, dass wir hier die Erstbeher dieser tollen Route bei einer ihrer späteren Wiederholungen dieses Meisterwerkes in Aktion zeigen dürfen. Denn niemand hat sich das in Wahrheit mehr verdient als jene zwei, welche diese Route in einer Zeit von nur 6 ½ Stunden im Jahr 1984 eröffneten!

Gesäuseberge / Dachl-NW-Wand, 1. Begehung

Die legendäre und überaus erfolgreiche, bereits seit mehr als 60 Jahren bestehende Seilschaft Hoi-Stelzig hat vor allem am Dachstein und im Gesäuse unzählige extreme Kletterrouten erschlossen

INFO

Dachsteingebirge / Hoher Dachstein, Südwand,
10 nach 5 7+ (7- obl.), 850 m

Die Route ist DIE "Direttissima" durch die Dachstein-Südwand! Aufgrund der Länge und der ziemlich anhaltenden Schwierigkeiten ist der Anstieg eine echte Herausforderung für erfahrene Alpinkletterer und eine der ganz großen Ostalpenrouten!
Im Urzustand befanden sich nur wenige NH in der Wand, vor einigen Jahren wurde der Anstieg jedoch vom Erstbegeher moderat mit BH saniert und der Routenverlauf tw. verändert bzw. begradigt. Ein KK-Sort. ist dennoch sehr zu empfehlen! Auch die Standplätze sind nun tw. abseilfähig eingerichtet. Aufgrund diverser Wasserabflüsse, vor allem im unteren Wandteil, ist eine Begehung erst im Spätsommer und Herbst nach einigen Schönwettertagen ratsam.
Der Fels ist (wenn trocken) von sehr guter Qualität, die Kletterstellen sind vor allem im Schlussteil außergewöhnlich spannend. Die Route weist bisher erst wenige Begehungen auf. Respekt ist zwar geboten, es bestehen aber Ausquerungsmöglichkeiten zum *Steinerweg* oder auf das Fluchtband zur Schulter bzw. auch div. Kombinationsmögl. mit benachbarten Routen.
Die ursprüngliche Bezeichnung der Route war „10 VOR 5". Namensgebend war der damalige Fahrplan der Dachstein-Gletscherbahn für die letzte Talfahrt, welche nach der 1. Begehung 1984 im Lauftempo gerade noch erreicht wurde. Da dzt. die letzte Talfahrt um 17.10 Uhr angesetzt ist, wurde von den Erstbegehern auch der Name der Route mit „10 NACH 5" an den neuen Fahrplan „angepasst".

Schwierigkeit: Anhaltend zwischen 6 und 6+ (vor allem im oberen Teil!), mehrere Passagen 7-, eine SL 7+ (od. A0), 7- obl.
Ausrüstung / Material: 50-m-Einfachseil, 8 Expr., 5 Bandschlingen, KK-Sort. inkl. mittl. bis großer Friends.
Erstbegeher: K. Hoi und H. Stelzig, 01.11.1984 (2005 u. danach von den EB moderat saniert u. tw. etwas begradigt).

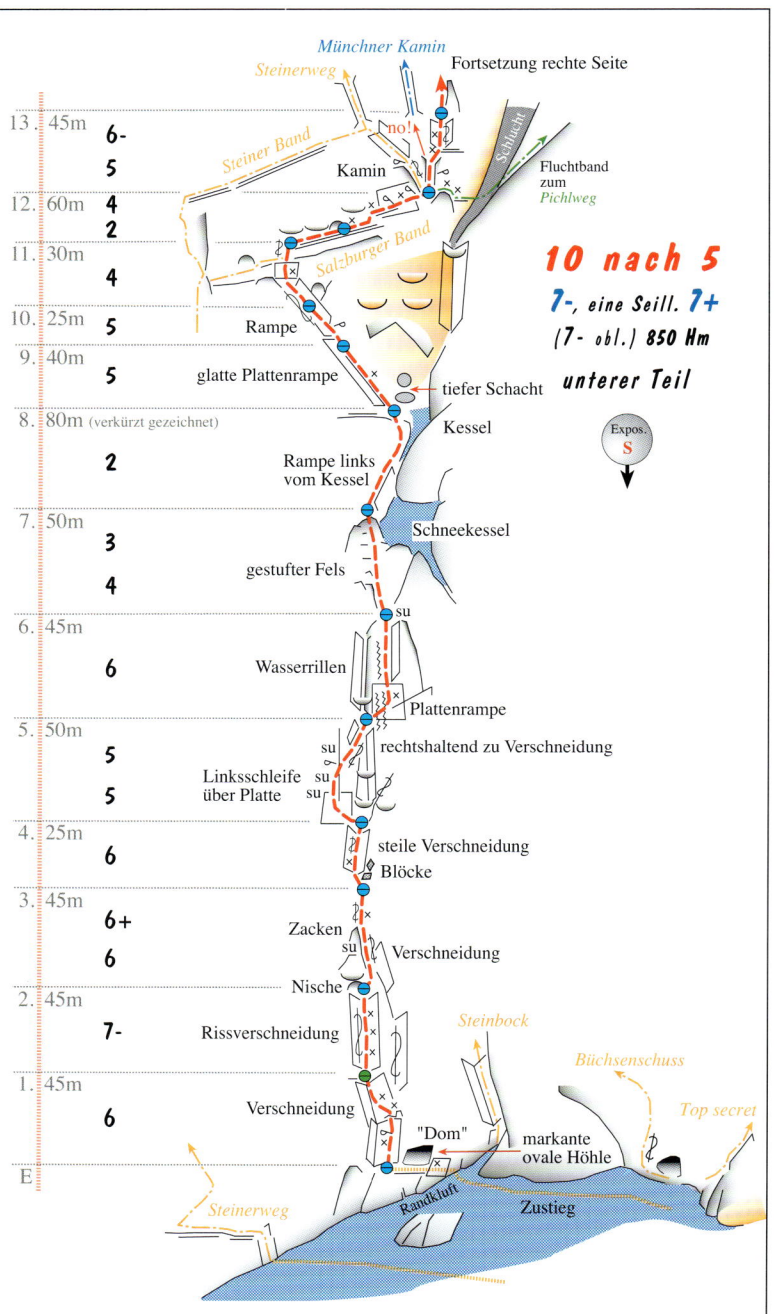

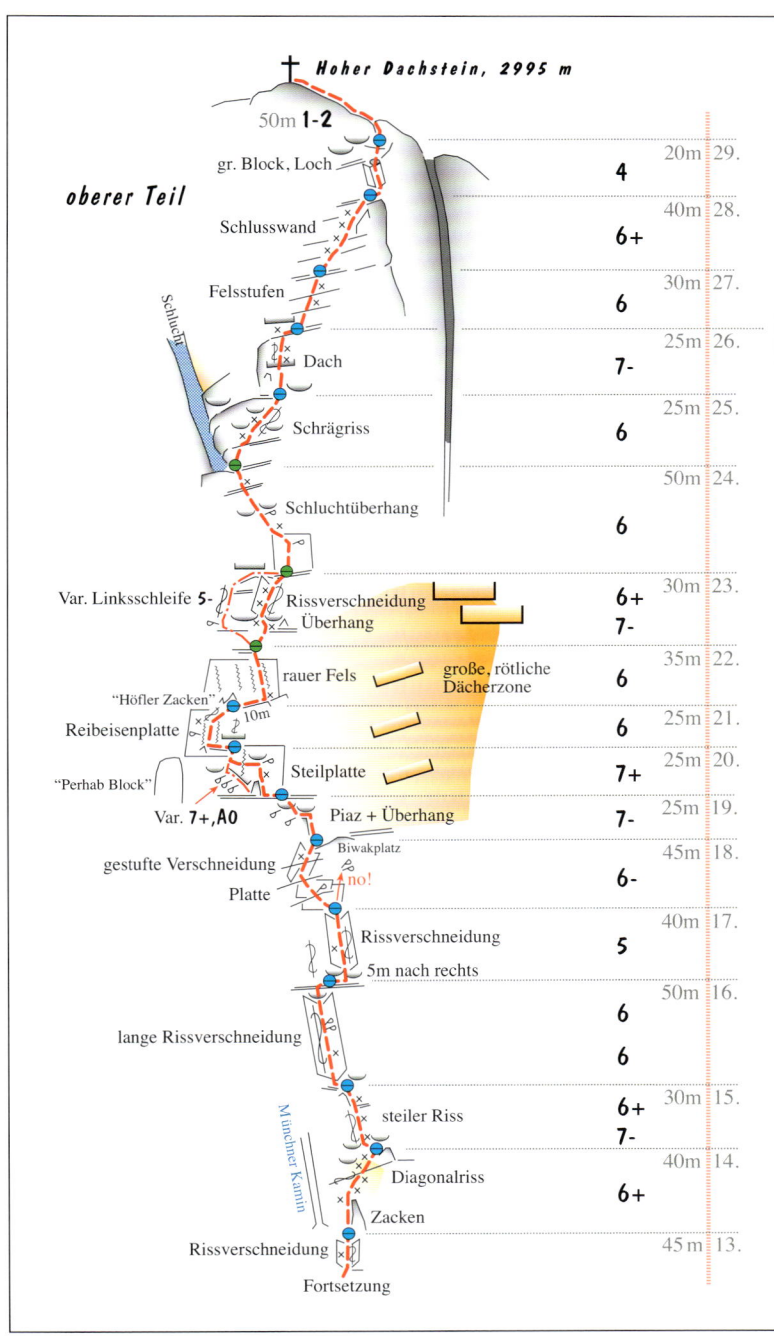

Zustieg: Von der Talstation der Dachstein-Gletscherbahn (gr. Parkplatz, Mautstraße) auf einem bequemen und gut bez. Wanderweg in etwa 35 Min. zur Dachstein-Südwandhütte.

Von der Hütte weiter auf dem markierten Wanderweg (Pernerweg) in Ri. Dachstein-Südwand ca. 100 m bergab zu Wegweiser. Hier rechts abzweigen (in Ri. *Johann-Klettersteig*) und ein Geröllfeld queren zu den westl. Felsausläufern des Scheiblingsteins (Beginn einer roten Punktmarkierung).

Von hier links über eine gegliederte Wandstufe (tw. gesichert, A bis A/B, Vorsicht bei harten Firnfeldern!), dann nördlich ansteigend und zuletzt links haltend bis zu einem kl. Sattel, welcher mit dem vorgelagerten Mitterstein gebildet wird.

Vom Sattel kurz absteigen in das große Geröllfeld unterhalb der Dachstein-Südwand und ansteigend (oft harte Firnfelder) zum E. in Gipfelfallinie (oft kl. Randkluft!). 1,5 Std.

Übersicht: Im oberen Wandbereich der Südwand beherrscht ein markanter, großer u. rötlicher Dachausbruch das Bild, unter welchem sich ein meist mit Schnee gefüllter Kessel befindet. Der obere Teil der Route führt links der Dächerzone empor. Der E. zum unteren Teil befindet sich in Gipfelfallinie, rechts oberhalb vom *Steinerweg*, knapp links einer markanten und großen, ovalen Höhle („Dom"), am Beginn einer (meist nassen) Riss- u. Verschneidungsreihe.

Der Mittelteil der Route verläuft zwar auch auf eigenständiger Linie, ist aber schwer zu finden. Besser links haltend aufwärts zum *Salzburger Band* des *Steinerweges* und danach rechts des *Münchnerkamins* gerade aufwärts zum oberen Teil der Route.

Abstieg: Vom Gipfel nördl. über den gesicherten *Randkluftsteig* (A-B, Normalweg) ca. 100 Hm abwärts zum obersten Hallstätter-Gletscher (Steinschlaggefahr, Randkluft u.U. unangenehm) und dann in östl. und südöstl. Richtung auf dem breiten Gletscherweg weiter zur Bergstation Hunerkogel der Dachstein-Gletscherbahn (letzte Talfahrt dzt. 17.10 Uhr!). 1 Std.

Literatur: Kletterarena Dachstein West & Süd (2. Aufl., Schall-Verlag 2019, 528 Seiten, www.schall-verlag.at).

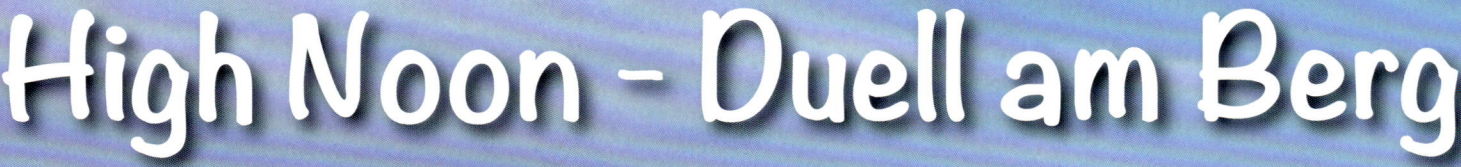

High Noon – Duell am Berg

Bei der Radtour zum *Sveti Jure* durchfährt man eindrucksvolle Karstlandschaften

Die zweite Heimat

Manche Glaubensfragen sind in Wahrheit Gesinnungsfragen. Rapid oder Austria? Sturm oder der GAK. Urlaub am Meer oder am Berg. Und falls Meer und Adria, die alles entscheidende Frage: Italien oder Kroatien? Spaghetti oder Cevapcici? Sandstrand oder Kiesstrand? Ich erinnere mich noch schmerzhaft an unseren ersten und bis heute einzigen Urlaub an der oberitalienischen Adria. Ein Kinderwagen, zwei kleine Windelbuben, drei Sandspielschauferl, vier Schnuller und fünf Handtücher.

Das Ganze noch garniert mit einer großen Kühltasche, zwei Sonnenschirmen und drei Sandspielkübeln. Und dann befindet sich der Bergsteiger inmitten von 100 Liegestühlen und gefühlten 1000 Touristen. Und dann ist da am Ende eines völlig stressigen Badetages noch immer überall Sand! Und wenn ich überall schreibe, dann meine ich das auch.

Falls Mann oder Frau sich von einem bergaffinen Aktivpartner trennen möchte, fährt man am einfachsten gemeinsam im Hochsommer für zwei Wochen an die oberitalienische Adria. Gemeinsam ans Meer. Getrennt zurück. Uns aber zog es von da an alljährlich nach Kroatien. Gemeinsam. Rasche Erreichbarkeit war uns wichtig. Umso größer die Kinder wurden, umso aktiver wurden auch unsere Tage wieder. Wir wohnten stets am Meer in angenehmen Mietshäusern mit großem Garten, aber stets in der Nähe von Klettergebieten. Familienurlaube.

Klar waren da auch mal Ausreißer dabei, denn bekanntlich lernt man erst zu schätzen, was man hat, wenn man anderes gesehen und erlebt hat. Mit Fortschritt des dortigen Autobahnbaues zog es uns immer weiter in den Süden. Wir genossen die Paklenica, als es dort noch ruhig war, entdeckten die Wände um Omiš zu einer Zeit, als es noch keine internationalen Kletterführer gab. Und schließlich landeten wir im Biokovogebirge. Und dort blieben wir. Bis heute. Hier fanden wir unser kleines Paradies. Eine für uns passende Symbiose aus Meer und Fels gab es dort. Einsame und hohe Wände. Wenig erschlossene Berge. Wilde Routen. Zustiege, die erst erkundet werden mussten. Abstiege, die erst gefunden werden mussten.

Das Biokovo präsentiert sich heute in etwa so, wie es das Velebitgebirge vor etwa 40 bis 50 Jahren gewesen sein muss. Nur ist dieses Gebirge wesentlich weitläufiger. Wesentlich unübersichtlicher. Und vor allem auch wesentlich ruhiger. Die Nebensaisonen waren unsere. Die Makarska-Riviera wurde zu unserer zweiten Heimat. Mehrfach im Jahr waren wir vor Ort. Klettern. Wandern. Mountainbiken. Erschließen und genießen. Intensives Leben. Stets mit dabei waren auch unsere Rennräder. Das Auto war bis obenhin vollgepackt und längst waren die Kinder nicht mehr mit von der Partie.

Bicycle, bicycle, bicycle

„I want to ride my bicycle, bicycle, bicycle. I want to ride my bicycle. I want to ride my bike. I want to ride my bicycle. I want to ride it where I like." Rennradfahren an Regenerationstagen war für uns immer schon mehr als bloß ödes Laktatraustrainieren. Wir fuhren nie wirklich viel und waren nie gut am Rennrad, aber wir nutzen es ganzjährig gerne und auch regelmäßig. Flexibilität beginnt im Kopf und dein Körper bedankt sich für Abwechslung. Natürlich waren wir auch, wie viele andere Rennradfahrer, schon mal im Winter auf Gran Canaria und manchmal im Frühling auf Mallorca, um dann zu unseren Freunden am Rad bei den alljährlich ersten Begegnungen zu sagen: *„Na, i bin heuer noch nix gefahren und das erste Mal am Rad!"*

Und der Schitourenwinter war stets ein besserer, wenn man zuvor auch am Rad brav war. Ein Kletterurlaub ohne Rennrad war eigentlich undenkbar. Je nach Planung und Wetter stand spätestens nach drei Klettertagen ein aktiver Regenerationstag am Programm. Im Biokovo hieß dies im Normalfall: welliges Gelände mit Meerblick und Ausfahrten zwischen 70 und 100 Kilometern Länge und maximal 1000 Höhenmeter. Gefahren wurde immer mit Pulsmesser. Regeneration heißt eben in einem niedrigeren Pulsbereich zu fahren, als es beim Bergfahren der Fall wäre. So die Idee. So der Sinn.

Aber die für mich persönlich absolut schönste Rennradausfahrt an der gesamten Makarska-Riviera führt hinauf zum höchsten Punkt des gesamten Gebietes. Hinauf zum *Sveti Jure*.

1762 m hoch ist der Berg, bis zum höchsten Punkt asphaltiert und daher auch mit dem Rennrad fahrbar. Die Asphaltqualität nimmt zwar nach oben hin stetig ab und die Auffahrt mit einem Mountainbike wäre vorteilhafter, aber das Mountainbike hatten wir schon jahrelang nicht mehr mit.

Im Spätsommer des Jahres 2021 waren meine Frau Doris und ich für zehn Tage im Biokovo.

Retrospektiv betrachtet, war es ein ganz normaler Urlaub, von dem man sich dann wieder erholen konnte, wenn man nachher zuhause zur Arbeit ging. Zwei Tage gingen mehr oder weniger für die An- und Abreise „drauf". An zwei Tagen kletterten wir wunderschöne, lange Routen aus dem Hause Pezzolato / Gojak. An weiteren zwei Tagen kletterten wir tolle, lange Routen aus dem Hause Hohensinner. Und der Erschließerdrang musste natürlich auch gestillt werden. An zwei weiteren Tagen erschlossen Doris und ich auch zwei Neutouren mit Wandhöhen von rund 200 Metern. Und was haben wir wohl an den übrigen zwei Tagen gemacht? Richtig - Rennradfahren. Und welche Tour war wohl eine von beiden? Wieder richtig - wir fuhren auf den *Sveti Jure*.

Kurz nach Markaska verlässt man die urbane Region und gelangt in den Naturpark Biokovo

Sveti Jure

Ein wunderschöner Tag kündigt sich an. Die Sonne scheint und die Temperatur in Makarska liegt bei plus 19° Celsius am Morgen. Wir starten in Makarska. Direkt von unserer schön gelegenen Ferienwohnung aus. Vorbei geht es am malerischen alten Hafen und bald darauf kreuzt man die viel befahrene „Maestrale" und taucht ein in den Naturpark Biokovo.

Der Asphalt ist gut und die Straße kaum befahren. Wir sind alleine unterwegs bergauf. Puls 130. Nach einigen Kilometern und rund 350 Höhenmetern nähern wir uns jener Kreuzung, an welcher sich nicht nur der Verkehr teilt, sondern sich auch die Spreu vom Weizen trennt. Und das gilt sowohl für Radfahrer als auch für Autofahrer. Wir zweigen links ab. Ab hier wird's ernst. Es beginnt die Mautstraße hinauf auf den Berg. Wir steigen ab. Doris rastet kurz auf einer Bank am Parkplatz vor dem Mautstraßenbeginn, während ich zum altbekannten Mauthäuschen gehe. Denn anders als in den Alpen, muss man auch als Radfahrer löhnen, um die Straße benutzen zu dürfen. Man muss es nur wissen, denn die Höhe der Maut ist in Wahrheit nicht der Rede wert und außerdem bekommt man vom Kassier stets auch die Info zur aktuellen Wetterlage am Berg, zur Temperatur ganz oben und man erfährt auch, ob die kleine Taverne, welche sich etwa in der Mitte des Anstieges befindet, offen hat.

Denn speziell an warmen Tagen braucht man einfach viel zum Trinken. Und wer trägt schon literweise Getränke mit? Den *Sveti Jure* darf man als Radfahrer nicht unterschätzen. Länger als die Großglockner-Hochalpenstraße von Bruck aufs Fuschertörl. Und in Summe auch mehr Höhenmeter als diese. Dafür aber wesentlich unrhythmischer und auf einem Belag, der absolut fordernd ist. Zwischendurch fällt die Strecke sogar und an manchen Passagen sind Steigungen über 20% zu bewältigen. Ich stehe am Mauthäuschen und spreche durch das offene Fenster.

„Dva biciklista - molim! Two cyclists - please. Zweimal Radfahrer - bitte!" Ich brilliere als Fremdsprachengenie. Viel geht nicht, aber ein bisschen was. Auch aus Respekt vor dem Land, in welchem wir zu Gast sind.

„Ok, please I have to inform you if you are the first time…oh… you again! Sorry, I didn't recognize you! You know everything about this road and much more about the mountains here then I. Enjoy!". Ich mag die freundlichen Menschen hier.

Doch was ist das? Ich glaube, ich sehe nicht recht! Da sitzt neben meiner Frau ein Mann am Bankerl. Und neben ihm lehnt ein Mountainbike. Und der Fremde unterhält sich mit Doris. Es wird deutsch gesprochen. Plattdeutsch. Ein Norddeutscher. Etwa 30 Jahre alt. Sofort erkennen meine geschulten Augen: E-MTB, Akkuleistung geschätzte 500 MWh. Fahrer geschätzte 90 Kilogramm. Figur durchaus sportlich. Mit seinem Bike sind wir da schon mal bei rund 115 Kilogramm in Summe. Ergo: Wenn er keinen zweiten Akku mit hat und auf den *Jure* will, wird ihm entweder der Strom ausgehen oder er hat eine Topkondition. Oder er startet erst hier und kommt nicht von einem der Urlaubsorte am Meer.

„Servus, da sieht man eigentlich nie Radfahrer und wenn, dann spricht man nicht Deutsch. Wo fährst hin?"

„Hai, ik will opn Topp föhren. Dien Fro hett mi seagt - man mutt hier betahlen. En Frechheit is dat!"

Soso, da bemühe ich mich hochdeutsch zu sprechen und bekomme eine Antwort auf plattdeutsch, dass jemand außerhalb von Friesland schon zu knabbern hat, das zu verstehen. Ich bleibe höflich und hochdeutsch. Fast hochdeutsch.

„Aber geh. Wer sich ein so teures E-Bike und einen Reserveakku im Rucksack leisten kann, der sollte nicht über ein paar Kuna Maut jammern!"

Steil schmiegt sich die einspurige Mautstraße an die Felsen und begeistert mit fantastsichem Meerblick

„Nene - Ik föhr ümmer bloot mit de lüttste Stufe. ECO! ECO! Don bruuk ik keen zweeten Akku! Na denn geh ik halt och betahlen. Un föhr denn hooch. Man sieht sik!"

High Noon

Er steht auf und geht. Zur Mauthütte. Na da wird der Kassier seine helle Freude haben, wenn sein Englisch genauso unverständlich ist wie sein Deutsch. Doris und ich setzen uns auf die Räder und fahren los. Langsam vorbei an der Schrankenanlage. Dahinter geht's gleich richtig los. Gefühlte 15% und einspurig. Steil. Fordernd. Kehre für Kehre fahren wir höher. Alleine. Nachsaison. Die Straße ist leer. Bald erreichen wir einen lichten Pinienwald. Konstant steil. Etwa 10%. Plötzlich hört es sich so an, als ob wir uns einer Waschmaschine nähern. Immer lauter wird das Surren und dann ist es soweit: Neben uns fährt der E-Biker. Wir hatten gar nicht mehr mit ihm gerechnet. Noch trennen uns etwa 20 Minuten von der kleinen Taverne. Dort wollen wir uns einen Kaffee gönnen und die Wasserflaschen auffüllen.

„Sachte mal, wie lang isses no bis zu de Taverne, wel ikk brokk Wasser!"

„Also wenn man so ein Tempo fährt wie wir, dann sind's noch etwa 20 Minuten. Also sind wir gegen 12 Uhr bei der Taverne."

„Oke, denn schau ikk mal tat ikk in zehn obe bin! Tschü!"

Und die „Waschmaschine" gibt Gas. Eco-Modus? Nie und nimmer! In mir brodelt es.

„Peter, du ärgerst dich grad voll, gell? Fahr los. Fahr ihm halt nach und dann wartest einfach oben in der Taverne auf mich."

Und schwuppdiwup - furt ist der Bub. Puls 140. Puls 150. Ich sehe ihn etwa 100 Meter vor mir. Puls 160. Puls 170.

Ich schließe auf zu ihm. Er hat mich nicht gehört und schon gar nicht mit mir gerechnet. Ich kenne die Straße und weiß genau, was wo auf einen wartet. Er nicht. Puls 170. Ich fahre unbemerkt etwa eine Minute hinter ihm. Sprechen fällt verdammt schwer, aber es gilt Tarnen und Täuschen. Lautlos platziere ich mich links neben ihn. High Noon. Fred Zinnemann hat für diesen Film vier Oscars erhalten und ich will jetzt dieses Duell haben. Bio gegen Motor.

Schweres Akkubike mit unvorbereitetem Norddeutschen versus Carbonleichtrennrad mit top motiviertem, kampfbereitem Obersteirer. Ein ungleicher Kampf, aber doch irgendwie fair. Ob mein Duellgegner das auch so sieht oder nicht, ist mir egal. Sein ECO-Modus gegen meinen EGO-Modus.

„Ganz schön laut, dein Bike im Eco-Modus!"

„Ohhhh…Mann haste du mikk geschrekkt!!"

„Soll ich dir auch schon ein Bier bestellen, wenn ich oben bin, weil das is mir momentan zu langsam. Servus!"

Ich schalte in einen härteren Gang. Gehe aus dem Sattel und beschleunige. 14 km/h bergauf bei harter Steigung. Puls 180. 16 km/h bei harter Steigung. Noch etwa 200 Meter. Eine Kurve noch. Nur nicht umdrehen. Maximalpuls erreicht.

Kurz vorm Umfallen erreiche ich den Parkplatz vor der Taverne. Absteigen im Laufschritt. Rad anlehnen. Sprint zur Gastgartenbank. Jetzt nur nicht kotzen, bitte! Platz nehmen. Augen auf. Umdrehen. Yess - er kommt erst jetzt ins Blickfeld!

Friedenspfeife

Wenig später sitzen wir zu dritt am Tisch. Zwei Bier für die Männer. Ein Cola für Doris. Wir füllen die Flaschen. Und wir unterhalten uns nett. "Dirk" heißt unser heutiger Mitstreiter und nachdem er uns auf die Getränke einlädt, ist er uns doch noch sympathisch geworden.

"Friede bitte!" sagt Dirk lächelnd und reicht mir die Hand. Ich schlage laut lachend ein und entgegne mit *"Sorry, aber mein Ego braucht sowas hin und wieder!"*

900 Höhenmeter liegen schon hinter uns. Dirk kontrolliert seinen Akkustand und simuliert die weitere Strecke auf einer App. Und um es uns leichter zu machen, spricht er etwas weniger Platt, dafür etwas mehr Deutsch.

"Mensch, det jet sich echt nich aus bis zum Jipfel. Da wird mir am steilen Schluss sicher der Saft ausgehen. Und dat 25-Kilo-Ungetüm ohne Strom bring ikk da net hoch...shit...shit...Darf ikk mit euch mitfahren bis zu de Skeiwok und vo do oben dreh i dann um...de Aussicht will i no genisse! Aber i fahr bitte mit de Doris, sonst is mei Akku vorher schon tot."

Kurz vor dem Ziel: Am höchsten Punkt des Biokovo, dem *Sveti Jure* (1762 m) mit dem markanten Sendemast.

Und so kommt es, dass E-Biker und Rennradfahrer friedlich vereint, gemeinsam weiterradeln. Keine Spur mehr von mangelndem gegenseitigem Respekt. Die Notwendigkeit eines Duells ist nicht mehr gegeben. Jeder will doch das Gleiche, einen wunderschönen Tag am Berg erleben. In angenehmer Begleitung. Höhenmeter für Höhenmeter strampeln wir bergwärts. Kilometer für Kilometer. Puls 130 bis maximal 140. Geht ja eh. Am Skywalk trennen sich tatsächlich unsere Wege. Dirk bedankt sich fürs „Guiden" wie er es nennt und wir wünschen ihm eine tolle Abfahrt. Zurück hinunter ans Meer.

Kehre. Steil, eng und schlechtester Asphalt. Die gelbrostigen Leitschienen fügen sich schön ins Landschaftsbild. Von hier heroben hat man einen unglaublich guten Blick über die Weite des Biokovogebirges, einer Karstlandschaft, welche zu den schönsten Europas zählt. Bald sind wir am Gipfel und lassen unsere Blicke schweifen. Wir legen uns ins warme Gras. Es ist windstill. Die klare Luft des schönen Spätsommertages ermöglicht unglaubliche Fernsichten.

„Sag, ist das da drüben Italien?" fragt Doris. „Ja das ist Italien" antworte ich.

Nach einem langen Downhill wieder zurück im Hafen von Makarska

„Mensch, 1200 Höhemeter muss i da runter schaffe. Dat wird hart. Ihr habts es besser, ihr habt nur no die Hälfte von meine zu mache. Nur 600. Und da brauchts ned amal bremsen, weils bergauf jet!"

Nach einer kleinen Pause fahren Doris und ich in die völlige Einsamkeit weiter bergauf. Herrliche Almböden in welligem Gelände lassen keine Fadesse aufkommen, denn die eine oder andere eingebaute 20%-Rampe fordert sogar die Schnellkraft. Von weitem sieht man schon den großen Sendemast, welcher direkt am Gipfel steht. Die Spitze des Senders stellt den höchsten Punkt Kroatiens dar. Die Schlussrampen folgen. Kehre für

Lange bleiben wir im Gipfelbereich. Wir haben alle Zeit der Welt. So einsam wie heute haben wir diesen Platz noch nie erlebt.

„Peserl, was sind für dich die schönsten Bergstraßen, die du jemals mit dem Rad gefahren bist?"

Ich beginne aufzuzählen. Pass für Pass. Land für Land. Große Namen sind genauso dabei wie eher unbekannte.

„Aber der Sveti Jure von Makarska aus, in der ruhigen Nebensaison, das ist für mich der schönste von allen. Es gibt für mich keine schönere Bergstraße. Keine in ganz Europa."

Am Abend sitzen wir gemütlich in einem guten Restaurant, direkt am Hafen der Altstadt von Makarska. In einem italienischen

Restaurant. Bei Pasta und bei Rotwein. Die Welt ist kleiner geworden. Die Welt wächst zusammen. Grenzen verschwimmen immer mehr. Ob der heutige Tag angesichts der Belastung wirklich als Regenerationstag durchgeht, wissen wir nicht. Aber das ist uns längst egal. Denn hier sind wir einfach gerne. Das war immer schon so und das wird wohl auch noch länger so bleiben. Am nächsten Tag gelingt uns eine nette Erstbegehung. Ein Monat später unterschreiben wir unseren Mietvertrag. Wir sind endgültig angekommen. Hier in unserer zweiten Heimat. Am Meer im Biokovo...

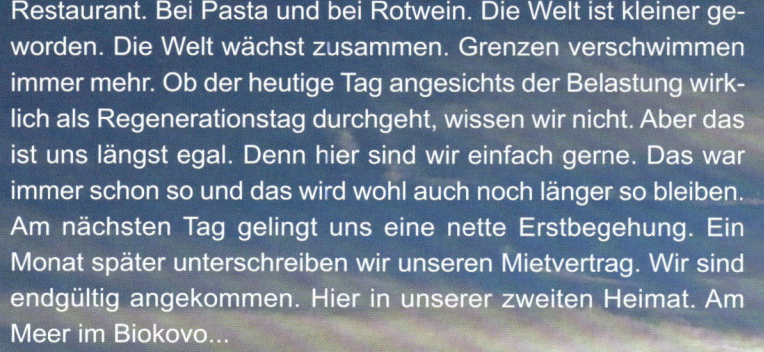

„Und irgendwann bleib i dann durt..."

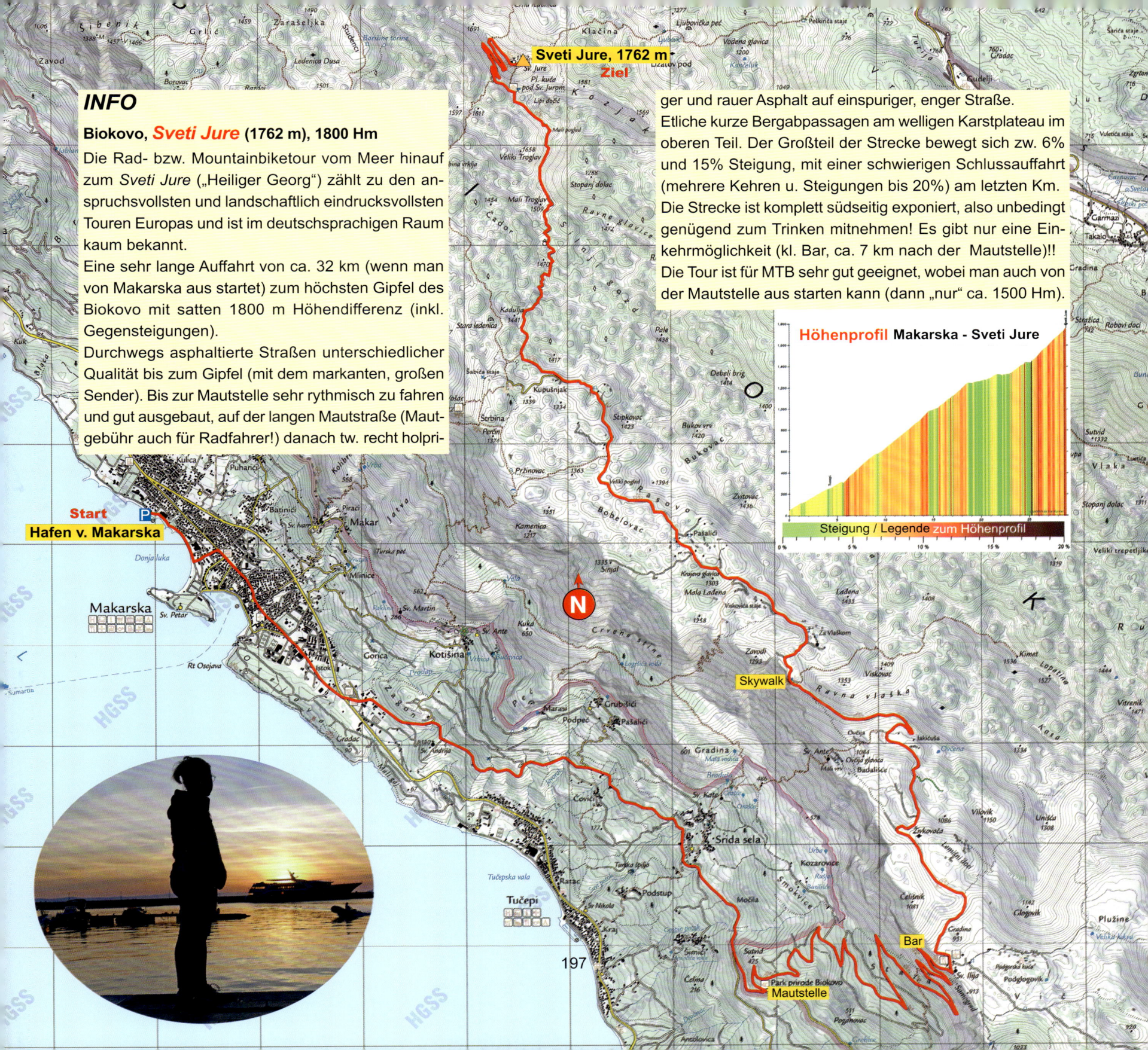

INFO

Biokovo, *Sveti Jure* (1762 m), 1800 Hm

Die Rad- bzw. Mountainbiketour vom Meer hinauf zum *Sveti Jure* („Heiliger Georg") zählt zu den anspruchsvollsten und landschaftlich eindrucksvollsten Touren Europas und ist im deutschsprachigen Raum kaum bekannt.

Eine sehr lange Auffahrt von ca. 32 km (wenn man von Makarska aus startet) zum höchsten Gipfel des Biokovo mit satten 1800 m Höhendifferenz (inkl. Gegensteigungen).

Durchwegs asphaltierte Straßen unterschiedlicher Qualität bis zum Gipfel (mit dem markanten, großen Sender). Bis zur Mautstelle sehr rythmisch zu fahren und gut ausgebaut, auf der langen Mautstraße (Mautgebühr auch für Radfahrer!) danach tw. recht holpriger und rauer Asphalt auf einspuriger, enger Straße. Etliche kurze Bergabpassagen am welligen Karstplateau im oberen Teil. Der Großteil der Strecke bewegt sich zw. 6% und 15% Steigung, mit einer schwierigen Schlussauffahrt (mehrere Kehren u. Steigungen bis 20%) am letzten Km. Die Strecke ist komplett südseitig exponiert, also unbedingt genügend zum Trinken mitnehmen! Es gibt nur eine Einkehrmöglichkeit (kl. Bar, ca. 7 km nach der Mautstelle)!!

Die Tour ist für MTB sehr gut geeignet, wobei man auch von der Mautstelle aus starten kann (dann „nur" ca. 1500 Hm).

BILDNACHWEIS:

Behm, Thomas 121 re unten

Braun, Harald 121 li oben

Dengg, Luis 185

Eibegger, Andreas 70, 71, 75 re unten

Grabner, Gerhard 119

Hohensinner, Rüdiger 40, 41, 89, 90, 106, 110, 111 re oben, 112 li oben, 114, 123, 128 li oben, 129, 145, 146, 147, 153 Mitte, 154, 173, 174 re oben, 175, 176, 177, 196 li unten + re oben

Hollinger, Diana 119

Hoi, Klaus 118 Mitte + re oben

Lackner, Hans 32

Lammer, Ernst 2, 3, 4, 13, 17, 18, 19, 57, 67, 70, 71, 73, 92, 93, 96, 122, 131, 135, 163, 164 li, 166

Leitner, Matthias 180

Leitner, Stefan 119

Lidl, Ewald 184 re oben u. li unten

Mohr, Angelika 29, 31, 33, 37, 38 li oben, 51 li unten, 76

Ostermayer, Max 22, 25, 72, 74, 120 li oben

Pendl, Lilli 1, Backcover li oben

Pesendorfer, Michael 61, 81

Raffalt, Herbert 179, 181

Sanz, Otto 120 re

Schall, Kurt 54

Stelzig, Gerald 116, 183 re unten, 184 re unten

Stelzig, Hugo 118 li oben, 182, 183 oben

Weberhofer, Sigi 27, 59 re oben, 73 li, 75

Zink, Gerhard 64, 68, 69

Alle anderen Bilder stammen vom Autor

Topos: Kurt Schall u. Peter Pesendorfer

HAFTUNGSAUSSCHLUSS:

Die Ausarbeitung sämtlicher Vorschläge für Wanderungen, Kletterrouten, Schi- und Radtouren dieses Buches erfolgte nach bestem Wissen und Gewissen des Autors. Dennoch können der Verlag sowie der Autor keine Gewähr für die Richtigkeit der Informationen und Angaben geben und übernehmen keinerlei Haftung für eventuelle Unfallfolgen bzw. Nachteile, Schwierigkeiten, Schäden (direkt od. indirekt) oder Verluste jeglicher Art! Die Durchführung der hier vorgestellten Wanderungen, Kletterrouten, Schi- und Radtouren erfolgt eigenverantwortlich und auf eigene Gefahr und ist mit den üblichen, beim Aufenthalt im Gebirge vorhandenen Risiken verbunden.
Sowohl der Autor als auch der Verlag weisen ausdrücklich darauf hin, dass Weg- u. Staßenabschnitte bzw. auch einzelne Gebiete der in diesem Buch beschriebenen Bergtouren einem (ev. befristeten) Betretungs- bzw. Fahrverbot unterliegen können und in diesem Zusammenhang keinerlei Haftung für die Begehung von Ordnungswidrigkeiten übernommen wird. Weiters distanzieren wir uns ausdrücklich von allen Inhalten von Links in diesem Buch, übernehmen keine Haftung für deren Inhalte und machen uns diese nicht zu eigen.
Sämtliche Angaben in diesem Buch wurden sorgfältig recherchiert und entsprechen einem aktuellen Informationsstand bis zum Redaktionsschluss, Fehler können aber trotzdem nicht ausgeschlossen werden!

IMPRESSUM:
ISBN: 978-3-900533-96-0 / EAN: 9783900533960
1. Auflage, März 2022

© **Schall-Verlag GmbH. 2022**

Alle Rechte, Kopierrechte und Vervielfältigungen jeder Art bei:
Schall-Verlag GmbH., A-2534 Alland, Buchberggasse 413
Home: www.schall-verlag.at   Email: schall-verlag@aon.at
Digitale Druckvorstufe: Kurt Schall / Schall-Verlag
Lektorat: Erwin Löffler

Der Buchtitel ist urheberrechtlich geschützt. Alle Rechte vorbehalten. Kein Teil des Werkes darf in irgendeiner Form (durch Fotografie, Mikrofilm od. ein anderes Verfahren) ohne schriftliche Genehmigung des Verlages reproduziert bzw. unter Verwendung elektronischer Systeme in Medien, Internet sowie in Druckwerken jeglicher Art verarbeitet, vervielfältigt oder verbreitet werden.

BERGWANDER-ATLANTEN

 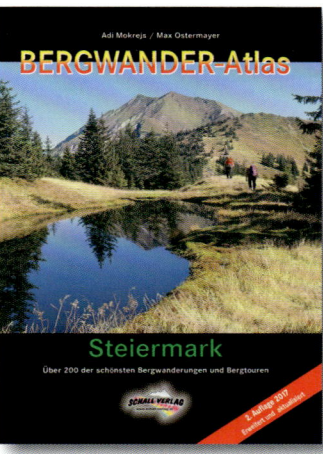  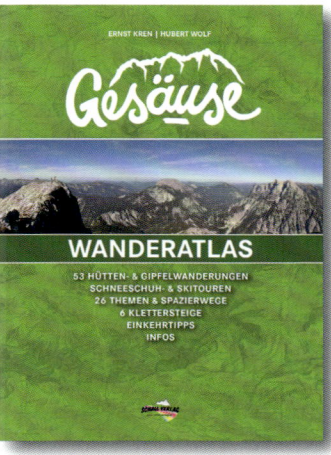

Bergwander-Atlas Niederösterreich 3. Aufl.
ISBN 978-3-900533-90-8

Bergwander-Atlas Steiermark 2. Aufl.
ISBN 978-3-900533-86-1

Bergwander-Atlas Vorarlberg 1. Aufl.
ISBN 978-3-900533-60-1

Wanderatlas Gesäuse 1. Aufl.
978-3-900533-88-5

KLETTERSTEIG- und SCHITOUREN-ATLANTEN, KLETTERFÜHRER

Klettersteig-Atlas Österreich
ISBN 978-3-900533-89-2 / 6. Aufl.

Schitouren-Atlas Österreich Ost
ISBN 978-3-900533-94-6 / 10. Aufl.

Grazer Bergland Kletterführer
ISBN 978-3-900533-92-2
3. Aufl.

Kletterarena Dachstein West & Süd
ISBN 978-3-900533-87-8
2. Aufl.

Und Vieles mehr... WWW.SCHALL-VERLAG.AT

ALPINGESCHICHTE, DOKUMENTATION

Yetischmaus mit Seilsalat
ISBN 978-3-900533-74-8

Erlesener Dachstein
ISBN 978-3-900533-82-3

Entscheidung in der Wand
ISBN 978-3-900533-62-5

Das große Eiger-Lexikon
ISBN 978-3-900533-76-2

ABENTEUER, BILDBAND, SACHBUCH

 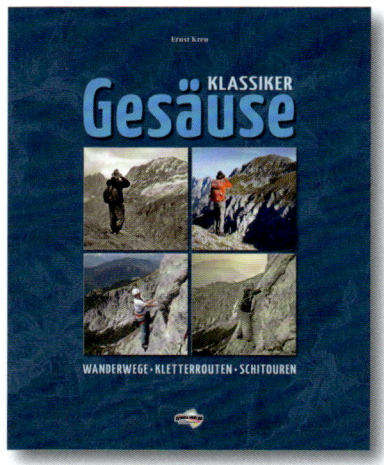 

GRENZGÄNGE 3.800 km - 143 Tage - 8 Länder rund um Österreich
ISBN 978-3-900533-85-4

GESÄUSE KLASSIKER
Wanderwege - Kletterrouten - Schitouren
ISBN 978-3-900533-95-3

DAS GROSSE BUCH VOM WIENERWALD
Entdeckungsreise - Spurensuche- Wanderwege
ISBN 978-3-900533-93-9

Und Vieles mehr... WWW.SCHALL-VERLAG.AT